U0541209

中南半岛
云南籍华侨华人研究

陈 俊 ◎ 著

中国社会科学出版社

图书在版编目(CIP)数据

中南半岛云南籍华侨华人研究/陈俊著.—北京：中国社会科学出版社，2017.8

ISBN 978-7-5203-0241-8

Ⅰ.①中… Ⅱ.①陈… Ⅲ.①华侨—研究—云南②华人—研究—云南 Ⅳ.①D634.3

中国版本图书馆CIP数据核字(2017)第094547号

出 版 人	赵剑英
责任编辑	张 湉
责任校对	郝阳洋
责任印制	李寡寡

出　　版	中国社会科学出版社
社　　址	北京鼓楼西大街甲158号
邮　　编	100720
网　　址	http://www.csspw.cn
发 行 部	010-84083685
门 市 部	010-84029450
经　　销	新华书店及其他书店
印　　刷	北京明恒达印务有限公司
装　　订	廊坊市广阳区广增装订厂
版　　次	2017年8月第1版
印　　次	2017年8月第1次印刷
开　　本	710×1000　1/16
印　　张	14
插　　页	2
字　　数	203千字
定　　价	59.00元

凡购买中国社会科学出版社图书，如有质量问题请与本社营销中心联系调换
电话：010-84083683
版权所有　侵权必究

摘　　要

　　本书论述了1949年以前云南籍华侨华人侨居缅甸、泰国、越南、老挝的史实。

　　近代云南的阶级矛盾和民族矛盾尖锐，是导致近代广大华侨外出的社会背景；交通条件是影响滇籍华侨外出的重要因素。就云南人移居国外的政治原因和经济原因而言，经济原因是首位的。

　　就寓居地而言，缅甸是侨居的首选国度；职业以商业、矿业为主，兼有农业和手工业；各国在不同时期的华侨政策，既有欢迎、接纳的一面，又有排斥、利用、打击的一面。

　　华侨对居住国及祖籍国的农业、工业、商业、文教等方面作出了卓越贡献，创下了不朽功勋。

　　明、清至民国时期中央政府及云南地方政府执行了不同的华侨政策。民国时期云南地方政府的华侨政策具有开创性，总体上是成功的，并为中华人民共和国成立后制定的华侨政策打下了一定的基础。

目　录

绪论 …………………………………………………………（1）
  一　课题的学术价值和现实意义 ……………………（1）
  二　研究现状 …………………………………………（5）
    （一）对云南籍华侨华人移居中南半岛的
        历史研究 ……………………………………（5）
    （二）对缅甸的云南籍华侨华人研究 ……………（8）
    （三）对泰国的云南籍华侨华人研究 ……………（12）
    （四）云南侨乡研究 ………………………………（13）
    （五）云南史志中有关华侨的研究 ………………（14）
  三　指导思想和研究方法 ……………………………（15）
  四　主要概念辨析 ……………………………………（17）

第一章　出国原因研究 ……………………………………（21）
  第一节　近代云南社会的矛盾 ………………………（21）
    一　土地占有日趋集中 ……………………………（22）
    二　田赋苛重 ………………………………………（22）
    三　徭役繁多 ………………………………………（23）
    四　高利贷盘剥 ……………………………………（23）
    五　民族压迫深重 …………………………………（24）
    六　自然灾害不断 …………………………………（25）
    七　西方列强的侵略和掠夺 ………………………（26）

八　反抗斗争不断 …………………………………………（27）
第二节　1949年前云南的交通条件对华侨出国的
　　　　影响 ……………………………………………………（28）
　　一　秦汉云南对外交通开启，滇商开始移居国外……（28）
　　二　唐宋云南对外交通扩展，域外华侨有所增加……（29）
　　三　元明清时期交通发展商贸兴盛，外出华侨
　　　　骤增 ……………………………………………………（30）
　　四　近代铁路公路及马帮运输并举，华侨外出达到
　　　　高潮 ……………………………………………………（32）
第三节　云南人移居国外的原因 ……………………………（35）
　　一　政治原因 ……………………………………………（35）
　　二　经济原因 ……………………………………………（43）
　　三　出国原因中的几个问题 ……………………………（51）

第二章　1949年以前缅甸、泰国、老挝、越南的云南华侨 ……（59）
　第一节　云南华侨在缅甸的经济活动与社会生活 …………（60）
　　一　云南华侨寓居缅甸的历程 …………………………（61）
　　二　云南华侨在缅甸的经济活动和社会生活 …………（70）
　　三　缅甸的华侨政策 ……………………………………（88）
　第二节　云南华侨在泰国的经济活动与社会生活 …………（92）
　　一　云南华侨寓居泰国的历程 …………………………（92）
　　二　云南华侨在泰国的社区及其经济活动、
　　　　文化生活 ………………………………………………（99）
　　三　泰国政府的华侨政策 ………………………………（102）
　第三节　云南华侨在老挝的经济活动与社会生活 …………（114）
　　一　云南华侨寓居老挝的历程 …………………………（114）
　　二　云南华侨在老挝的经济活动和社会生活 …………（118）
　　三　老挝的华侨政策 ……………………………………（121）
　第四节　云南华侨在越南的经济活动和社会生活 …………（122）

一　云南华侨寓居越南的历程 …………………… (123)
　　二　云南华侨在越南的经济活动和社会生活 ……… (131)
　　三　越南的华侨政策 ……………………………… (134)

第三章　云南籍华侨的重大贡献 ………………………… (139)
　第一节　促进了居住国经济文化的发展 ……………… (139)
　　一　城镇建设方面的贡献 ………………………… (139)
　　二　农业方面的贡献 ……………………………… (140)
　　三　工业方面的贡献 ……………………………… (141)
　　四　商业方面的贡献 ……………………………… (144)
　　五　文教方面的贡献 ……………………………… (146)
　　六　与东南亚各民族的交融 ……………………… (148)
　第二节　参加了居住国的民族解放斗争 ……………… (149)
　　一　参加了缅甸反抗英国殖民者的斗争 ………… (149)
　　二　参加了越南反抗法国殖民者的斗争 ………… (151)
　　三　参加了老挝反抗法国殖民者的斗争 ………… (151)
　第三节　支援了祖籍国的民主革命及经济建设 ……… (151)
　　一　支援孙中山先生的革命事业 ………………… (152)
　　二　支援祖国的抗日战争 ………………………… (156)
　　三　支援家乡的建设事业 ………………………… (158)

第四章　明、清至民国时期云南的侨务政策研究 ……… (162)
　第一节　明朝对待云南华侨的政策 …………………… (162)
　　一　明朝的华侨政策 ……………………………… (162)
　　二　明朝云南的华侨政策 ………………………… (164)
　第二节　清朝对待云南华侨的政策 …………………… (166)
　　一　清朝的华侨政策 ……………………………… (166)
　　二　清朝云南的华侨政策 ………………………… (172)
　第三节　民国时期云南地方政府的华侨政策 ………… (178)

3

一　民国政府的华侨政策 …………………………（178）
　　二　民国时期云南地方政府的侨务政策和
　　　　实践 ………………………………………………（180）

结语：对云南华侨历史及云南侨乡地位的几点思考 …………（202）
　　一　云南华侨华人的历史充满了艰辛和曲折 …………（202）
　　二　云南华侨先辈经济建树良多 ………………………（203）
　　三　需正确对待和妥善处理华侨华人与居住国、
　　　　祖籍国之间的关系 …………………………………（204）
　　　（一）东南亚国家与华侨华人社会需相互
　　　　　　正确对待 ………………………………………（204）
　　　（二）需妥善处理祖籍国与华侨华人的关系 ………（204）
　　四　应充分发挥云南华侨在改革开放中的作用 ………（205）
　　　（一）云南侨乡多分布在交通沿线，临近东南亚
　　　　　　各国 ………………………………………………（205）
　　　（二）云南侨乡颇具自身特点与优势 ………………（205）
　　　（三）应充分发挥云南侨乡华侨的作用 ……………（206）

参考文献 ………………………………………………………（208）

绪　论

一　课题的学术价值和现实意义

中国的华侨华人研究至今已走过近百年的历程，其间经历了20世纪20年代和30年代的萌芽时期，40年代的粗具规模时期，50年代和60年代的"沉寂"时期，至80年代中叶正式起步。[①] 之后华侨华人研究成果如雨后春笋，出现了空前繁荣的局面，取得了许多重要成就。然而这些成果大都是针对闽、粤"跨海华人"的研究，关于全国五大侨乡之一的云南省的"跨陆华人"的研究，则显得十分单薄，仅有反映在缅甸、泰国北部的云南华侨历史与现状及重点侨乡概况的数十篇论文。专著方面，只有董平著的《和顺风雨六百年：云南著名侨乡》等少数成果公开出版发行。此外，《云南省志·侨务志》对云南华侨华人历史、现状作了扼要记述。总体而言，研究的视角、成果的数量、质量，均与云南作为中国西部内陆侨乡大省所拥有的丰富而独特的侨乡研究资源很不相称。

云南地处祖国西南边陲，西部与缅甸山水相连，中缅边境线云南段长1997公里；南部与老挝、越南接壤，中老边境线长为710公里，中越边境线云南边境段长1353公里。云南和上述三国的边境总长达4061公里，现有27个县分别与三国接壤。[②] 同时，云南

[①] 郭梁：《中国的华侨华人研究与学科建设——浅议"华侨华人学"》，《华侨华人历史研究》2003年第3期。

[②] 高治国等：《当代中国的云南》（上册），当代中国出版社1991年版，第3页。

还与泰国、柬埔寨为近邻，并与南亚次大陆地理相近。从云南西部边境出境，经过缅甸北部的山地，可到达印度的阿萨密地区。从陆地的角度看，云南是中国大陆与东南亚地区和南亚次大陆之间最近的结合地，通往东南亚和南亚地区陆路，最近的取线必须经过云南。早在两千多年前，云南就已成为中国从陆上通向印度和东南亚的门户，是中华各民族和上述地区人民友好交往的重要链环，滇云大地充当着沟通中原大陆与南亚、东南亚地区交通的大陆桥。在数千年的对外交往中，不断有人流寓海外，形成华侨，华侨历史不仅十分悠久，而且还颇具特色，与闽、粤"跨海华侨"相比，滇侨自身的特色主要体现在以下几个方面：第一，从迁移的路线看，云南华侨主要是迁向沿边诸国，迁移方向主要是缅甸、老挝、越南和泰国等国，几乎是陆域上的迁移；而江苏、浙江、福建、广东和海南等沿海民众，除从陆域上迁移到东南亚外，更有经海域泛海移至日本、欧、美、澳等地者，盖利舟楫之便。而滇籍华侨迁徙的路线、范围要比闽、粤等"跨海华侨"窄得多。第二，从受外国势力的影响看，近代中国沿海民众的海外迁移虽也受到外部因素的影响，但是相形之下云南则更多地受制于外国势力，如19世纪末20世纪初，英、法殖民主义势力觊觎云南，就引起了哈尼、景颇族人口的外移。[①] 第三，从侨居的方式看，云南人外出谋求生计，仍遵循天时，春播秋收，农闲出门，农忙归家。天长日久，有了一定的经济基础和谋生之道后，才由流动转为定居，又由于传统习惯和地接土连的因素，云南海外华侨在政治、经济、社会、文化、教育、婚姻等方面，与家乡始终保持着密切的联系。如19世纪中期到缅甸波龙银矿做工的祥云矿工，一旦"赚大钱"后，多半便离开缅甸返回故里。而沿海移民因有天然屏障，往返极其不易，多数人一开始就选择了定居，即使有了较好的经济收入后，也不轻易返乡，而是扎

---

① 谭天星：《现代中国少数民族人口境外迁移初探——以新疆、云南为例》，《华侨华人历史研究》1995年第2期。

根异地,就地繁衍,再行发展。第四,从外出华侨自19世纪后在侨居国的自由度看,云南籍华侨要宽松自由得多,如19世纪后闽、粤、江、浙等省籍的出国者当中,有部分是被西方殖民者拐骗或被贩卖为"猪仔"以后,强行载运到外国的。既为"猪仔"或"契约华工",行动就失去了自由。不能想走就走,欲去即去。衣、食、住、行,全受殖民者约束。同期的云南人出国当矿工,这种情况就少一些,一般来去自主。因此,也不牵涉中国政府与英国政府,或中国政府与缅甸当局之间的国家关系,这是与闽、粤、江、浙等省籍人出国当华工的很大不同。第五,从从业范围看,云南海外移民,乐于在与云南自然与人文环境相仿的地方落脚,如缅甸北部、泰国北部、越南和老挝北部的农村和中小城市,往往成为云南籍华侨的主要落脚之地。职业方面,或进山开矿,或上山伐林,或替人跑腿赶骡吆马,或到僻壤开荒种地,或走村串寨贩卖杂货,兼收山货,或受雇打杂等,大多靠出卖劳力和从事小本经营来维持生计。其中,也有少数经营珠宝、货物致富的商人。而沿海华侨踏上异域后,因要"背水一战",无退路可言,反能成团抱伙,顽强拼搏,不断拓展生存空间,从业范围广阔得多,个中不乏富商巨贾。长期以来,这些滇籍华侨华人在异国他乡谋求生存、创基立业的过程中,与当地人民和睦相处,以自己的勤劳、智慧,对所在国家和地区的经济发展与社会进步发挥了重要作用。同时,他们关心着家乡的强盛与进步,从辛亥革命到抗日战争,从解放战争到新中国的诞生,从维护中国主权完整、民族独立到改革开放、振兴中华,他们都以不同的方式做出了重要贡献。但迄今为止,尚未有人对云南籍华侨华人作过系统研究。因此,本课题的研究,具有重要的学术价值和积极的现实意义。

一是可以拾遗补阙。系统开展对云南籍华侨华人的研究,有利于让世人更多地了解云南华侨华人团结互助、艰苦创业的奋斗史;有利于了解他们对居住国经济发展和社会进步的贡献史;有利于了解他们爱国爱乡、为祖籍国(地)革命、建设和改革开放、现代化建设的贡献史；有利于了解他们与当地人民和睦相处、融入主流社会的发展史；有利于充实中国华侨华人学科研究的内容，增加中国华侨华人研究中关于某些特殊华人群体的研究范例，从而有助于从新的视角丰富云南地方史、民族史、中外关系史的研究内容。

二是通过考察不同历史时期云南华侨的出国原因及与云南的关系，奋斗史迹及他们的贡献，可以进一步了解当时的社会背景及当时的侨务政策，作为今天总结开展侨务工作的历史经验与教训，探索滇籍华侨华人生存发展的特点与规律，了解其面临的困难与问题，从而为党和政府制定侨务方针政策与法律、法规提供参考和借鉴，有针对性地为海外云南华侨华人提供帮助和服务，推进侨务工作向前发展；同时，也让滇籍华侨华人更好地了解祖先在中南半岛的历史，鉴往知来，明了华人今后在中南半岛的发展方向，明白华人与中南半岛各国应有的关系，以及华人对中国应有的态度。

三是研究成果能为侨务部门的相关决策积累资料，可为云南的对外开放服务。如可充分利用华侨华人语言相通、习俗相近等便利，发挥他们"民间大使"的功能及其在联结云南与中南半岛国家关系中的桥梁和纽带作用，全面加强云南与中南半岛国家政治、经济、科技、文化等领域的交流与合作等，都具有较强的现实意义。正如华侨华人和东南亚史研究专家朱杰勤所说："华侨史是中外关系史的重要部分，华侨是中外友好关系的媒介和当事人。中国的海外交通、国际贸易、文化交流等等都有华侨参加，并发挥积极作用。因此，研究中外交通史、中国国际关系史、中外经济和文化交流史、中国外交史等都要涉及华侨史。我国制订和执行华侨政策的人们，也必须掌握华侨历史知识和现状。所以，华侨史研究是一门符合国家需要，有裨实用的学科，在今天执行的对外开放政策中，尤有现实意义。"①

---

① 朱杰勤：《东南亚华侨史丛书》，广东高等教育出版社1986年版。

绪 论

二 研究现状

作为全国五大侨乡之一的云南省，其华侨华人研究涉及诸多领域，颇具地方特色，是中国华侨华人研究的重要组成部分，自20世纪80年代以来，在有关专家学者的不懈努力下，取得了一定的研究成果。现对1980年以来的云南籍华侨华人研究作分类和综述，以期展示该领域研究的成就与动向。

（一）对云南籍华侨华人移居中南半岛的历史研究

云南籍华侨华人遍布于世界各地，但由于云南与越南、老挝、缅甸山水相连，又与泰国相近，更多的云南籍华侨华人分布在中南半岛的上述四国，相应的论著论及国度也多集中在这四国。

关于云南籍华侨华人移居缅甸、泰国的综合性研究，主要论著有：何平《移居东南亚的云南人》，对分布在缅甸和泰国的云南人的历史和现状作了概要论述，对云南人移居缅甸和泰国的原因、过程、人数、称谓、社区生活、现状等予以专门考述，较为全面地反映出侨居缅甸和泰国北部云南人的历史及生产生活现状。[①] 张红云《滇人移居泰国、缅甸的原因及其经济活动》简要论述了19世纪以前滇人移居缅甸、泰国等东南亚国家的历史概况及其原因，并对云南人在泰、缅两国的经济活动作了描述和评价。尽管该文对云南人移居缅甸、泰国原因论述尚欠全面，但学术参考价值是不言而喻的。[②]

关于云南籍华侨华人移居缅甸、泰国、越南、老挝的综合性研究，主要有牛鸿宾《近代云南的外迁移民》，该文分析了近代云南华侨迁移缅甸、泰国、老挝、越南等东南亚国家的动因是经商、务

[①] 何平：《移居东南亚的云南人》，《云南大学学报》2005年第3期。
[②] 张红云：《滇人移居泰国、缅甸的原因及其经济活动》，硕士学位论文，云南师范大学，2000年。

工及突发性政治动乱所导致。① 古永继《清代滇桂地区与东南亚国家的交往》，论述了清代云南在与缅甸、老挝、暹罗、越南的经济文化交流中流寓的华侨。②

对于云南各少数民族华侨华人的迁移概况，也有学者进行了论述。赵和曼《少数民族华侨华人研究》，对中国少数民族华侨华人的出国原因、人数估计、经济与社会、贡献等进行了系统论述，由于云南侨乡具有多民族特点，所论自然涵盖、提及了在各个不同历史时期云南各少数民族华侨华人的相关史实。③ 谭天星《现代中国少数民族人口境外迁移初探——以新疆、云南为例》，论述了云南各少数民族华侨华人迁移东南亚国家的概况、迁移因素、路线和特点。④ 上述专著和论文均对跨境民族与少数民族华侨华人的联系与区别进行了探讨，提出了一些辨识和界定标准，对研究云南少数民族华侨华人问题颇有助益。

关于云南籍回族华侨华人移居东南亚的论著较丰，主要有沙翎《回族华侨华人的历史与现状》，论及了云南回族到缅、泰、老挝等东南亚国家经商及部分侨居缅、泰成为华侨的历史状况。⑤ 申旭《回族商帮与历史上的云南对外贸易》，着重论述了近代云南回族商帮的兴起及发展状况，指出一些回族定居缅、泰、老挝等国山区的史实。⑥ 姚继德《云南回族向东南亚的迁徙》，论述了缅甸和泰国北部云南穆斯林的移民简史和现状，通过对回族华侨迁徙历史、社会结构、人口方面的综合考察，揭示出云南回族迁徙东南亚的历史脉络。⑦ 此外，钱江《从马来文〈三宝垄纪年〉与〈井里汶纪

---

① 牛鸿宾：《近代云南的外迁移民》，《学术探索》1998年第6期。
② 古永继：《清代滇桂地区与东南亚国家的交往》，载李晓斌《西南边疆民族研究4》，云南大学出版社2006年版，第218—238页。
③ 赵和曼：《少数民族华侨华人研究》，中国华侨出版社2004年版。
④ 谭天星：《现代中国少数民族人口境外迁移初探——以新疆、云南为例》，《华侨华人历史研究》1995年第2期。
⑤ 沙翎：《回族华侨华人的历史与现状》，《八桂侨史》1994年第3期。
⑥ 申旭：《回族商帮与历史上的云南对外贸易》，《民族研究》1997年第3期。
⑦ 姚继德：《云南回族向东南亚的迁徙》，《回族研究》2003年第2期。

绪 论

年〉看郑和下西洋与印尼华人穆斯林社会》,着重介绍和解读了马来文《三宝垄纪年》与《井里汶纪年》两部早期华人留下的文献,首次提出在郑和的鼓励与推动下,云南的穆斯林曾在明初大批经由印支半岛进入印尼群岛侨居下来并传播伊斯兰教的史实。①

关于中国封建政府、迁入国政府对云南籍华侨华人的政策研究方面,主要论著有庄国土《鸦片战争前清朝对西南边境华侨出入国的政策》和《东南亚各土著政权对华人的政策和态度》。前文论述了鸦片战争前清政府制定律例禁止、限制西南地区包括云南边境地区人民越境到越南、缅甸、老挝侨居谋生的史实,分析了清政府禁止华侨出入国的原因及由此对边防带来的危害,指出因边境线蜿长及陆路隘口的管理不善,事实上华侨仍在继续循陆路出国。② 后文论及了东南亚各国政府善待云南华侨,利用其聪明才智服务当地政府,促进当地经济发展的基本政策。③ 上述两篇论文是为数不多的探讨祖籍国政府和侨居国政府对云南籍华侨华人政策的佳作,关于民国时期云南地方政府对云南华侨的政策措施研究成果则较少见,还有较大的研究空间。笔者《民国时期云南地方政府侨务述论》一文,较多地运用档案资料和方志记载,对民国时期云南的侨务政策和实践作了初步探讨,指出其成功之笔,对具体事例作了评述,可视为近代云南侨务政策的一篇抛砖引玉之作。④

关于云南籍华侨华人侨居域外的情况,还散见于一些专著,如秦钦峙等编著《云南与东南亚》辟有专章,介绍云南籍华侨在世界各地的人口与分布、所建华人社团等情况。⑤ 周智生《商人与近代

---

① 钱江:《从马来文〈三宝垄纪年〉与〈井里汶纪年〉看郑和下西洋与印尼华人穆斯林社会》,《华侨华人历史研究》2005年第3期。
② 庄国土:《鸦片战争前清朝对西南边境华侨出入国的政策》,《八桂侨史》1992年第1期。
③ 庄国土:《东南亚各土著政权对华人的政策和态度》,《海交史研究》1988年第2期。
④ 陈俊:《民国时期云南地方政府侨务述论》,《思想战线》2008年第2期。
⑤ 秦钦峙等编著:《云南与东南亚》,云南新闻出版局1991年版。

中国西南边疆社会——以滇西北为中心》论述了西南边疆商业发展的历程及滇西北商人为边疆社会发展做出的巨大贡献。该著第6章第2节里论述了侨居在印度和缅甸的滇西北商人在异域投资设号情况及对祖国的贡献。①

总的看来，对云南籍华侨华人移居中南半岛的历史研究主要集中在缅甸和泰国，对越南的云南籍华侨华人研究成果不多，对老挝的云南籍华侨华人则甚少论及；对云南各少数民族华侨华人的研究大都限于回族华侨华人，对其他少数民族华侨华人的研究不够；在探讨云南籍华侨华人出国的具体原因方面仍嫌不够详尽，如因外国势力掳掠而去的因素就未提及；此外，对侨居国政府及祖籍国政府对待云南籍华侨华人政策措施的研究仍显薄弱，尚需加强。

（二）对缅甸的云南籍华侨华人研究

中缅两国是山水相连的友好邻邦，边界线全长2186公里。其中，中缅边界西藏段189公里，云南段1997公里。缅甸依次与云南的怒江、保山、德宏、临沧、思茅、西双版纳六州市毗邻，大部分地段无山川阻隔而在地理空间上连成一片，便利的地理区位，相近的生产生活条件，传统的中缅友好关系，使缅甸成为云南籍华侨居住的首选地，其侨居缅甸历史之悠久，侨居人数之多，在云南的边临诸国中是少见的。相关缅甸云南籍华侨华人的研究成果也较为丰富。

关于明清时期云南人移居缅甸的情况和动因，主要论著有秦钦峙《缅甸"孔明城"与华侨最早寓缅时间初探》，论述了明清时期云南人移居缅甸的概况，对中缅两国早期的社会历史进行论证推理后认为诸葛亮没有到过缅甸；华侨寓居缅甸的时间始于明代。② 杨

---

① 周智生：《商人与近代中国西南边疆社会——以滇西北为中心》，中国社会科学出版社2006年版。

② 秦钦峙：《缅甸"孔明城"与华侨最早寓缅时间初探》，《东南亚资料》1982年第1期。

煜达《清代前期在缅甸的华人》论及了清代前期云南华侨进入缅甸情况及移居缅甸的动因。① 笔者《试论清前期缅甸华侨的骤增》论述了清前期缅甸华侨骤增的原因、数量及分布特点,认为雍正时期澜沧江下游以东镇沅、威远傣族地区人民因反改土归流失败而逃居缅甸,这是清前期缅甸华侨骤增的原因之一。②

对侨居缅甸的云南华侨华人社会经济状况的研究,主要论著有:贺圣达《缅甸史》的"对外关系"一节中,论述了云南华侨在明、清、民国时期到缅甸经商、开矿的情况及融入缅甸政治、经济、文化等各个领域的史实。③ 林锡星《早期缅甸华人经济的形成——缅甸华人经济研究之一》论述了元、明、清时期,云南华侨在缅甸开采玉石、贸易、移民数量的概况。④ 姜永仁《缅甸华侨华人与缅甸社会与文化的融合》则分析了缅甸华人社会的形成,从政治、经济、文化方面论及云南旅缅华侨与缅甸民族的融合。⑤ 王士录《缅甸的"果敢族"族称、来历、状况及跨国互动》从历史学、民族学等学科的角度,对聚居在中缅边境缅方一侧果敢地区的华侨华人的来历、状况及与云南边境的互动关系进行了论述,指出这些被缅甸称为"果敢族"的华侨、华人应当是缅甸华侨华人中的"云南帮",观点颇有见地。⑥ 杨晓慧《缅甸华人社会的延续与变迁》对云南籍及其他省籍华侨赴缅甸的历史作了回顾,介绍了早期华侨社会的初步形成及第二次世界大战前的发展情况,又论述了第二次世界大战后促使华侨社会向华人社会转变的四个因素,并对缅甸华人社会的现状及发展进行了展望。⑦

---

① 杨煜达:《清代前期在缅甸的华人》,《华侨华人历史研究》2003年第4期。
② 陈俊:《试论清前期缅甸华侨的骤增》,《云南师范大学学报》2006年第9期。
③ 贺圣达:《缅甸史》,人民出版社1992年版。
④ 林锡星:《早期缅甸华人经济的形成——缅甸华人经济研究之一》,《东南亚研究》1998年第4期。
⑤ 姜永仁:《缅甸华侨华人与缅甸社会与文化的融合》,《东南亚》2003年第4期。
⑥ 王士录:《缅甸的"果敢族"族称、来历、状况及跨国互动》,《世界民族》2005年第5期。
⑦ 杨晓慧:《缅甸华人社会的延续与变迁》,硕士学位论文,云南大学,2003年。

对于滇西地区一些云南人赴缅甸做工开矿的历史现象，一些学者在实地调研的基础上，进行了认真的分析研究，如肖泉《关于缅甸滇侨若干问题的浅见——滇西调查的一些启示》，分析了滇侨出国缅甸的原因、经过与遭遇，论述了在缅滇侨的职业与各个阶层的政治、经济状况，是一篇经调查采访后，专门论述近代云南华侨在缅甸情况的力作，具有较高的学术参考价值。① 秦钦峙《穷走夷方急奔厂——关于解放前祥云人去缅甸当矿工的调查报告》，介绍了缅甸"老银厂"的由来和历史变迁，分析了祥云人去老银厂当矿工的主要原因和人数，并对老银厂的组织管理制度及矿工的日常生活作了介绍，是一篇了解解放前祥云人入缅甸当矿工的较好的历史资料。②

关于云南回族华侨移居缅甸的情况，主要论著有何平《移居缅甸的云南回族》，根据中外史籍记载及田野调查资料，论述了云南回族移居缅甸的原因、过程及在缅甸的社区文化生活状况。③ 姚继德《缅甸的滇籍穆斯林——潘泰人》，翻译了英国学者安德鲁·D. W. 福布斯关于缅甸境内滇籍穆斯林潘泰人的田野调查论文。安氏论述了云南穆斯林出国前的历史发展状况，考察了其侨居于缅甸的社区——班弄时生产、生活、文化的各个方面，是一篇了解云南回族华侨在缅甸生活历程的可信资料。④ 姚继德《云南回族移民缅甸小考》从云南回族移居缅甸简史、"潘塞人"词源、分布状况，班弄的兴衰、潘塞人与云南回族经济、宗教文化交往的角度论述了古代至近代以来云南回族华侨寓居缅甸的史实。⑤ 赵明生《临沧回

---

① 肖泉：《关于缅甸滇侨若干问题的浅见——滇西调查的一些启示》，载暨南大学华侨研究所《华侨史论文集》1984年第4期。
② 秦钦峙：《穷走夷方急奔厂——关于解放前祥云人去缅甸当矿工的调查报告》，《东南亚资料》1982年第2期。
③ 何平：《移居缅甸的云南回族》，《民族研究》1997年第1期。
④ 姚继德：《缅甸的滇籍穆斯林——潘泰人》，《回族研究》1992年第3期。
⑤ 姚继德：《云南回族移民缅甸小考》，载李晓斌《西南边疆民族研究2》，云南大学出版社2003年版，第396—408页。

绪 论

族迁移的历史过程》论述了回族先民进入滇西地区的历史，以及因滇缅贸易、杜文秀起义失败导致临沧部分回族移居缅甸的历史进程。① 茶文诗《中缅边境的缅甸华人民族志：2003年田野研究结果报告》翻译了美国学者F. K. 莱曼在缅甸作的田野研究报告，莱曼从民族学的视角研究了缅甸、泰国北部和老挝的云南穆斯林马帮，对云南"跨陆华人"社区的语言文化变迁进行了探讨，是一篇将民族志田野研究与历史学文献方法相结合的上乘之作。② 貌貌李的《缅甸华人穆斯林研究——曼德勒"潘泰"社群的形成》，则论述了"潘泰"名称的起源，云南回族马帮贸易状况及回族商人定居在曼德勒的情况，杜文秀起义失败后，云南穆斯林逃亡到缅甸，导致曼德勒"潘泰"的数量增加，标志着曼德勒第一批华人穆斯林社会的形成。③

关于在缅甸的云南华侨对祖籍国革命的贡献问题，主要论著有谢本书《孙中山与刀安仁》，论述了云南干崖（今德宏傣族景颇族自治州盈江县）的旅缅、旅日华侨刀安仁捐资革命、兴办教育、组织领导辛亥腾越起义的事迹及与孙中山的革命友谊。④ 方福祺《辛亥革命与缅甸华侨》论及了云南华侨在缅甸办报刊宣传革命、参加辛亥腾越起义的史实。⑤

从以上论著可以看出，关于云南籍华侨华人在缅甸的情况，研究的广度和深度都较为可观，学者们多角度、全方位地进行了探讨，并能见仁见智地对诸多问题如移民动因、族别问题等提出自己的见解，体现了学术创新的旨趣。当然，需要探讨、研究的空间还很多，如对云南各少数民族华侨华人在缅甸的情况、缅甸政府对云

---

① 赵明生：《临沧回族迁移的历史过程》，《东南亚研究》2006年第4期。
② 茶文诗：《中缅边境的缅甸华人民族志：2003年田野研究结果报告》，载李晓斌《西南边疆民族研究4》，云南大学出版社2006年版，第378—390页。
③ 貌貌李：《缅甸华人穆斯林研究——曼德勒"潘泰"社群的形成》，《南洋问题研究》2007年第1期。
④ 谢本书：《孙中山与刀安仁》，《云南民族学院学报》1993年第1期。
⑤ 方福祺：《辛亥革命与缅甸华侨》，《云南民族学院学报》1993年第2期。

南华侨华人的政策等，均有必要认真探究。

（三）对泰国的云南籍华侨华人研究

泰国邻近云南，生产生活条件较好，是云南人侨居数量较多的国家之一。关于泰国的云南华侨华人研究，主要论著有：何平《泰国北部的云南人》考释了云南华侨在泰国被称为"Haw"的原因，论述了云南人迁入泰国的历史进程以及第二次世界大战后移居泰北云南人的村寨生活情况。①何平《移居泰国云南人的过去和现在》在以往研究基础上，补充了新的文献资料，全面论述了泰国云南人的移民历史和生活现状。②陈建明《泰国北部的中国云南人》翻译了美国学者安·马克斯韦尔·希尔成果，安氏论文里论述了云南人称居泰北的历史原因，滇籍华侨村寨的日常生活、组织情况及语言、文化、风俗状况。③段立生《访美斯洛——泰国北部的云南人》追述了云南人移居泰国的历史进程，并将访问泰北云南人居住的村寨——美斯洛村的社会生活情况作了客观报道。④

关于云南回族华侨移居泰国的情况，主要论著有姚继德《泰国北部的滇籍穆斯林——秦霍人》翻译了英国学者安德鲁·D.W.福布斯成果。安氏文中论述了滇籍穆斯林的早期历史，因经商和政治动乱向缅、泰迁徙的历程，泰北滇籍商贩与农耕霍人的社区状况及对伊斯兰教的信奉情况。⑤姚继德《泰国北部的云南穆斯林——一份初步的田野报告》根据作者实地所作的田野调查资料，对泰北云南穆斯林的移民简史、路线、原因、现状作了扼要介绍。⑥姚继德

---

① 何平：《泰国北部的云南人》，《云南民族学院学报》1996年第4期。
② 何平：《移居泰国云南人的过去和现在》，载李晓斌《西南边疆民族研究1》，云南大学出版社2001年版，第468—484页。
③ 陈建明：《泰国北部的中国云南人》，《东南亚》1985年第1期。
④ 段立生：《访美斯洛——泰国北部的云南人》，《东南亚》1986年第4期。
⑤ 姚继德：《泰国北部的滇籍穆斯林——秦霍人》，《云南民族学院学报》1991年第2期。
⑥ 姚继德：《泰国北部的云南穆斯林——一份初步的田野报告》，《回族研究》2001年第4期。

绪 论

的《泰国北部的云南穆斯林——秦和人》论述了泰北云南回汉华侨的成因，考溯了"秦和人"的词源，描述了清迈府秦和穆斯林的现状及清迈王和街的盛况，对了解泰北云南华侨有所帮助。①

从以上有关云南籍华侨华人在泰国的研究成果看，相关学者大都注重田野调查，并将调查材料与历史事实结合分析，得出一些结论，这无疑是一种有效的研究方法。就研究的视野和领域而言，则有待于拓展和扩大。

（四）云南侨乡研究

云南是一个多民族聚居的省份，这也决定了云南侨乡的民族多样性。关于侨乡研究的论著主要有：董平《和顺风雨六百年：云南著名侨乡》，作为首部全方位介绍腾冲和顺乡的地方志书，将和顺乡六百年的历史作了细致的归纳和总结，全面展示了和顺侨乡的发展历程。该书图文并茂，论述精练。由于和顺是云南著名侨乡，侨史、侨情很有典型性、代表性，因此，可从此书一个侧面解读到滇西地区的侨乡历史。②

尹文和《云南和顺侨乡史概述》从和顺侨乡居民和历史、出国原因、华侨对祖国对家乡的贡献方面作了深入细致的论述。③ 马维良《云南回族华侨和侨乡》论述了云南回族经商和侨居缅、泰、老挝等国的历史及发展现状，概述了施甸、巍山、峨山、通海等回族侨乡工农业生产、经济文化生活的变迁状况。④ 朱凌飞《作为归侨的苗族——兼论甘庄族群关系的再建构问题》以民族学相关族群理论为指导，论述了越南苗族归侨在元江甘庄面对变迁时所采取的文化适应方式，得出文化的变迁必然要求族群关系的重构，而新的族

---

① 姚继德：《泰国北部的云南穆斯林——秦和人》，《思想战线》2002年第3期。
② 董平：《和顺风雨六百年：云南著名侨乡》，云南人民出版社2000年版。
③ 尹文和：《云南和顺侨乡史概述》，载云南历史研究所《研究集刊》1984年第2期。
④ 马维良：《云南回族华侨和侨乡》，《回族研究》1993年第1期。

际关系的建立,也必然带来族群文化变迁的结论。①

从上述可看出,对云南侨乡的历史研究已取得一定成果,今后还应加强对各少数民族侨乡的研究,如对大理喜洲镇的白族侨乡,红河迤萨镇的哈尼族、彝族、傣族侨乡,盈江昔马乡的景颇族侨乡等的研究。

(五) 云南史志中有关华侨的研究

对云南华侨史志的撰述,主要成果有:《云南省志·侨务志》,作为第一部反映云南华侨的综合性省级专志,扼要记述了云南侨务机构、侨务政策、侨乡、华侨农场、华侨社团及贡献等基本状况,将云南华侨历史的主要情况作了概括,其"以史鉴今""资政育人"的功效自不待言。②

各省、地(州)、县政协文史资料记述着云南华侨华人的诸多方面,虽是回忆性文章,但事迹大多为作者亲历,故有史料翔实、可靠之利,在用于引述、论证相关史实方面,有着不可或缺的价值。如云南政协文史委员会编《云南文史集粹[十]华侨·社会卷》,将有关华侨的回忆文章57篇作了汇编,颇利查阅。③

此外,各省、地(州)、县侨联汇编出版的文集,也有重要的史料价值,如云南省侨联组织编纂的《云南侨乡文化研讨会文集》《赤子丰碑》《叶对根的倾述》。④ 红河县侨联编的《侨乡迤萨》等对推动侨乡、侨情的研究,有着积极影响。

综上所述,就有关云南籍华侨华人的研究而言,改革开放以来取得了重大进展,出了一些成果,但与有关闽、粤"跨海华人"的

---

① 朱凌飞:《作为归侨的苗族——兼论甘庄族群关系的再建构问题》,载林超民《新翼集》,云南大学出版社2006年版,第134—201页。
② 《云南省志·侨务志》,云南人民出版社1992年版。
③ 云南政协文史委员会:《云南文史集粹[十]华侨·社会卷》,云南人民出版社2004年版。
④ 云南省侨联:《云南侨乡文化研讨会文集》2005年版;《赤子丰碑》,昆明新星印刷厂2005年版;《叶对根的倾述》,云南省人大办公厅印刷厂2006年版。

鸿篇巨制相比,针对滇籍"跨陆华人"的研究尚显单薄。从成果质量上看,高水平、高质量、有重大影响的学术成果为数还不多,特别是学术专著在总体上已落后于国内的水平,这与云南省在中南半岛国家华侨华人研究方面以及在云南侨乡研究资源方面拥有的丰富而独特的资源不相称。从研究的视野和领域看,还应有所拓展和扩大,如在分析少数民族华侨出国问题方面,对回族华侨在缅、泰的论述较集中,着墨之多乃至有重复研究之嫌。而鲜见关于其他少数民族华侨的研究成果,由于云南是一个多民族侨乡,扩大回族以外的其他少数民族华侨的研究,乃是努力的方向。在研究方法上,突破了传统单一历史学文献研究方法,已尝试将民族学、人类学的田野调查方法及统计学上的统计分析方法等运用于侨史研究,令人耳目一新。由于华侨华人研究正日益发展为一门新兴的跨学科的边缘或交叉学科,呈现出多学科、广视角的特征,其研究已广泛涉及历史学、经济学、政治学、社会学、法律学、文化学、人类学、民族学、宗教学、民俗学和心理学等学科,因此,要注重各学科的研究特点,借鉴相关学科研究方法,使华侨华人研究的方法趋于多样化。此外,在理论创新方面也还嫌薄弱,当然,这是"中国华侨华人研究的一个硬伤",① 尚需艰苦的探索。总之,在今后的研究中,只要注意发挥出地域的优势和特色,加强有关部门、华侨华人和侨乡的协调,持续对华侨华人问题进行深入探讨、考察,提高研究水平,就能更好发挥滇籍华侨华人的作用,为建设云南侨乡做出应有的努力和贡献。

三 指导思想和研究方法

总体而言,马克思的辩证唯物主义和历史唯物主义是本课题研

---

① 高伟浓:《浅论华侨华人学科建设中的学术批评》,《华侨华人历史研究》2004年第3期。

究的指导思想。毛泽东、周恩来、邓小平等中国领导人关于华侨华人的有关讲话为研究指明了立场；《华侨华人百科全书》中的数十条华侨研究理论为研究提供了理论依据。

　　笔者认为，云南是一个多民族共居省份，华侨中有众多的少数民族，因此，在研究滇籍华侨华人时，也以马克思主义关于民族问题的理论为指针。在研究方法上，由于华侨课题属新兴边缘学科，自身尚未形成一套理论，所以本书以大量的历史文献、地方史志资料和民族学调查材料为主要依据，运用历史学的条析、考证、描述、综合分析等方法，对云南古代至近代华侨问题进行了较为全面、系统的历史考察和分析，力图实现宏观综合与实证分析、历史与逻辑的统一。每一章内的每一节之间既是因果关系，又是互动关系。笔者在整体构思上力求反映华侨华人、侨居国、祖籍国（地）三方的相互作用与相互影响，并探索基于云南省特殊的地理位置、历史条件、民族分布等导致的华侨出国原因及状况等因素，这也是笔者在云南华侨华人研究上寻求创新之处。研究思路上，由于迁居于缅、泰、越等国的滇籍华侨与华人，大多是截止在20世纪50年代初期前百余年间内迁移出去的，他们构成了近代云南籍华侨华人的主体部分，因此，本课题研究的时间跨度主要从秦汉至近代，重点放在晚清、民国。空间范围以中南半岛的缅甸、泰国为主，兼及越南、老挝，由于柬埔寨的滇籍华侨甚少，加之相关资料缺乏，本书略而不述。在借鉴前人研究成果的基础上，进行深化、分析，提出新的观点。以缅、泰滇籍华侨为研究个案，主要是考虑到：这两个国家与云南毗邻、相近，是云南人移居最早的地方和云南人相对集中的地方，这两国的云南人与云南有着更为密切的联系，按当代云南华侨在外情况看，云南人在缅甸人口为25万—30万人，在泰国的人口为30万—35万人，占云南籍华侨华人数（60万—80万人）的80%以上，由此可以推知近代以前云南籍华侨在上述两国的比例也很高。这种人口分布在滇籍华侨中很有代表性。全书以云南华侨华人发展的基本趋势、主要特点和重大变化为主要依据，参照中国国内政局的变化，中国历届政府华侨华人政策之演变，中南半岛上述国家的发展及其对华侨华人政策之演变这几个主要因素，对云南华侨华人的演变进程进行阶段分析，最终得出结论。

四 主要概念辨析

华侨：中国人出国较为明确的记载始于汉代。唐以前，有少量的中国人移居海外，唐代则有相当数量的中国人落籍海外，被海外诸国称为"唐人"，史载："唐人者，诸蕃呼华人之称也。凡海外诸国尽然。"① 这些唐人实际上就是海外华侨。宋元时期，由于海外贸易的发达，海外华侨有所增加，朱彧《萍洲可谈》卷2说：宋代"北人过海外，是岁不还者，谓之住蕃。……广（州）人举息一倍，约舶还回偿，住蕃虽十年不归，息亦不增。"这些出海贸易十年不归的宋代商人有的就变成了华侨。元代，华侨的足迹已遍布东南亚各国。② 明朝和清前期，东南亚华侨骤增，对此，笔者在《试论明朝和清前期东南亚华侨的骤增》③ 中作了较为详尽的论述。鸦片战争后的百余年间，华人外出渐成滚滚之势，直至1955年双重国籍解决前，都是华侨时期。然而，华侨侨居海外的史实虽长达数千年，华侨一词的起源，却是在19世纪末20世纪初。这一概念出现后，很快被各方面接受，用于指海外中国移民及其后裔。由于清政府及民国政府对海外中国移民及其后裔的国籍问题采取血统主义原则，规定只要有中国血统，不论是否出生于中国，均具有中国国籍，属中华之臣民或公民。华侨也抱着落叶归根的心态，认为自己只是暂时旅居海外。因此"华侨"这一概念，既表示了海外侨居者的国民身份，也表明了对中华民族的认同。20世纪50年代中期

---

① 《明史》卷324《真腊传》，中华书局2011年版，第8395页。
② 姚楠：《中南半岛华侨史纲》，商务印书馆1946年版。
③ 陈俊：《试论明朝和清前期东南亚华侨的骤增》，《蒙自师范高等专科学校学报》1999年第5期。

以来，大多数华侨都加入了居住国国籍，成为居住国公民。从此，原来泛指所有海外中国人及其后裔的"华侨"仅指"定居在国外的中国公民"，"所谓定居，是指在外国已经获得该国政府允许的永久定居权，但又未加入居住国国籍者；它既包括外国政府批准的合法定居，也包括外国政府认可的事实上的定居"，① 不包括非法居留者。

华人：泛指具有中国血统者，今专指加入外国国籍华人的简称。使用"华人"一词称呼海外中国人自古有之，但只是作为"夷人"或"洋人"的对应词使用，既可称呼在本土的中国人，也可称呼海外中国人。20世纪50年代中期华侨双重国籍问题解决以后，中国政府给华人（外籍华人）以严格的定义："外籍华人指原是华侨或华侨后裔，后已加入或已取得居住国国籍者。"② 不包括无国籍者。这是在法律意义上的界定。随着国民身份的变化，华人群体也发生了认同的转向：一方面，华侨转变为华人之后，思想观念发生了根本变化，抛弃了叶落归根的传统观念，而主张落地生根，也就是说，他们已从全面认同中国转而认同居住国；另一方面，尽管同化和融合于当地的程度日益加深，华人在语言、血缘方面的属性日趋模糊，但基于共同的中华文化的"华人意识"（即主观上认为自己是华人的意识），又成为华人内部认同的基础。综合法律意义和文化认同两方面的考虑，可以认为"华人"就是在一定程度上保持中华文化（华人文化），具有中国血缘的非中国公民。

华侨华人：某些文章、讲话中将"华侨、华人"连用，是在特定情况下出现的特殊现象。往往是在通论华侨、华人问题时出现的，反映其"面"而不是"点"；表达其"整体"而不是"个体"；论述其"综合"而不是"分析"，在这三种情况下才采用联

---

① 周南京：《华侨华人问题概论》，载周南京《华侨华人百科全书·总论卷》，中国华侨出版社2001年版，第1页。
② 同上。

述法。因为客观存在的海外华社,既有数百万华侨,又有数千万华人,他们之间乳水相融,连为一体,相互渗透,紧密相连,你中有我,我中有你。有许多家族既有华侨又有几个国家的外籍华人。鉴于上述现实,中国学者有时采用联述法,其目的:一是反映海外华社这一特定空间的实况;二是方便和简化;三是体现完整的"覆盖面";四是出于中国式的习惯联述法。正如《华侨华人百科全书》总序中说的:"华侨是华人的前身,华人是从华侨转变过来的,二者具有历史继承关系。华侨华人两个词连用,是因为历史不可能割断,是承认华侨与华人在历史上、血缘上、文化传统上和社会经济上存在的千丝万缕的现实,而丝毫无意在政治上和法律上混淆这两个不同的概念。"

华裔:本书采用周南京《华侨华人百科全书·社区民俗卷》的解释:华裔"泛指华侨在海外的后裔。华裔因血统纯度与所受教育或文化背景的歧异,而有不同类型。父母都是新客所生子女,为纯中华民族血统的华裔。此种华裔虽具有中华民族的气质,但因教育不同而呈现不同的类型:受过华文教育者,其生活方式中国化;受过西方教育者,则西方化;受过当地教育者,则当地化。华侨与当地妇女所生子女,为混血的华裔,如马来西亚、印度尼西亚的土生华人,菲律宾的华菲混血种等。因血统混合比例不同,以及所受教育和宗教信仰相异而呈现不同的类型。在海外尚未创立华文学校之前,他们的教育多由母亲负责,故普遍当地化。20世纪初到50年代中叶,海外华文教育盛行,他们多重新中国化。50年代中叶后,海外华文教育逐渐式微,他们虽有中国血统,却逐渐缺乏中华民族气质,不懂华文,不解华语,不了解中华文化。在世界许多地区(尤其东南亚),入境华侨锐减,华裔剧增,并在华侨社会中渐占多数。"

华族:"华族"是近年来使用频率颇高的一个词,但在使用上还存在歧义。有人认为"华族"指华侨和他们的后裔作为一个少数民族在居住国的状态,其特征是以全方位认同当地政治、社会、文化为主,且基本上已与中华文化相隔膜。① 而庄国土在《论东南亚的华族》一文中则强调"华族"是保持华人意识的中国移民及其后裔组成的稳定群体,是当地族群之一,构成当地国家民族的组成部分。这个定义包括三层意思:一是"华人意识"是华人群体区别于其他群体的标识;二是华族是一个有内在联系的相对稳定的群体,并非对单个互不相关的华人的统称;三是华族是当地国家民族的组成部分,是当地多元族群之一,而非中华民族的组成部分。但一般认为,这一概念目前仅适用于东南亚某些国家。

跨境(界)民族:指在边(国)境线两侧相邻而居的同一民族,它分属于不同的国家。它的形成或是群体迁徙所致,或是政治因素的产物(如边界的划定)等。在这些跨境(界)民族人口中有相当一部分具备华侨或华人的特点。

少数民族华侨华人:主要指的是这部分华侨华人所具有的在中国相对于人口占绝大多数的汉族而言的少数民族性。在内涵上,是个更为广泛、丰富的概念,它包括具有同一民族性而聚居或散居于不同国家的人。

滇人、云南人/滇籍华侨、云南籍华侨:由于滇是云南的简称,故上述每对概念的表述内涵基本上是相同的。行文中出于句群及音韵的效果考虑,在提法上未作统一,特作说明。对于云南县(今大理祥云县)均作注辨明。

---

① 吴前进:《美国华侨文化变迁论》,上海社会科学院出版社1998年版,第1—2页。

第一章　出国原因研究

云南是全国重点侨区，据1992年统计，云南籍华侨华人约有50万人，分布在60多个国家和地区，其中70%居住在缅甸、泰国。至今，云南在海外的华侨有80%以上先后加入了住在国国籍，成为中国血统的外籍华人。云南人移居国外为什么这样多？其中，哪些出国原因是与其他省市共有的或相似的？哪些出国原因是其他省市没有或罕见而为云南所独有的？要回答好上述问题，需要我们从云南的历史、地理及社会等具体情况出发，进行认真的讨论。

第一节　近代云南社会的矛盾

云南人出国以鸦片战争以后居多，因此我们首先论述近代云南社会的阶级矛盾与民族矛盾，当然对鸦片战争以前云南社会引起人民出国的各种因素，我们也不忽视。

1840年以前，云南基本上是一个以地主经济为主，封建领主经济、奴隶制经济和氏族、部落等多种经济并存的社会，社会经济发展极不平衡。进入近代，云南人民既受封建统治者的残酷剥削和压迫，又受西方列强的欺辱和掠夺，其"水深火热"的处境比许多省市有过之而无不及，特别是滇西、滇南地区，阶级矛盾和民族矛盾更为尖锐。其具体表现如下：

一 土地占有日趋集中

云南在19世纪70年代，人口不足400万，实际耕地500万亩左右，人均一亩稍多，在镇压滇西回民起义的战争中和战后，地主、官吏和地方政府明目张胆地兼并土地，其办法：一是凭借政权的力量，在全省（特别是在滇西）对大量的房地产宣布为"叛产"，没收充公，改归书院、昭忠祠管理；二是众多的流离者，由于田土册籍被焚毁，一律宣布为"无主土地归公，其有主而疆界难分者，由地主绅耆公议处决"①。归公或公议解决实则是"假借没充公之名，概指回产为私物。宪谕屡颁，借词掩饰；因风造谣，存心陷害"②。这在当年的大理、洱源、巍山是相当普遍的。据一位外籍牧师1888年在大理地区调查的情况：最大的地主占田100—200亩，佃户向地主租地，缴纳的田租是好田每亩大米3斗，坏田2斗。进入20世纪20年代，云南虽经历了辛亥革命，结束了清政府在云南的统治，但原有的经济基础没有触动。有人统计，云南各阶级对土地的占有大体是：17.8%的地主和富农占有57.66%的耕地，31.995%的中农占地42.34%，50.205%的贫农和其他劳动人民，完全租种和受雇于有产者，一点土地也没有，③接受地主的残酷剥削。

二 田赋苛重

"滇省地瘠民贫，承平时钱粮税课不敷开支，多需外省协济。"④说明云南是一个地方财政拮据的省份。自咸同时起至辛亥革命前，60年间，被战乱破坏了的地方经济迄未恢复。清政府虽

---

① ［法］罗舍：《云南回民革命见闻秘记》，李耀商译，清真书报社1952年版，第82页。
② 白寿彝：《回民起义》第2册，神州国光社1952年版，第290页。
③ 张肖梅：《云南经济》第6章，中国国民经济研究所出版社1942年版，第2页。
④ 岑毓英：《岑襄勤公奏稿》卷18，台北成文出版社1969年版，第26页。

口口声声"与民休息",但那只是官样文章。实际上却在巧立名目,不断加强收敛。据《新纂云南通志》卷150(岁入一)所载清末全省正、杂田赋名目及《续修昆明县志》卷2(赋役)等所载田赋中的各项苛杂、附加,合计不下30余种。既征钱粮,复课所谓额外摊丁;已收杂支、杂款,再课所谓杂费、杂课;课毕所谓耗羡,又课米耗、公耗;如此等等,不一而足。以昆明为例,道光时全县岁入原是10300多两,但到光绪时除去厘金等因收入不定无法确估的税课外,仅田赋及其附加等几项不完全的统计,岁入总数已增至40000余两。除此之外,农民还要负担许多额外增收的项目。例如,历次战争赔款摊派以及所谓"国债"和假借"赎路"为名由庚子年后加抽的盐粮捐、团练费等。中间加上各级官吏的层层勒索,实际上已达到了竭泽而渔的地步。

三 徭役繁多

云南的官府及地方豪强经常强征民夫,以为其统治需要服役。种种情形,恰如云贵总督岑毓英的奏稿中所说:"夫马之害,最为民病。其弊在地方官之苛派。各府厅州县,平时肩舆旗锣伞扇,以至看堂、看门、看监狱押犯,下至洒扫刍牧,率派用民夫。若因公晋省或新旧赴任、去任,用夫更多。派夫之外又复派马……甚至既派夫马,又复折价。而出差委员所用夫马亦皆由沿途折给价钱,任意需索。加以经夫局之不肖绅董,串同胥役,暗地加派,图饱私囊,而文武绅士,衙门兵差概不支应。所支应者止力作穷民。层层剥削,其何以堪?"① 而为地主服役的额外剥削则普遍存在,其内容极为复杂,多为无偿或有极微报酬的强迫劳役,例如抬轿、看墓、修造房屋等。

四 高利贷盘剥

沉重的地租剥削必然要侵及农家的必要劳动,从而又逼使农民

---

① 岑毓英:《岑襄勤公奏稿》卷18,台北成文出版社1969年版,第26页。

不得不乞贷而陷入残酷的高利贷网。由此，地主与高利贷主的剥削相互交织。"云南……农村之小农，负债度日者几占百分之九十五以上。而……地主或富农大半为负债农民之债权者。"① "一般佃农如遇家中发生意外事件而非借贷不能解决者，唯有商诸地主而已。地主与佃农间，因有债权债务关系，于是地主对于佃农又多加一重束缚。" "滇省佃农之贫苦，实为各省所仅见……至佃农向地主借贷之形式，亦不外拿现金与粮食。现金作为农业资本或偿债之用，粮食以补食用之不足。由是，滇省之农业经济又成为商业资本与高利贷资本结合下之支配物，地主即兼高利贷于一身。"② 高利贷的剥削形式，一般有筋斗利、实典倒租、劳役利和实物息四种。尽管当时地方政府也有过官样文章，规定月息不得超过一分五，年息不得超过20%。可是，据《昆明社会经济史料汇编（1912—1937）》载，在昆明"借钱借米都是加五的利息。今年借一斗米，明年得还一斗五；今年借十元，明年得还十五元"，"十块钱一年要三块钱的利，重利盘剥也有对本对利的"。其他地区也大都如此。例如，"晋宁农村放债收利，一百元每年要收五六十元的利息"。地主兼高利贷者的借钱还钱，或借钱还谷，有些地区年息为30%—60%，月息为75%，甚至100%或150%。发生在天灾人祸或青黄不接之时的高利贷，一般是借期短借利高，被盘剥的劳动者，不少人到期只有典田鬻地，倾家荡产，沦为无地的佃农和雇农，甚至成为无业游民。③

五　民族压迫深重

云南地处我国西南边疆，是多民族的杂居区。在封建社会里，统治阶级对云南境内各民族实行政治上压迫、经济上剥削、军事上

---

① 张肖梅：《云南经济》第11章，中国国民经济研究所出版社1942年版，第85页。
② 同上书，第25页。
③ 谢本书：《云南近代史》，云南人民出版社1993年版，第151页。

镇压的政策，并制定了区别于内地的羁縻政策，对边疆少数民族充满歧视。元、明、清三朝实行的土司制度，是封建王朝推行"以夷制夷"政策的具体表现。通过各级土官征收的贡纳，均落在土司地区各族人民的身上，土司乘机狂征滥取，搜刮民脂民膏，鱼肉人民。从清代雍正年间起，封建王朝在云南条件成熟地区逐步实行改土归流，变间接统治（羁縻统治）为直接统治，用流官（主要是汉族官员）取代土官。少数民族人民仍然处在封建制度的统治之下。

六 自然灾害不断

近代的云南社会，自然灾害频繁，据统计，自咸丰元年（1851）至宣统三年（1911），这60年中云南地区的灾害记录竟有43次之多。有时还是一年之中数害踵继。在光绪一朝34年中，有灾情记载的就有27次，宣统朝的3年中，就有2次。其成灾较大者，如：1887年"云南开化府等属被火，平彝县被水，建水县被雹……"① 1892年，"本年春间，云南昭通、东川各属苦旱，收成欠薄。六月以后又复阴雨连绵，山水暴发，河海同时猛涨，以致昆明等十六州、县田禾被淹，房舍亦多坍塌，小民荡析离居，实堪悯恻"②。1894年，地方官报："滇省上年被灾多至四十余州、县……小民槁饿转徙者不可胜数。"③ 最严重的是1905—1906年，先是1905年秋的大水，"省城一带洪水暴起，田园庐舍，一夕荡然"④。继之是次年的大旱，"迤东迤南赤地千里，人们之困于饥馑者，不下数百万"⑤。出现了"老弱妇孺，或饿毙道侧，或转死沟壑。善

---

① 云南省历史研究所：《清实录有关云南史料汇编》卷3，云南人民出版社1984年版，第537页。
② 同上书，第540页。
③ 同上书，第542页。
④ 中国科学院历史研究所第三所：《云南杂志选辑》，科学出版社1958年版，第309页。
⑤ 同上。

会棺木,为之一空"[1] 的惨状。

七 西方列强的侵略和掠夺

1840年的鸦片战争,西方列强用大炮轰开了闭关自守的中国的大门,之后,它们的侵略步步深入,把魔爪伸进了云南。1887年,法国强迫清政府签订《中法续议商务专条》,蒙自被辟为商埠;1895年及1897年,法、英分别强迫清政府签订《中法商务专条附章》和《中缅条约附款》,思茅被辟为商埠;1895年,法国强迫清政府签订《中法商务专条附章》,河口被辟为商埠;1897年,英国强迫清政府签订《中缅条约附款》,腾冲被辟为商埠;1905年,昆明以"滇督奏准自行开放"的形式,自辟为商埠,也是受到西方帝国主义压力的结果。云南的门户被打开以后,帝国主义国家把大量的洋货向这个边远省份倾销,大规模地输入廉价商品,使云南传统的自给自足的经济,受到了前所未有的冲击,破坏了云南的社会生产力,使大批农业和手工业者破产。以云南首府昆明为例,据《续修昆明县志》第5卷,物产志三记载:"咸(丰)同(治)以前,城乡居民类能习此(指手工纺纱——作者著)以织土布,故名土纱。……迨洋纱入口,织者遂不用土线,纺者亦因此失业。"到20世纪初,从马市口到德胜桥"两旁的商店塞满了洋货,无非是洋纱、洋布、洋油、洋纸、洋匹头、纸烟、洋火(指火柴——作者注)、罐头、洋杂货、洋铜铁器、玩具等件,应有尽有,无一不备。"在滇西重镇大理,"咸同以前,初无所谓洋货。光绪初,洋货始渐输入。自越亡于法,缅沦于英,于是洋货充斥。近则商所售,售洋货;人所市,市洋货。数千年来之变迁者,未有甚于今日者。"[2] 与此同时,西方列强还疯狂地掠夺云南的原料。如云南对外贸易进口的大宗商品主要是棉纱、棉布、煤油、人造靛、纸烟

---

[1] 中国科学院历史研究所第三所:《云南杂志选辑》,科学出版社1958年版,第309页。

[2] 民国《大理县志稿》卷6,第223页。

等。出口的大宗货物则是大锡、生丝、皮革、猪鬃、药材等。前者是机制工业品，后者是原料产品。这充分说明了帝国主义商品输出和原料掠夺的实质。它们在云南掠夺工业原料是无孔不入的，其主要办法之一是通过洋行和利用买办。例如，从1929年起，湖北人桂海山担任法商洋行买办，在个旧设号，购锡运销出口。1934年购销数达当年出口数的11.28%，1935年购销数占当年出口数的14.03%。又如，1917—1930年法商徐壁雅洋行在昆明设立大型洗鬃厂，1927—1938年法商多宝洋行又在昆明设立大型洗鬃厂，均由东方汇理银行贷款支持，使两厂垄断了云南猪鬃市场，掠夺猪鬃运销国外。西方列强对云南的侵略和掠夺，使这个边疆省份更为落后，人们生活更为困苦。

八 反抗斗争不断

哪里有压迫，哪里就有反抗。近代云南的反帝反封建斗争连续不断、此起彼伏。1856年杜文秀领导的滇西武装起义，建立了大理政权，历时18年，"燎原之势几覆全省"，[①]给清王朝在云南的反动统治以沉重打击。此外，李文学在哀牢山区领导的反清农民起义，1856年的迤东、迤南回族反清起义，虽然最终都失败了，但极大地动摇了清王朝在云南的统治基础，显示了人民革命运动的力量。反帝斗争方面，1875年，西部边境各族人民为捍卫我国的领土主权和人民的和平生活，奋起抗击英国的武装入侵，击毙马嘉理，打退了柏朗远征军；1884年的援越抗法战争；19世纪末，滇西各族人民抗击英国侵略者，保卫滇西边疆的斗争；20世纪30年代，阿瓦山区的佤族人民保卫班洪矿区，抗击英兵的斗争；20世纪40年代，为收回云南府、澄江府、临安府、开化府、楚雄府、元江州和永北厅七府矿权的对法斗争以及云南各族人民反对洋教侵略的斗争，都极大地打击了外国侵略势力，维护了国家、民族尊

[①] 白寿彝：《回民起义》第1册，神州国光社1952年版，第290页。

严，保卫了祖国的主权，显示了云南各族人民反帝爱国的意志和力量、决心和勇气。

综上所述，由于封建压迫和剥削的残酷以及西方列强的侵略和掠夺，近代云南社会的阶级矛盾和民族矛盾尖锐且错综复杂，广大贫苦人民生活在水深火热之中。为了生存，为了活命，不少人爬山越岭去国外谋生。

第二节 1949年前云南的交通条件对华侨出国的影响

交通条件是影响华侨华人出国的重要因素。云南与缅甸、越南、老挝接壤，与泰国相近，便利的地理区位，相近的生产生活条件，使云南人自西汉起开始移居上述诸国，逐渐形成众多的"跨陆华侨"。云南华侨的外出历史与云南向域外国家交通的拓展历程是分不开的。下面，着重考察历史上云南人"走夷方"的外出通道。

一 秦汉云南对外交通开启，滇商开始移居国外

约在公元前4世纪的战国时期，我国先民就开通了一条到达域外的商旅要道——蜀身毒道，也有人称之为西南"丝绸之路"。它是云南最早的对外通道，以蜀（成都）为起点，西南出邛（今四川西昌）、僰（今宜宾）至滇池（今昆明）、大理，再向西到嶲唐（今保山），经腾越（今腾冲）出缅甸后有两种走法，其一是过缅甸北部、印度阿萨姆邦西部往西，即宋代所说的"西至身毒国"道；其二是入缅甸达杰沙（江头城），再沿伊洛瓦底江南达江口，宋代称为"南至海上"道。蜀身毒道的开通，对于沟通我国古代内地和西南地区与域外各国的文化交流和贸易关系起了重要作用，在交往过程中，我国西南各族先民就开始移居国外，正如陈烈甫在所著《东南亚洲的华侨·华人与华裔》中说："中缅关系起源于汉代。古代，中缅边界来往自由，既无关卡的检查，亦无护照的规

定，故商旅来往自由。由于缅甸平地较滇西为多，出产亦较丰富，华人商贾到了缅甸之后，亦有留在当地定居的。"建武十九年（43），东汉伏波将军马援率军镇压安南二征起义。遂全线开通由云南至今河内称为"交州道"的水陆通道，其路线为滇中南下今蒙自，沿红河经屏边达河内。西汉时开通的自滇中达今缅甸与越南的上述道路，成为汉晋时期云南与域外交流的主要通道。在交流过程中，当中有少量的云南商人逐渐寓居上述诸国。

二 唐宋云南对外交通扩展，域外华侨有所增加

唐宋时期，在南诏的积极经营下，"南至海上"道成为云南联系中南半岛的交通动脉。在"南至海上"道的上段，南诏还开通一条称"青木香山路"的支道，其走向是自今临沧地区至伊洛瓦底江中游，顺江南下达中南半岛南部。此外，南诏还开拓由今云南景东南下西双版纳达中南半岛南部的道路，走向是自今大理或楚雄经景东、镇沅、普洱与思茅达景洪，即明代方志所说的"贡象下路"。如（明）（万历）《云南通志》卷16《贡象道路》记载，由车里西南可至八百媳妇宣慰司（治今泰国北部清迈）与老挝宣慰司（治今老挝北部良勃拉邦）。"西行十五六日至西洋海岸，乃摆古（今缅甸南部勃固）莽酉之地。"至于"交州道"，唐代称为"安南通天竺道"。《新唐书·地理七下》说："安南通天竺道"有若干支线可通邻国，如环王国都城（在今越南中部）、陆真腊（今老挝）、昆仑国（今柬埔寨）。南诏时，"通天竺道"是最繁荣的对外商道，"河赕（西洱河地区）贾"四海为家，活跃于这条交通线上为"客"经商，常常往返于高黎贡山、寻传及骠国、天竺间。樊绰《云南志》卷2如是记载："高黎贡山在永昌西，下临怒江。左有平川，谓之穹赕，汤浪加萌所居也。草木不枯，有瘴气。自永昌之越赕（今腾冲），途经此山，一驿在山之半，一驿在山之巅。朝济怒江登山，暮方到山顶。冬中山上积雪苦寒，夏秋又苦穹赕、汤浪毒暑酷热。河赕贾客在寻传羁离未还者为之谣曰：'冬时欲归来，

高黎共上雪。秋夏欲归来，无那穹赕（今怒江坝）热。春时欲归来，囊中络赂绝。'""河赕贾客"就是当年翻山越岭到骠国、天竺去经商贸易的南诏商人；寻传的中心即缅甸伊洛瓦底江东岸之打罗，南诏强盛时，"阁罗凤西开寻传，南通骠国"，① 并在这里"刊木通道，造舟为梁"。② 这首歌谣生动地再现了当年沿着古商道从事长途国际贩运贸易的商人艰辛及其侨居域外，苦苦思乡，不得而归的沉重心情。大理国继承了南诏至中南半岛南部的通道。李焘《续资治通鉴长编》卷267引杨佐入大理国《买马记》说：云南驿（在今云南祥云县）"驿前有里堠，题东至戎州，西至身毒，东南至交趾，东北至成都，北至大雪山，南至海上，悉著其道里之详"。大理国时期就立有指路碑，上面把到身毒、交趾和海上各国的路线、里程都写得清清楚楚，可见当时的对外商业贸易交往频繁，长途贩运正兴起，在这些长途贩运的商人中，不乏到东南亚诸国经商而侨居下来的。

三 元明清时期交通发展商贸兴盛，外出华侨骤增

元朝建立后，十分注意广开交通，"人迹所及，皆置驿传，传驿往来，如行国中"③。在西南诸省中，云南行省驿传设置最多，效用和影响也很大。除有许多驿道通往邻省，若干驿路进入行省边陲地区外，还有一些驿道通往邻邦，主要是：由中庆经大理至腾冲过金齿（今德宏）出缅国达江头城一线。这条道路在至元七年（1270）设驿，至元十六年（1279），在金齿入缅路段初置驿传，④二十年前后，又把驿传设至江头城，到大德四年（1300），"增云南至缅国十五驿"，开通和完善了滇缅大道。滇南方面，随着至元

---

① 樊绰：《蛮书》卷3《六诏》，中华书局1985年版，第13页。
② 郑回：《南诏德化碑》，载李根源《永昌府文征》，云南美术出版社2001年版，第3137页。
③ 《元史》卷63《地理志》，中华书局2011年版，第1563页。
④ 《元史》卷10《世祖纪》，中华书局2011年版，第213页。

十一年（1274），平章政事赛典赤在云南建立行省，云南的政治中心由大理迁至鄯阐（今昆明），云南的交通随即也以中庆为中心，云南至安南的道路也由大理至安南改变为由中庆至安南。中庆经蒙自达安南（即大罗城，今河内）在至元十二年（1275）正式设站，① 使得鄯阐至大罗城的驿道成为元朝与安南往来的通衢。此外，自鄯阐经车里（今西双版纳）至八百媳妇国的道路已开通。据《元史·文宗纪》，至顺二年（1331），元朝于今泰国北部置八百等处宣慰司都元帅府（今清迈），八百媳妇国与元朝建立政治联系之后，双方往来不绝。看来，元朝沿车里经今缅甸景栋至今泰国北部昌盛和清迈的道路设置驿站，是有可能的。元代与域外诸国的道路畅通后，极大方便了双方的政治及经贸联系，此时兴起的马帮贸易活跃在云南至东南亚各国，云南回族成为各族马帮中的佼佼者，据姚继德在《泰国北部的云南穆斯林——秦和人》② 一文中的考述，他们中有的就旅居于泰国北部，被泰族人称为"秦和人"。明清时期，云南联系中南半岛地区的交通，并未修建新的陆路干线，仅新通一些支线，经过明清两代的修治，上述地区旧道通行不畅的情形得到很大改善。此时的云南，同中央王朝关系不断密切，在统一多民族国家中的地位日益重要，它在西南边疆，守护着祖国的西南大门，成为历代王朝设防治边的重点。云南边疆的安危，牵系着国家的统一和领土完整。明清时期，在云南社会经济发展和边防巩固方面，交通发展起着举足轻重的作用。顾祖禹《读史方舆纪要》卷113 论云南裔地边防形势说：云南"东接黔、蜀，南控交趾，西拥诸甸，北距土番。其名山则有点苍山、高黎贡山、玉龙山；其大川则有金沙江、澜沧江、潞江、滇池、西洱河；其重险则有石门。说者曰：云南山川形势，东以曲靖为关，以沾益为蔽；南以元江为关，以车里为蔽；西以永昌为关，以麓川为蔽；北以鹤庆为关，以

---

① 《元史》卷8《世祖纪》，中华书局 2011 年版，第 160 页。
② 姚继德：《泰国北部的云南穆斯林——秦和人》，《思想战线》2002 年第 3 期。

丽江为蔽；故曰：云南要害之处有三：东南八百、老挝、交趾诸夷，以元江、临安为锁钥；西南诸夷，以腾冲、永昌、顺宁为咽喉。识此三要，足以筹云南。"顾氏此说固然论述了明清时期云南地理区位、交通形势和边防重点在统一多民族国家中的重要性，从华侨史的角度看，正是由于云南经滇西、滇南、滇东南通往域外诸国道路的开辟和完善，为云南同这些国家的政治、经济、文化交流和联系创造了条件，特别是促进了相互商业贸易的发展，使沿线城镇尤其是邻边重镇变成了商品、货物的集散地，成为繁荣、兴盛的商业都会，而荟萃于商业都会的商人们为经商便利，往往侨居域外诸国，如《永昌府文征》文录卷30中的《腾永关行记》称："我国西南边防重镇腾越，古越赕地，与永路隔龙潞两江，北通片马，南控七司，为出缅之门户。民善贸迁，多侨缅，四乡殷实，瓦屋鳞比，为滇中各县所罕见。"另外，这些既是边防重镇又属商业都会的要冲之地，也成为有名的侨乡，如滇西的腾冲、龙陵、保山，滇南的蒙自、红河、元阳等。

四 近代铁路公路及马帮运输并举，华侨外出达到高潮

近代以来，云南对外交通的特点是马帮长途运输线的基本确立，向近代交通运输过渡。马帮的活动范围十分宽广，除涵盖云南全省和与云南有经济交往的中国内地各省区外，与云南有外贸联系的周边国家，都进入了马帮的运输网络之中。其运输干线是由元明清时的驿道和近代各海关出国境商道发展起来的，主要包括迤东线、迤西线和迤南线三大干线。迤东线主要是云南与贵州、四川的联系干线；迤西线的昆明至八莫和昆明至车里连通境外；昆明至八莫是元明清以来云南与缅甸贸易的主干线，行程1172公里，约需日程31天，"昆明八莫间驿路，仍乃滇缅交通之主要路线，自八莫有铁路通曼德勒及仰光，或泛伊洛瓦底江至仰光"[①]。昆明至车里

---

① （民国）《新纂云南通志》卷56《交通考一》，第14页。

干道，行程891.6公里，约需日程25天，此路直接深入普洱茶产地，由是通往缅、泰、老、越的重要出境之路，"昆明车里间驿路，为本省西南驿路干线，由车里西南行至缅掸部之康东，西行至曼德勒而迄仰光，南行至暹罗之景迈而达曼谷，又由车里南行如安南之老挝而抵东京。"① 迤南线上，除有"昆明至百色"干线外，尚有昆明经蒙自至蛮耗马帮干道，续接红河水路至海防国际贸易港。沿着迤西和迤南大道，近代云南的主要大商行，积极经营跨国贸易，如永昌祥、庆正裕、永茂和、茂恒等经营滇缅贸易。迤南线上的玉溪帮、河西帮、通海帮、蒙自帮、建水帮、开化帮等马帮积极从事国际马帮运输贸易。这些从事马帮贸易的商人通过上述交通线，分别进入缅甸等国经商贸易、垦殖定居，使滇侨在东南亚国家粗具规模。以缅甸为例，到民国初年，在阿瓦地区，"缅之华商十余万，滇居多数，闽粤次之，阿瓦约七八万，滇商三万"。② 在仰光，滇商虽不及闽粤之商的人数多，但也颇具规模，如仰光城内设的云南会馆，每年的活动费用高达10余万卢比。至于在滇缅交界地区的上缅甸，云南人不仅在这里经商、设商号，而且还从事开矿、植棉等经济活动。民国初年，云南曾向中央政府要求在阿瓦设立领事馆，以便协调管理滇缅贸易，保护在缅滇人合法权益，至于沿着迤西线经商谋生的滇人在阿瓦的分布和生产经营情况，从《复议设阿瓦领事电》中可知，电文说："部电祇悉，树莅任即密调查阿瓦城外姐旧、汉人二街，闽粤滇各有会馆，华人约万余，曲巷不与焉。阿瓦东之蜡戍、锡卜二处，平时约共二万，冬季可达三万。阿瓦南之缅降，闽人侨者千余，各村寨种棉之滇人五千余；又南抵别缪至仰光二面华人侨者约万余；阿瓦之西，由瑞波至孟拱各处，平时约万余人，冬则集玉石厂者可二万余；阿瓦之北红宝石厂及八幕汉人街，华人商者工者约二三千，前电所称七八万非凿空也。比询之丝

---

① （民国）《新纂云南通志》卷56《交通考一》，第14页。
② 秦树声：《复议设阿瓦领事电》，载李根源《永昌府文征》，云南美术出版社2001年版，第2726页。

花行人数，大略相同。仰光市面诚只万余人，然山寨亦复数万，惟偏峙海隅。洋货表面虽来自仰光华商，内容实汇于阿瓦，易地以观，仰光犹蛮允，阿瓦犹腾城。约章视贸易为定，不云海口；即以人数为定，况扼中枢。"① 可见，近代以来，经迤西线进入缅甸的滇侨规模不小。1910 年通车的滇越铁路，在成为法国在云南进行商品倾销、资源掠夺和榨取利润的工具同时，也改变了此前云南境内运输全靠骡马驮运的状况，改善了运输，同时密切了云南同东南亚各国及欧美等发达资本主义国家的联系，一定程度上促进了云南经济、文化发展和教育交流。如自 1910 年后，云南每年都有一批学生经滇越铁路出海，转往日本或欧美留学，成为"侨生"，云南早期的留学生熊庆来等人就是通过滇越铁路出洋留学的。其他交通，如修建于抗战期间的滇缅公路和中印公路，不仅解决了抗战非常时期战略物资运输的燃眉之急，也大大便利了滇人的外出。随着 1941 年日军进占越南，截断了滇越铁路，1942 年占领缅甸，滇缅公路阻断后，由云南经西藏拉萨至印度葛伦堡的马帮运输再度兴起，滇藏印贸易的交通线成为战时唯一可通行的国际交通线。滇藏爱国商人纷纷以"国家存亡，匹夫有责"为己任，在重新打通滇藏印马帮驮运国际交通线后，进口后方急需的各种商品。原来主要经营滇缅贸易的各大商号，如茂恒、永昌祥、恒盛公、洪盛祥、永茂和等，以及丽江的恒和号、仁和昌、达记、裕春和、长兴昌，北京的兴记，山东的王云宝等商号纷纷在印度葛伦堡、加尔各答等地投入资金，设立分号，甚至侨居印度，经营滇藏印贸易，为充实后方经济，稳定人民生活，支援持久抗战，做出了积极的贡献。

  从上述云南交通的发展历史看，云南与周边国家的经济文化交流是随着云南与境外国家交通路线的开辟与拓展而密切的，商业活动的兴盛又带动了边境城市的繁荣，促进了滇商侨居国外的增加，

---

① 秦树声：《复议设阿瓦领事电》，载李根源《永昌府文征》，云南美术出版社 2001 年版，第 2726—2727 页。

换言之，交通条件的改善便利了滇侨的外出。需要指出的是，在封建社会里，国内封建统治阶级大部分时间里都实行闭关锁国，禁止华侨外出的政策，如乾隆四十年（1775），清廷"严饬沿边各员，禁止民人等出口，以使奸商无处籍词偷越。并饬安南国王一体留心，如有内地商民潜赴彼国者，即令其缉拿呈送该督"①，但由于边贸交往的存在，商品经济的刺激，统治阶级的禁令效果是有限的，如在云南边境，尽管"各口隘俱严行查禁，不许商人偷越……而沿边各隘袤长辽远，僻险小径处处可通。"滇商仍设法循陆路外出，有的就侨居国外。近代以降，随着国内社会性质发生深刻变化，外出经商、务工人员渐成滚滚之势，侨居人数达到了高潮。

第三节　云南人移居国外的原因

云南人移居国外的原因大体上可以归纳和划分为 10 种，即被国外掳掠、政权更替、反抗失败、征战未归、逃避征兵、求学侨居、贫困外出、经商居留、务工外出、民族迁移。前 6 种一般属政治原因，后 4 种一般属经济原因，下面即对各种出国原因作具体分析。

一　政治原因

（一）被国外掳掠

云南与越南、老挝、缅甸交界，历史上越南、缅甸的一些封建王朝统治者多次侵犯云南边境，掳掠人口与财物。如明成化四年（1468），越南后黎朝侵犯云南的临安、广南、镇安等地区，明成化十五年（1479）侵犯云南蒙自地区。② 缅甸东吁王朝时期（1531—1572），军事封建色彩浓厚，积极向外扩张，多次发动对

---

① 《清高宗实录》卷997，摘自云南省历史研究所《清实录　越南缅甸泰国老挝史料摘抄》，云南人民出版社1985年版，第96—97页。

② （清）张廷玉等：《明史》卷321《安南传》，中华书局2011年版，第8328页。

暹罗（今泰国）的战争及侵犯中国云南边境等，其中史籍中有关这一时期中缅武装冲突、缅军侵犯云南边境烧杀抢掠（包括掳掠人口）的记载不少，如万历十一年（1583）一月，东吁王朝军队侵犯云南施甸，之后缅军侵扰的路线是"攻雷弄、盏达、干崖、南甸、木邦、老姚、思甸等处，据地杀人；窥腾冲、永昌、大理、蒙化、顺宁、景栋、镇沅、元江等郡，又寇顺宁（今云南凤庆），烧毁府治，遂破盏达（今云南盈江县莲花街），掳男妇八百人"。① 天启七年（1627），东吁王朝的军队进攻云南车里，掳掠车里宣慰史刀韫猛及所有十二版纳江西各地居民到（缅甸）阿瓦，第二年才有少数人逃归。② 清乾隆时期中缅战争前的1763—1765年，缅甸多次派员入扰车里，入侵西双版纳地区，特别是1765年四五月入侵车里，抢索银米，掳掠土夷。③ 为此，清军被迫反击，经过多次征战后，最后双方议和，清军撤出缅甸。根据中方记载，是缅方首先提出议和要求，协议的一项主要内容是"所有留在缅甸的中国官兵都要送出来""（缅甸）送还所掠的内地兵民"④"（缅甸）送出内地被留之人"，⑤ 可见在这次中缅战争中缅甸掳掠云南边境人口及清军被俘的人数不少。缅甸在经交涉后，送回了一些被俘的清朝官员，但被掳掠的多数中国兵民却不了了之，没有送回，被迫在缅甸定居。

（二）政权更替

清顺治十六年（1659），清军入云南，南明永历帝仓皇逃至缅甸，从者千余人（腾冲县志载为4000人），其中部分被安置于缅都

---

① 《明神宗实录》卷153，摘自余定邦、黄重言《中国古籍中有关缅甸资料汇编》，中华书局2002年版，第205页。

② 李拂一：《泐史》，载陈序经《泐史漫笔——西双版纳历史释补》，中山大学出版社1994年版。

③ 南京国民政府中央研究院：《明清史料》第7本，商务印书馆1936年版。

④ 王锡祺：《小方壶斋舆地丛钞》，光绪十七年上海着易堂铅印本，第十帙。

⑤ 《清高宗实录》卷847，摘自云南省历史研究所《清实录 越南缅甸泰国老挝史料摘抄》，云南人民出版社1985年版，第612页。

阿瓦外之者梗（即实皆）①，而永历将李定国、白文选等各帅部入缅，为夺回永历帝，连年与缅军鏖战，终不能得。② 在征战中，有一部分溃兵即流落缅甸，成了华侨，据《求野录》记载，顺治十八年（1661）四月，李定国与缅军战，"引兵还至赤渺赖山，大溃"。又，"王至蛮莫舟行，从官云散，有人古剌者：马九功、江国泰。有入暹罗者。……九功等亦为古剌招到溃兵，得三千人。"古剌即下缅甸之白古地区，很明显，这些招到的溃兵流落缅甸，成了居缅华侨。

云南解放前夕，部分国民党军队由川、黔败退入滇，企图利用云南陆路通向境外的条件，阻止解放军或进行游击战。当时进入云南的主要是第8军、第26军及一批机关团队的残部4万多人（不包括云南保安团改编的第74、93军）。1949年11月，中国人民解放军向西南进军并迅速占领成都，切断胡宗南集团向滇、黔方向的退路并继续向云南进军。12月9日卢汉率地方部队宣布起义。国民党第8军及第26军部分残敌由元江得脱，遂沿普洱进入西双版纳勐海等地，其大部分又被追歼于镇沅、车里（今景洪）、打洛等地。最后仅第8军第237师709团一部约1000人在勐海县边界地区越过国境逃入缅甸，在境外又遇第26军第93师278团残部约600人。此后又收罗了一些流落在外的马帮等共约3000人，盘踞在缅甸、泰国、老挝边境"金三角"地带。后来盘踞在缅甸掸邦地区的"难民"，在缅甸政府和国际舆论的压力下，当中有一部分被接往台湾，剩下的人主要是留恋家乡并幻想有朝一日能够返回故乡的云南籍军人，他们大多进入泰缅边境泰国一侧的山区，形成了历史上云南人大批进入泰国的第二次浪潮。移入泰国后，这些国民党残军及其家属中的大部分被允许在清迈和清莱两府边远地区"难民

---

① 邓凯：《也是录》，载李根源《永昌府文征》，云南美术出版社2001年版，第3352页。
② 客溪樵隐：《求野录》，载李根源《永昌府文征》，云南美术出版社2001年版，第3358页。

村"居住。这批特殊的云南移民是在特殊历史时期迁往泰国的特殊的"政治移民",故其生存和发展长期得到台湾方面的一定的关照。近年以来,部分村落已成为泰国基层正式村寨,不再是"难民村",相当多的人已取得泰国国籍,正汇入泰国主流社会。

(三) 反抗失败

康熙十二年(1673),吴三桂起兵反清,爆发了清廷平息"三藩之乱"的战争。战乱中,不少军民逃到缅甸,如《云南(祥云)县志·食货志·田赋》说:"吴逆(三桂)作乱时,各军(民)多半逃窜……恋他乡(缅甸等地)未里。"起事失败后,随吴三桂反清的部分人为逃避清廷追捕,也逃入缅甸,成为华侨。清·蔡毓荣在《筹滇十议疏》的第三疏《靖捕逃》中,专门论及了这个问题:"先是贼兵四出,原不尽在围城之中……其间观望而逃匿者,正不乏人。迨马宝等四散溃奔,则鸟骇鼠窜之徒,又不知凡几矣……臣宣布皇仁,晓谕招徕,越今半载,未据一人投首,而在省已经起发者,无不中路逃脱";"奸宄无容身之地矣,特以无所容而寻循归夷穴,势所必至;有或一经逃出,即使趋赴土司,即无保甲可认稽查,更无塘汛为之盘诘",提出用重奖重罚土司的办法来抓捕这些吴氏余党。① 其措施的实施效果找不到记载,但这些吴氏余党逃到土司地方后,为避抓捕,当有不少又逃到了缅甸。

雍正四年(1726),在西南地区实行了大规模的改土归流。云南南部澜沧江下游以东的镇源、威远等傣族地区,进行了反改土归流的斗争。斗争被镇压后,清军趁势南下,直到勐腊,"焚栅湮沟,深入千里,无险不搜"② 到处屠戮,就近逃入缅甸的兵民当不少。对此,魏源在《雍正西南夷改流记》中记载"(清军)进剿澜沧江内孟养、茶山上夷,诸蛮惊谓'自古汉兵所未至者也',兵至循缅,兵退还巢,自明以来无善策","鄂尔泰于六年五月,连破险

---

① (清) 蔡毓荣:《筹滇十议疏》,《云南史料丛刊》,云南大学出版社1998年版。
② (清) 魏源:《西南夷改流记》,载王锡祺《小方壶斋舆地丛钞》第八帙。

隘,直抵孟养……于思茅、橄榄坝各设官戍兵,以扼蒙、缅、老挝门户"之说,可以知道,反改土归流的傣族兵民,在清军追剿下,逃入了缅甸,由于归道有清军戍守,为避清廷迫害,遂留居下来,成了华侨。

太平天国运动期间,云南回民联合各族人民发动了反清起义。杜文秀(回族)领导的云南回民起义,在大理地区坚持斗争达18年之久(1856—1874),参加这次起义的群众多数为各地的农民及部分矿工、小商贩、小手工业者,包括汉、回、彝、白、傈僳、傣、哈尼等各族人民。起义失败后,大批无辜回民惨遭屠杀,许多人的土地被清政府作为"逆产"没收,如云南县(今祥云)"田四千余丘,房屋地共二百余块,山十余岭,坝塘十余座"全部作为"判产",剑川县"杜文秀失败后,回民产业全部归公"①,洱源县土庞、鸡鸣、三枚村在杜文秀起义失败后,又遭清军第二次屠杀、抢窃,房屋被烧毁,全部地产作为"逆产"归公。巍山县回汉族的地产均被侵占,澄江县有清军纵兵"降回,并及汉民"。"鹤(庆)、丽(江)、剑(川)、邓(川)、浪(穹)等处,各军官假占逆产为名,而汉族之被夺者居大多数,得归复业者仅数百户耳。"② 由上述观之,咸、同之乱后云南各地汉回群众离乡逃难者可谓不计其数,这些虎口余生的广大回、汉民四处流散,连同一些起义将士为逃避清军的追杀而逃往缅甸。

(四)征战未归

历史上我国封建王朝与周边一些国家发生过战争,这些战争有的是中国封建王朝反击邻国对我国边境的侵扰,有的是中国封建王朝干涉邻国的内政。这些战争次数不多,时间不长,属于我国与邻国关系的支流,主流仍是和平友好。在我国对邻国的战争中,有些战争在结束以后对方没有把中国战俘全部遣返,或是因其他原因有

---

① 云南省编辑组:《大理地区杜文秀起义历史调查》,载《云南回族社会历史调查》(一),云南民族出版社1985年版,第114页。

② 荆德新:《杜文秀起义》,云南民族出版社1991年版,第246页。

少数中国官兵没有跟大部队回国，这些人在异国定居成为华侨。如明朝永乐年间对越南的战争，战后留在越南的中国官兵不少。如宣德元年（1426）10月7日的宁桥之战，中国史籍的记载是明朝官军遂败，尚书陈洽被打死，总兵官王通受伤。① 越南史籍记载的是明军陈洽等五万官兵被杀，万余人被俘，王通仅以身免。② 宣德二年（1427）10月的马鞍山（又名倒马坡）桥之战与昌江之战，《明宣宗实录》卷31里记载是黎利伏兵四起，袭击明军，总兵官柳升被打死，"从升者皆陷没"，右参将都督崔聚被俘，礼部郎中史安、主事陈镛等都被打死，"官军或死或奔散归"。《大越史记全书》本记实录卷1，《黎记》一的记载是明军大败，3万多官兵被杀，3万人被俘。在历次黎利反击明军的战斗中，越南俘获明军甚多，达十余万之众。尽管上述中越史籍记载明军被俘的人数差别很大，但却是有不少被杀或被俘。此外，这次战争结束之后，被越南扣留的明军官兵没有回国而定居该国者不少。据中国史籍记载：宣德二年（1427）12月，明军撤出越南，明朝驻交趾的军队、文武官员以及家属共86640人先后回国，"然亦有为黎利闭留而不遣者"，③ 这就是说，还有被黎利扣留的明军官兵及明朝官员没有回国而仍在越南。在明军撤回之时，黎利遣返了被扣留的明朝官兵共13617人，其中包括军官280人，官吏157人，士兵13180人，马1200匹。④ 明朝对上述遣返数字表示怀疑，认为还有被越南扣留的明朝官兵没有遣返，认为"蛮夷谲诈，未可遽信，更当索之"，⑤

---

① 《明宣宗实录》卷22，摘自中国社会科学院历史研究所编《古代中越关系史资料选编》，中国社会科学出版社1982年版，第332页。

② 《大越史记全书》本记实录卷1，《黎记》一，摘自中国社会科学院历史研究所编《古代中越关系史资料选编》，中国社会科学出版社1982年版，第333页。

③ 《明宣宗实录》卷34，摘自中国社会科学院历史研究所编《古代中越关系史资料选编》，中国社会科学出版社1982年版，第348页。

④ 《大越史记全书》本记实录卷1，《黎记》一，摘自中国社会科学院历史研究所编《古代中越关系史资料选编》，中国社会科学出版社1982年版，第348页。

⑤ 《明宣宗实录》卷64，摘自中国社会科学院历史研究所编《古代中越关系史资料选编》，中国社会科学出版社1982年版，第363页。

并在撤军后同越南后黎朝多次进行交涉，要求"交趾所留朝廷官吏、军校人等及其家口，速皆遣归，以慰其父母妻子之望；所留军器，亦悉送纳，庶几求富之道"，① 但黎利多次遣使向明朝诡称：留在安南境内的军器和明朝军政人员，"实无见存""无有拘留监藏者"。② 随着明朝与越南后黎朝邦交的恢复，"索还人口"一事也就不了了之。这里需要指出的是，在这些留居人员中，云南人不少，因为，这次战争中明朝几次出兵越南，都是从广西、云南入越。如永乐四年（1406）10月，由张辅率领的一支明军由广西入越，由沐晟率领的另一支明军由云南进入越南；永乐六年（1408）年底沐晟率军从云南入越；宣德二年（1427）1月柳升、沐晟率军由广西、云南两路进击越南黎利等。明朝多次调集征讨越南的军队中就有不少云南的官兵，如1426年10月王通领兵5万征越，《大越史记全书》本记实录卷1，《黎记》一载："云南军一万先至，直抵三江，顺流而下。"因此，如果说明朝征越未归的人数有数以万计的话，那么其中就包含着许多的云南军民，他们定居在越南，成为华侨。

上面已提到的历史上我国与缅甸的战争，也存在"征战未归"的情况。战争中被缅方俘虏或失散、流落在缅甸的中国士兵不少。战争结束后，仅在缅甸当时的首都阿瓦的中国战俘就有2500人。③ 尽管清朝多次要求"将尔处被留内地之人速行送还"，④ 方可重开边境贸易，但仅有苏尔相等少量人被送回，随着1790年滇缅边境重开贸易，中缅恢复了友好关系，对缅甸尚未送还的中国军民，清朝再也没有追究。这次战争发生在云南边境，清军的调集，除少量

---

① 《明宣宗实录》卷43，摘自中国社会科学院历史研究所编《古代中越关系史资料选编》，中国社会科学出版社1982年版，第359页。

② 《大越史记全书》本记实录卷1，《黎记》一，摘自中国社会科学院历史研究所编《古代中越关系史资料选编》，中国社会科学出版社1982年版，第359页。

③ [英]哈威：《缅甸史》，姚楠译，商务印书馆1957年版，第298页。

④ 《朱批奏折》外交类，中国第一历史档案馆藏，第141—12号，转引自杨煜达《清代前期在缅甸的华人》，载《华侨华人历史研究》2003年第4期。

八旗兵外，多数来自云南、四川、贵州等省。因而有不少因征战未归的云南人定居在缅甸。

此外，1884—1885年的中法战争期间，有不少马关籍人加入刘永福的黑旗军赴越南与法军作战，战后部分人未回国而定居越南，成为华侨。

（五）逃避征兵

自元朝以来，云南就是封建统治者对外用兵的前沿阵地，为了补充兵源，统治者大抓壮丁，贪官污吏强抽乱拉，敲诈勒索，广大人民苦不堪言，纷纷逃往国外。如明朝正统年间（1435—1450），云南边区多次战乱，一些少数民族群众不堪应付兵役，而大批逃往缅甸。① 祥云县的人民在国民党统治时期，为"躲壮丁"而出走缅甸等地。

（六）求学侨居

1910年滇越铁路建成通车，极大地密切了云南同东南亚各国及欧美等发达资本主义国家的联系，促进了云南经济、文化发展和教育交流，便利了云南人出洋留学。素有"万里云南"之称的云南，由昆明乘火车至越南海防只需两天半，到海防后，可乘海轮直抵欧洲的英、法等国，与旧式行程相比，不可同日而语，这就使云南与外部世界的距离大为缩短，从此云南学生外出求学者不断增加，1910年后，云南每年都有一批留学生经滇越铁路出海，转往日本或欧美留学，如民国时期云南彝族统治集团的龙泽渊、卢邦定、卢邦基曾东渡日本留学，甚至如龙云胞妹龙志枕、表妹龙泽清（卢汉妻子）等彝族女青年也外出求学。这批云南早期的留学生，人称"侨生"，日本人称其为"云南华侨"，如同其他海外移民一样，身处异域，共同扮演着"中国侨民""海外赤子"的角色。在滇西民间，人们称其为"老侨""侨子""侨人"。② 这些出洋求学

---

① 向大有：《论少数民族华侨华人问题》，《八桂侨史》1993年第3期。
② 秦钦峙：《孙中山、留学生与云南光复》，《华侨与孙中山先生领导的国民革命学术研讨会论文集》，"国史馆"1997年版，第361—362页。

的云南学生学成后大都回到家乡，投身革命建设，亦有少数人留居国外发展。本书在讨论历史上这些留学生时，认为他们曾有海外"侨生"经历，可以视为归国的云南籍华侨。

二 经济原因

（一）贫困外出

近代云南政治腐败、苛捐杂税、自然灾害等因素造成百姓民不聊生，不得不丢妻弃子，背井离乡，外出谋生。如滇西祥云"地处西南高原，风干物燥，雨量稀少，人们在这块土地上，遇到丰水年景能栽少许稻谷，但产量极低，吃得上大米的人极少，多数人是杂粮野菜充饥。碰到少雨年份，到处便是'母啼饥，儿嚎寒'，生活难逃。因此，不少人为了生计不得不流落异国他乡，'饿奔厂'就是这个原因"。此外，"旧社会祥云没有一家厂矿企业，只有纺线、织布染布等少量的小手工业，经济极为落后。而百姓每月还得向官府交门户钱、人头税、布捐、乡丁的草鞋等。旧官府共有七十多种税，盘剥得百姓走投无路。众多人不得不挑起土锅，丢妻弃子，离家谋生，社会传言'穷走夷方'就是这样留下来的"。① 在盈江县，1945 年鼠疫流行，1946 年大盈江决堤造成洪水灾害，使广大劳动人民在死亡线上挣扎，大量灾民逃往缅甸。又如滇西的龙陵"素号瘴区，所产有限，米谷多采购于芒市，花钱（银圆）且远来自缅邦。入口货多，出口货少，自禁种土药（大烟），大利猝失，小民生计日艰，往往举家它走。去向为缅甸"。②

（二）经商居留

公元前 4 世纪的战国时期，随着"蜀身毒道"的开通，中国与

---

① 政协祥云县委员会：《祥云文史资料》第二辑，祥云文史资料委员会1992年版，第158页。

② 龙陵县委党史地方志工作办公室：《龙陵县志》，中华书局2000年版，第552页。

域外缅甸、印度等国的商旅往来就不断增多，这条著名的西南丝绸之路的开辟，为滇人因经商而移居国外提供了条件。所谓的西南丝绸之路即从成都出发，经南干道（又称朱提道，经宜宾、昭通、昆明）和西干道（又称灵关道，经雅安、西昌、会理）进入云南大理等地，再从云南大理出发，经过保山、德宏进入缅甸北部，再向西进入印度。有的学者认为，云南长期以来一直是我国其他地区与南亚及东南亚的一个贸易中心和货物集散地，云南通往境外的商道起自昆明（云南府）、大理、腾越（今腾冲）以及南部的思茅等地，向西向南蜿蜒伸展，穿过崇山峻岭，向西由西藏地区进入印度、尼泊尔等国，向南则抵达缅甸、泰国的富庶平原，直到其最南端的一些港口城市。①

上述商道的开辟与扩展，既促进了云南与周边国家的经济文化交流，又促使一些滇商在国外定居，成为华侨。以中缅贸易为例，地处"南方丝绸之路"要冲的云南，自汉、唐、宋、元以来，一直保持着同缅甸的商贸往来。明时，云南同缅甸的经贸关系有了较大的发展，据谢肇淛《滇略》记载，当时云南商人从缅甸把紫英、云母、水晶、绿玉等贩到云南，销路非常好，"辐辏转贩，不胫而走四方"。随着云南与缅甸之间贸易的发展，中缅边境地区出现了一些贸易中心和货物集散地，如"蛮莫等处，乃水陆会通之地，夷方器用咸自此出，货利之盛非他方比"。②缅甸方面需要的茶、盐、毛缨等，也先由云南运抵"蛮莫"，再由"蛮莫而后入也"。因此，这一带呈现一幅"贾客云集""商贾辐辏"的繁荣景象。清代滇缅贸易的进一步发展，促使更多的华人以贸易的方式进入缅甸，如乾隆朝的云贵总督鄂宁就奏道："查缅夷仰给者，钢铁、锣锅、绸缎、

---

① 申旭：《回族商帮与历史上的云南对外贸易》，《民族研究》1997年第3期。
② 《明孝宗弘治实录》卷153，摘自余定邦、黄重言《中国古籍中有关缅甸资料汇编》，中华书局2002年版，第183页。

第一章　出国原因研究

毡布、烟、茶等物，至黄丝、针线等物，需用尤亟。"① 说明缅甸的日用器物多赖华商输入，对此，陈孺性在《缅甸华侨史略》中也指出，来自中国的生丝，是缅甸中部地区发达的丝织业的最重要的原料。另外，华商也从缅甸购买大量的棉花，广大华人客商大量进入缅北农村收购，如杨朝品、寸衣襟、盛荣佑等于乾隆三十年"九月到了木邦，在城外出卖货物，就收买棉花"。② 这些进入缅甸的华商，许多就移居缅甸，如曹琨在《腾越杜乱纪实》第1页中就说："腾之回教则以城内外、乌索、马家村三地为最著。……嘉道间……旅居缅甸为玉石、宝石、棉花商者半属之。"《腾冲县志》第68页说，在缅甸勐拱，"腾冲玉工及商人在此数代定居"。一些华商娶了缅甸女，个人特别是其后代就居留下来，成为华侨，如缅甸孟拱头目就说："从前有内地贸易民人张姓往来猛拱，曾在猛拱娶妻居住"，③ 可见，华商与当地妇女通婚是华人能在当地生根落脚的重要因素。清中叶以后，云南边境渐不安宁。因为英、法二国在进占缅甸、越南后，开始以各种方式向我国边境区域进行侵略及渗透。在中法战争前后签订的一系列不平等条约中，清王朝已承认法国对越南的保护权和允许法国在滇、桂二省通商、减税和设立领事权等；在中缅边界，朝廷亦指示云贵总督岑毓英"英于中华并无衅端，华商往缅贸易，尽可听其自便，毋须官为照管也"。④ 急剧改变了此前只通贡物、禁止民间自行贸易的政策。因而促进了商业贸易的兴盛，进一步开辟了商路，使滇缅、滇越路线上的商帮、商队大为增加，并在境外设商号、雇员工从而吸引人民在外居留。在中缅、中越传统商道上，由于蒙自、思茅、腾冲等先后开关，云南

---

① 《高宗实录》卷808，摘自余定邦、黄重言《中国古籍中有关缅甸资料汇编》，中华书局2002年版，第548页。
② 《乾隆上谕档》卷8，中国档案出版社1991年版。
③ 脱猛乌猛供词，军机处录副奏折，7653，中国第一历史档案馆藏，转引自杨煜达《清代前期在缅甸的华人》，《华侨华人历史研究》2003年第4期。
④ 《清实录·德宗实录》卷224，摘自云南省历史研究所《清实录 越南缅甸泰国老挝史料摘抄》，云南人民出版社1985年版，第857页。

南部和西部的边疆门户大开，外国商品大量涌入，加之人口增加，货物品种增多，形成不少的商业转运中心或集镇，其中典型的莫过于滇西由下关以西至腾冲、保山、龙陵、瑞丽等地，原来的商业中心更趋繁荣。当地人李芷谷对腾越边区的变化曾有记述："因军事的缘故（指咸同之变），打通了永关缅甸的商业大道，尤其是当时的武人们，都解下他的官囊来经营投机事业。一经提倡，从此闭关自守的腾越，开始走上了商业的市场，一时生气勃勃，开了一大机运……自同治以后到光绪初年，这一时期中乘着新兴人才的勇气，经营那新兴的市场……二三十年间把一个冷落的腾越变成了繁华的商业中心，永关腾缅路上，车水马龙，热闹不了，连那荒野的蛮允受了商业的余波，店铺林立，地皮高贵，谷米有价，房屋成钱。"①

出口缅甸的大宗商品生丝，清初即已成为畅销品，以至于"在上缅甸的核心地曼德勒的洞矛，家家户户都有织机，主要织丝纱笼，都是女工操作，产品销售于全缅，后来也发展了丝织业，生丝的需要量更大，生丝出口促进了缅甸丝织业的发展，而缅甸丝织业的发展，又促进了我国生丝出口量的增长。因而使生丝输缅成为大宗商品。生丝出口经济价值高，能赚钱，需要量又大，经营此业的大多是云南的大商号"。这些商号包括：腾冲帮的洪盛祥、茂恒、中和记等商号；喜州帮的永昌祥、锡庆祥；鹤庆帮的兴盛和、福春恒以及昆明的荣信昌等。"云南丝商们由腾冲雇马帮，马不停蹄地运到八莫，再交由轮船由伊洛瓦底江转运到曼德勒。据1931年的统计，在洞矛的丝织厂已达百家以上，工人多达45900余人，所需我国出口的生丝年有增加，鼎盛时期每年高达两万担左右。这一情况一直延续到1942年，随着日本侵占了缅甸后，暂告终止。"② 由缅甸进口滇境的大宗货物棉纱，同样经由在缅甸的滇侨、商户转

---

① 云南省立昆华民众教育馆：《云南边地问题研究》上卷，云南省立昆华民众教育馆1933年版，第470页。
② 李镜天：《滇缅贸易简史》，载中国民主建国会云南省委员会《云南工商史料选辑》第1辑，云南人民出版社1989年版，第44—51页。

手,如《云南文史资料选辑》第 9 辑记述:"在 19 世纪末期有印度、巴基斯坦的商人,把他们生产的大量棉纱和布运到仰光、曼德勒兜售给滇侨。这两种商品称为洋纱、洋布,体积小,极便马驮运输,棉纱每驮可运 18 捆。极合滇民织布需要,较之过去用进口棉来手工纺纱,既省了繁重的劳动工序,又降低了土布的成本,因而颇受广大织户的欢迎。""这种棉纱进口一年比一年增加,八莫至腾冲的通道上,经常有许多马帮赴着为数七、八千头至一万头的马驮川流不息地运输棉纱。"

滇西商道,尽管近代以来历有拓辟,但运输方式,直至抗战期间,仍以马帮为主,需要大量人力及相应的马店、客栈服务。因此上述贸易规模,吸引和容纳着为数不少的滇民及商民。在中越接壤的滇南贸易线,尽管亦有不少商户商帮,但由于滇越铁路直达昆明,承担了大量的货物运输,因此较滇西线显得平淡。然而在滇越铁路通车前,思茅、蒙自均是滇南重要的转运中心。许多商帮活跃于这条商路,即使在滇越铁路通车后,这些商帮仍以日用品、棉纱、茶饼等货物进行长途贩运。由河西(今通海)回族赶马人马同柱及马泽如兄弟等创设于昆明的原信昌商号,即通过昆明—墨江—思茅—江城—景栋(缅)—丰沙里(老挝)—清迈商道经营贸易。据载,这条商路的许多赶马人,有的"不幸在途间骡马着'慢症'损失较大,失去了大部本钱,不好意思回家,只得就在缅泰'打雨水'(即在当地渡过雨季——原注)另谋出路,或给人驮运短脚,或来往短途买卖棉花山货。等得到了利益,才带信回家。也有的就流落国外,娶妻生子不回家了"。[①]上述情况表明,大小商户、赶马商贩及其雇用的力夫、脚夫等辅助人员,在经营我国与越、缅、泰、老等国的贸易过程中有不少留居于外地,他们形成古代到近代云南籍华侨、华人的一个重要

---

① 马泽如、杨润昌:《原信昌商号经营泰国、缅甸、老挝边境商业始末》,载中国民主建国会云南省委员会《云南工商史料选辑》第 1 辑,云南人民出版社 1989 年版,第 3 页。

组成部分。

(三) 务工外出

对于云南来说，相邻的缅甸蕴藏着丰富的玉石、银等矿，但土著居民"不熟练（开采）法，故听中国往采"。① 流落在缅甸的大西军遗部和永历帝的随从，有一部分后来就从事银矿的开采。云南等地的不少贫苦农民和手工业者，也前来开采。18世纪，中国人在缅甸开办的两个最大的银矿为茂隆银矿（其所在地今属缅甸，距云南班洪、班老地方约100公里）和波隆银矿（其所在地在现在缅甸的包得温矿区），前者在鼎盛时有矿工二三万人，后者矿工也"不下数万"。1885年11月第三次英缅战争后，英国资本大量投资开发缅甸的矿业，需要大批劳工，云南等省的贫苦人民大量集中在南渡、包得温等大矿区和克钦邦孟拱等地的玉石矿中当矿工。英国殖民者开发当地资源的情况是"在缅甸开发矿产，如新老银厂等。又利用我滇人的廉价劳动力，大量招收各县劳动人民为苦工。每年霜降后，九、十月间秋收过后，弥渡、祥云、普朋、镇南（今南华）、姚安、大姚等县的劳动人民，成群结队前往做工，因人数过多，沿途宿站不能容纳。到来年二、三月间归国。他们在工地上虽只有三四个月的工作时间，而工资计件，无不日以继夜，时间虽短，收入还多，年年都有人去，每年总有四五万人，有时达五六万人。也有少数人在工地上打雨水长住的。这多是腾、永的劳动人民。因雨水下地后，瘴疠疾病威胁，非老工人不敢长住，所以百分之八九十只是一年去一次。这些做工的人，除云南人外，也有少数福建人，但为数不多"。② 由保山至腾冲再至八莫的腾越大道，在民工往返的季节拥挤异常，又怒江天险跨越不易，乃有华侨捐资筑桥以便往来。

---

① 赵翼：《粤滇杂记》，载李根源《永昌府文征》，云南美术出版社2001年版，第3515页。

② 中国民主建国会云南省委员会：《云南工商史料选辑》第9辑，云南人民出版社1989年版。

"向口龙陵保山间怒江上之惠通桥,即由缅北银矿厂华侨所捐建;腾冲保山间怒江之上有惠人,双虹两桥,亦因加条筑。腾越海关并在边境各处设卡缉私。早年干冬季节,云南境内皆有千百农民成群结队入缅做工,翌春清明瘴发,再行返滇从事农耕。季节性之迁徙者,为数颇有可观。"① 除采银、铅矿外,众多滇侨还开采玉石。缅甸玉石主要分布在缅北孟拱、帕干、坎底等地。清中叶后的相当一段时间内,"这项玉石产品,在缅甸采挖经营,一向为滇侨执牛耳……因为他们经验丰富,懂得玉石山口,看皮壳就可以断定内容好坏的五六成。为此,英殖民者不好自己开采,但他们又不放过这方面的掠夺,实行了一种所谓包岗制,每三年公开拍卖岗税一次,谁出岗银多,归谁经营。……当时,岗家多是云南经营玉石的大户。包过岗的有张宝庭(腾冲和顺人,当时称为玉石大王——原注)、李寿郁(腾冲绎罗乡人)、董桢庭(又名董朝聘),腾冲大洞乡人,开设洪盛祥等诸人"。② 其中董桢庭包岗事多年,其所采玉石产品成为驰名珍品。云南矿工大量集中在缅北地区,以致1931年,在缅北地区的华侨(大部分是云南人)约占全缅华侨的1/3,有6万多人,其中矿工就不下3万人。③

(四)民族迁移

云南是多民族聚集区,在旧社会,少数民族地区的人民在统治民族的统治阶级以及本民族的统治阶级的双重压迫和剥削下,过着比汉族地区人民更为贫苦、更为痛苦的生活,他们中的一些人为了寻找活路而向邻近国家迁移,遇上战乱或自然灾害,移居国外的人数则大增。而这些少数民族大多集中在云南的边境地区,更便于移居到邻国。公元10世纪中叶以前,现今越南北部及中部地区,是中国封建王朝统治下的郡县,中国内地与交趾地区(今越南北部,明朝于1407年改安南为交趾)有经济文化交流与人民往来。公元

---

① 严德一:《云南边疆地理》,商务印书馆1946年版,第15页。
② 陈碧笙:《滇边散记》,商务印书馆1941年版,第54页。
③ 贺圣达:《缅甸史》,人民出版社1992年版,第493页。

968年，越南摆脱了中国封建王朝的统治，建立起独立的封建国家，自此之后，越南仍与中国封建王朝保持"藩属关系"，一直到1885年越南沦为法国的殖民地，结束了中越之间的"藩属关系"。越南北部虽然也是多山，但地广人稀，资源丰富，气候湿热，相对云南边境地区而言，越南北部可耕地较多，人口压力较小，自然条件尚可，谋生比较容易。因此，越南立国以后我国一些民族的人移居该国北部，如集中于云南富宁、麻栗坡、马关、河口等县市的壮族，因谋生而移居越南。越南侬族华人的祖先，多数来自上述地区，其根据是越南高平、凉山一带的侬族至今仍以移居越南前的居住地取名〔如来自云南富宁称富侬，以及"（宣光）侬人都是中国境内镇安（今广西德保）……富州（今云南富宁）等十二州之人，这些人漂泊到我国后，从事耕作，并承担赋税和劳役"①等记载〕。此外，历史上云南省不少苗族、瑶族人民因谋生而移居中南半岛国家。苗族、瑶族经常迁徙流动，有时两个民族是"结伴而行"。19世纪中叶至末叶，有近万苗人从广西、云南省迁到越南老街省和莱州省。国内学者认为：苗族迁徙的原因有两种，一种是刀耕火种，不断迁徙寻找肥沃的土地耕种谋生；另一种是民族压迫所致。②迁入越南的瑶人始于明代，云南瑶族既从水路又从陆路迁入越南，其支系主要是蓝靛瑶、白头瑶。③部分瑶人从云南迁入老挝是在18世纪中叶以后，定居在与中国交界的丰沙里、南塔、乌多姆赛等省。泰国的瑶族大多是从云南等地先迁入老挝、缅甸以后，再从老挝、缅甸分别辗转迁入泰国北部地区。瑶人与苗人一样，实行刀耕火种，正如顾炎武《天下郡国利病书》中所谓"瑶人刀耕火种，食尽一山，则移一山"。生活习俗与苗人近似。综上所述，苗族、瑶族之所以经常迁徙流动，移居中南半岛国家，根本原因有两个，一

---

① ［越］黎贵惇：《见闻小录》，越南史学出版社1962年版，第343页。
② 范宏贵：《越南民族与民族问题》，广西民族出版社1999年版，第295页。
③ 秦钦峙、赵维扬：《中南半岛民族》，云南人民出版社1990年版，第151—152页。

是阶级压迫和民族压迫，二是生产水平的低下与经济的落后。① 又如，据越南的民族学调查得知，现居住在越南莱州、黄连山两省的哈尼族人的祖先都是从云南省金平县和绿春县迁徙而来的。据该族的老人说，大约300年前，他们的祖先来到莱州，开始只有五六户迁来，不久后又搬回云南。12年后由于忍受不了中国封建统治者的残酷剥削，一些哈尼人又迁到越南莱州。该族的迁徙过程是逐步的，不像苗族和其他一些民族那样进行大规模的移居。② 再如，云南一些善于经商的民族，如回族、白族、纳西族则是在经商的过程中移居异域。云南的回族马帮，主要是沿着西南丝绸之路开展与我国四川、西藏地区以及与缅甸、泰国、老挝、印度等国的贸易，在经商的过程中，一些回民移居国外，形成了云南穆斯林聚居区。白族商帮主要经营滇缅和滇印贸易，如白族张相如、张相诚、张相时三兄弟开办的恒盛公商号，在仰光、葛伦堡、加尔各答等地都设有商号；1916年，白族严子珍创办的永昌祥商号到缅甸瓦城（曼德勒）设庄。白族在缅甸经商扎下根，自永昌祥商号开始。丽江的纳西族商帮及其马帮，主要是从事滇藏印线的贸易往来，如纳西族杨守其、牛文伯、王少萱等，专门从事与印度之间的贸易，在印度葛伦堡、加尔各答等地派有专人负责或在当地设有商号。于是，这些驻缅、驻印的少数民族商人就成了华侨商人，在沟通中外经济中发挥着纽带作用。

云南迁移到境外定居的各少数民族，形成了有别于跨境民族的云南籍少数民族华侨华人。

三 出国原因中的几个问题

上面，我们主要研究了旧社会云南人出国的历史背景、交通条

---

① 秦钦峙、赵维扬主编：《中南半岛民族》，云南人民出版社1990年版，第117页。

② 范宏贵：《越南北方少数民族》（中译本），广西民族学院民族研究所1986年版，第344页。

件及多种原因,如果把上述研究成果再推进一步,我们至少还可以引发出出国原因中的6个问题,对这些问题进行多视角的探讨,有利于丰富这一领域的研究内容。

(一) 出国原因中的共性问题

云南人的出国原因,与全国、与其他省区有其共性的一面,即出国的根本原因在封建社会里是经济剥削与政治压迫;鸦片战争以后中国沦为半封建半殖民地的社会,中国人大量出国是帝国主义、封建主义、官僚资本主义三座大山压迫的结果。就全国来说,当时统治阶级兼并土地更为严重,以致形成兼并之家,"一人据百人之室,一户占百户之田"。① 农民要向地主缴纳其收获量的一半以上的地租,还要遭受各种苛捐杂税和无偿劳役的剥削,加上连年的天灾,穷困人们在死亡线上挣扎,"富者愈富,贫者愈贫""富者百人而一,贫者十人而九。"② 在上述如此困苦的条件之下,不少人民走投无路,只好远走异国寻找活路。云南人民在旧社会遭受的苦难,也和其他省份一样深重,因而被迫离开祖国出外谋生,正如滇西一带流传的"穷走夷方急奔厂(厂矿),男走夷方女则居孀,生还发疫,死弃道旁"的谚语所言。

(二) 出国原因中的个性问题

云南人的出国原因,与其他省相比有其个性的一面,即被国外掳掠、征战未归、民族迁移等原因在其他省是没有或罕见的、不十分突出的。云南在地理位置上与越南、老挝、缅甸交界。历史上越南封建统治者曾侵犯云南,掳掠临安、广南、镇安和蒙自地区的人口;缅甸的封建统治者更是在元、明、清朝代多次侵犯云南边境,掳掠人口与财物,以至在元、清时期,演变成两国的战争。但战后,被掳掠的多数中国军民却不了了之,没有被送回。至于因征战未归的官兵,在中外关系上,至少有三起留在异

---

① 顾炎武:《日知录》卷10。
② 顾炎武:《天下郡国利病书》卷32。

国成为华侨的事件，一次是被越南俘获的明朝官兵，另一次是乾隆朝中缅冲突时被缅俘获的清军，还有一次是清末刘永福抗法的黑旗军余部留在越南。这三次征战未归的中国人之中，云南籍人占的比重不小。云南的少数民族之多全国有名，边境的众多少数民族与邻国的民族有着历史与文化上的渊源关系，如拉祜族与缅甸的么些族，壮族与越南的侬族，哈尼族与老挝的卡果族等，加之传统的中缅贸易，因此，云南的少数民族在旧社会因经济原因与政治原因而移居中南半岛国家的人数不少，而首选地是缅甸。云南人出国原因的上述个性，是由于这个省的地理位置、历史条件、民族分布所致。

（三）出国原因中的外因问题

云南人大量出国，其内因是主要的，但是外因也不可低估，外因通过内因起了相当大的作用。缅甸在东吁王朝和雍籍牙王朝时期，一直是封建经济占主导地位，这种"缅甸式的封建社会结构，使得不论缅甸的封建主还是农奴，都很难以摆脱原来的社会地位，转化为商人"。[①] 而滇缅之间长期形成的密切的互补经济关系，需要大量商人来互通有无。这就使华商在缅很受欢迎，有的甚至被委以重任，如在雍籍牙王朝初期，"李万全在缅做过头目，是管买卖的，他死了就是得鲁蕴接管这些买卖"。[②] 而腾越赴缅商人吴满大还做过缅甸的领兵头目。缅甸实行的这种鼓励性政策，加大了赴缅华人数量，他们中的很多就居留下来，成为华侨。另外，就缅甸国内的人口而言，1885年英国统治整个缅甸时，缅甸仍然是个人口较为稀少的国家。下缅甸人口约400万，平均每平方公里还不到20人。上缅甸人口更少，平均每平方公里还不到10人。直到1911年，在南亚和东南亚地区，缅甸仍然是人口密度最低的国家之一。[③]

---

① 贺圣达：《缅甸史》，人民出版社1992年版，第185页。
② 苏尔相：《乾隆朝上谕档》第8册，中国档案出版社1991年版，第591页。
③ 貌盛：《1886—1914年缅甸的交通运输和对外贸易及其与经济发展的关系》，转引自贺圣达《缅甸史》，人民出版社1992年版，第300页。

但是，这一时期缅甸殖民地经济正处于迅速发展时期。伊洛瓦底江三角洲的稻作区迅速扩大，铁路的修筑处于高潮，大量的资本正投资于矿业，农林产品的加工业正在发展，到处都需要劳动力，而且是廉价的劳动力。因此，殖民政府继续推行吸引外来移民的政策。①

这一时期，华人成了除印度人外移居缅甸的第二大民族集团，从1881年到1911年，在缅甸的华人从1.2万人增加到6.3万人。当时缅甸南部地区的华人，主要从事商业。他们的作用主要是在流通领域，在缅甸北部矿区，则有大量中国云南来的工人，甚至一些矿区的工人大部分都是云南人。正如《云南省志·侨务志》第59页说："滇西一带流传着'穷走夷方（指缅甸）急走厂'（'厂'指缅甸老银厂、玉石厂）的谚语，滇南则每年有'下坝子，走烟邦'的习惯。"清初以来，"滇西南华、祥云、凤仪、大姚、姚安一带贫民，每年都有数千人至数万人相约到缅甸老银厂当矿工。一般立冬后入缅，第二年清明节以前返乡，但总有半数以上的人因种种原因，长期待在缅甸，时间一长，成家立业，变为侨民"，此外，缅甸因缺乏有技能的劳动力，除需要大量从事商业、矿业的华工外，还欢迎在手工业、农业等方面有一技之长者，他们往往为缅甸人民带来新的生产技术，在共同生产生活中，彼此加深了情谊，缅人亲密地称其为"胞颇"（同胞）。②

可见，缅甸地广人稀的状况，缅政府及其后的英殖民政府奉行的政策和缅人的友好态度，促进了华人入缅，有的就长期寓居下来，成为华侨。

（四）受对外贸易的促进问题

滇缅贸易的持续发展，促使云南商民源源不断地移居缅甸。早在西汉，从蜀身毒道为人们认识起，缅甸东北部地区就已有

---

① 埃赖：《1870—1940年缅甸的经济增长和收入分配趋势》，转引自贺圣达《缅甸史》，人民出版社1992年版，第301页。

② [缅]陈孺性：《缅甸华侨史略》，载于（新加坡）《南洋文摘》1965年第5卷第2期。

滇缅贸易存在。唐、宋以来，云南与缅甸的贸易逐渐兴起，贸易区域不只局限于伊洛瓦底江上游，并向缅甸中部发展，缅甸南部的港口也开始被南诏、大理国人民利用为同海外交往的出海门户。元朝建立，曾派几万大军征缅，滇缅道路上，驿道畅通。这些军事行动，客观上拓宽了滇缅商道，打破双方因"山川延邈，道里修阻"而不能进行大规模交往的局面，使云南与缅甸的经济交往向伊洛瓦底江纵深发展。明清时期滇缅贸易继续扩大，寓缅商民也有增无减。如明弘治十三年（1500），巡按云南监察御使谢朝宣奏称："臣闻蛮暮等处，乃水陆汇通之地，夷方器用，咸自此出，货利之盛，非他方比。以故思录屡抚不退，况迩年以来，透漏边情，不止恭俐、段和而已，又有江西、云南、大理逋逃之民多赴之"，[1] 又据朱孟震《西南夷风土记》卷5载，明末"江头城外有大明街，闽、广、江、蜀居货游艺者数万，而三宣六慰被携者亦数万"，就说明了明时内地华人居缅从事商业贸易者达一定数量的史实。进入清代，滇缅贸易的势头继续上升，大量云南人往来于滇缅之间，不少人流落、定居于缅甸。18世纪末在缅甸的华侨已不下60000人，[2] 缅甸北部多为从云南进入的滇人，在上缅甸的阿瓦、八莫、孟拱等城市和矿区形成了以滇人为主的聚居街区，有的称为"德由谬"（即中国城）。滇缅贸易之所以持续发展，是因为滇缅两地人民经济互补性日益加强，对外贸易逐步成为两地人民获取生活必需品、生产资料的重要途径。以滇缅贸易中两项最大宗商品丝绸、棉花为例，就能看出对外贸易与人民生活的密切性和深入性。缅甸人民崇尚身穿从云南输出的黄丝制成的衣服，世代仰给于云南。缅王曾下令"如中国丝绸，自陆路运来，不得销售国外，

---

[1] 《明孝宗弘治实录》卷153，摘自余定邦、黄重言《中国古籍中有关缅甸资料汇编》，中华书局2002年版，第183页。

[2] 贺圣达：《缅甸史》，人民出版社1992年版，第215页。

恐人民无衣也"。① 乾隆中缅战争爆发后，滇缅贸易受损，缅甸市场上丝绸奇缺，价格陡涨，"且自禁止贸易以来，伊处必用之黄丝等物价增十倍，见上下莫不需"，因此"至于贸易之事，缅人急于相通"，故而缅甸多次急切地向清廷要求贸易②。又以棉花为例，明清之际，缅甸棉花对云南的贸易发展很快，上缅甸人民赖以生存。乾隆年间，厉行禁商之后，缅甸棉农无法销售自己的产品，生活陷入困境。故乾隆五十年（1785），缅甸国王孟云向朝廷入贡，特上入贡奏文请求："再自禁止通商以后，边民生计艰难，还祈照旧关照，使小臣所产棉花等物藉以销售，不但小臣身蒙厚恩，即举国臣民均沐天恩于万万年矣，谨具表以闻。"③ 言辞切切，足以反映此时缅甸经济对滇缅贸易的依赖程度，关系国计民生。从而也说明滇缅贸易之所以长盛不衰，是有其内在原因的，也就导致了滇侨的渐进式入居。

（五）受对外贸易的对象、规模的影响问题

对外贸易的对象、规模影响着滇侨的入居数量。元、明、清时期，云南对外贸易对象发生了很大改变：滇印贸易基本中断；滇越贸易不振；而滇缅贸易急速发展，十分昌盛。汉唐期间，云南最大的贸易伙伴是印度，但是，随着远航贸易的兴起，中国经济中心移至东南，受滇印道路的险阻等因素的综合影响，元、明、清以来，印度同中国西南传统的陆路贸易，即所谓南方陆上丝路的贸易逐渐减少，乃至基本中断。云南商人基本不往印度贸易，正如《禹贡黑水考》说："滇人经商皆在缅甸境内，无一至印度者。"④ 此话虽有绝对之嫌，但或可说明滇印间贸易的衰落。越南是云南传统贸易伙

---

① ［英］哈威：《缅甸史》，姚楠译，商务印书馆1957年版，第362页。
② 乾隆三十五年《东华录》，载李根源《永昌府文征》，云南美术出版社2001年版，第3459页。
③ 孟陨：《缅人入贡表文》，载李根源《永昌府文征》，云南美术出版社2001年版，第2405页。
④ 黄楙材：《禹贡黑水考》，载李根源《永昌府文征》，云南美术出版社2001年版，第2604页。

伴，从汉晋以来两地经济互补性极强，曾发展为极其繁盛的以云南畜产品换取安南海产、舶来等生活资料、生活用品的贸易。但是后来安南独立，交州港不再属于中国自己港口，海外客商也较少利用它同中国内地贸易，交州港急剧衰落。加上南诏、大理时期，受云南割据政治的影响，两地间的传统贸易严重受挫。1285年，元朝在今广西南宁经越南河内达其中部的道路设驿站，以后中南半岛南部诸国与中国内地的陆路交通，由主要是通过云南，改为走经越南与广西北上的道路。从此，元、明、清中央王朝加强了中国内地同安南的通道建设，并严格规定安南进贡和民间贸易，一律改由广西进行，进而禁止云南边民与安南的贸易。但是，边民间的经济贸易并未完全中断，只是受到了很大的限制。相应地，侨居印度和越南的云南商民就很有限，近代以来，随着丽江、大理商号、马帮的兴盛，也有不少商家在印度投资设号，坐地行商，成为华侨，但规模均不能与在缅甸的云南华侨同日而语。

（六）出国原因中的主要原因问题

我们在前面探讨了云南人出国的10种原因，将其归纳为政治原因和经济原因，对于其中的留学侨居类，既不宜归在经济原因一类，也不好放在政治原因一类，本想另辟文化原因类，但由于求学侨居类人数极少，不带普遍性，而留学的归侨大都参与了滇省的革命活动，与云南政治生活密切，故将其归在政治原因一类。而民族迁徙类，由于近代少数民族深受统治者政治上的压迫和经济上的剥削，不同时期受到的苛待不尽相同，但经济因素对于少数民族出国是始终起作用的因素，因此，笔者将民族迁徙类归为经济原因类。按照学术界流行的说法，在旧社会中国人移居国外的根本原因是国内的经济剥削和政治压迫，滇省也不例外，但在这两种移民动因中，经济因素是持久的主要的移民动因，因为经济是人类社会生存和发展的物质基础，所以对外移民中的经济因素具有广泛性、经常性、持久性。正如江泽民同志于1999年3月18日接见全国侨务工作会议代表时的讲话中指出："中国在海外有几千万同胞，世界上每个角落几乎都有中国人的足迹。他们当时出去，大多是谋生，都曾经有过一段非常辛酸、悲惨的经历。"① 而政治因素中的因被国外掳掠、政权交替、反抗失败、征战未归等引起的向外移民，通常是在特定的时期和地区发生的，具有偶然性和阶段性的特点，因而是暂时的、次要的。

---

① 国务院侨务办公室：《侨务工作研究》1999年第2期，第1页。

第二章 1949年以前缅甸、泰国、老挝、越南的云南华侨

在与东南亚的交往中，云南省有着独特的区位优势。云南与东南亚地区山水相连，历史上，在中国其他地区的人从海路进入东南亚的同时，云南各民族也沿着陆路进入东南亚，并定居在那里。在定居的云南华侨中，操汉语云南方言的汉族和回族居民一直是云南各族移民的主体。对这些从陆路来的云南人，国外学者在用"Overseas Chinese"这个词来指华侨的同时，还创造了"Overland Chinese"这个词来特指这些从中国云南翻山越岭进入东南亚国家的云南人。另外，由于这些来自云南的汉人、回民所操的汉语方言与主要聚居在东南亚其他地区的那些来自广东、福建等地的汉人所操的方言差异很大，所以，国外学者在称东南亚其他国家或地区的那些华人时，就直接用"Chinese"（华人）这个词，而谈到来自云南的这些人时，则往往用"Yunnanese Chinese"（云南华人）这个词。①

由于地缘的关系，移居东南亚地区的云南人主要分布在与云南直接接壤或接近的国家，其中主要是分布在与云南直接接壤的邻国缅甸、老挝、越南以及与云南虽不接壤却有密切的民族历史文化渊源关系的泰国。从史书记载的情况看，早在西汉张骞通西域之前，云南、缅甸和印度之间便存在有一条商道。到唐代时，云南与东南

---

① F. W. Mote, "The Rural 'Haw' (Yunnanese Chinese) of Northern Thailand", in Peter Kunstadter ed., *Southeast Asian Tribes, Minorities, and Nations*, Princeton University Press, Princeton New Jersey, 1967, pp. 487–524.

亚之间的交通更为通畅，贾耽的《古今郡国归道四夷述》和后来的《新唐书》地理志中，对此都有详细的记载。宋、元以后，尤其是明、清时期，云南与东南亚之间的交通已大为通畅，交往也更加频繁。一般认为，随着交通的开辟和发展，云南的商人即开始涉足东南亚的许多地区，或有寓居的现象。美国学者希尔认为，中国云南人可能自13世纪起就在东南亚北部各国的一些集镇零星地暂住了下来。①

但是，由于缺乏具体记载，人们对早期云南商人在东南亚的具体活动情况仍无从知晓。比较可靠的关于云南人移居东南亚的记载还是在明代以后。明隆庆进士朱孟震在《西南夷风土记》中记载说："缅甸、八百、车里、老挝、摆古虽无瘴而热尤甚，华人初至亦多病，久而与之相习。"这是目前所见到的关于缅甸、泰国、老挝的云南人的最早记载，之后，随着云南人更多地进入东南亚的北部地区，相关记载也日渐增多。下面，分别就云南人古代和近代在上述四国的概况作一论述。

第一节　云南华侨在缅甸的经济活动与社会生活

中缅两国是山水相连的友好邻邦，边界线全长2186公里。其中，中缅边界西藏段189公里，云南段1997公里。缅甸依次与云南的怒江、保山、德宏、临沧、思茅、西双版纳六州市毗邻，大部分地段无山川阻隔而在地理空间上连成一片，便利的地理区位，相近的生产生活条件，传统的中缅友好关系，使缅甸成为云南籍华侨居住的首选地，其侨居缅甸历史之悠久，侨居人数之多，在云南的边临诸国中是少见的。

---

①　[美] 安·马克斯韦尔·希尔：《泰国北部的中国云南人》，陈建民编译，载《东南亚》1985年第1期。

第二章　1949年以前缅甸、泰国、老挝、越南的云南华侨

一　云南华侨寓居缅甸的历程

缅甸是西南丝路的必经之地，巴蜀丝绸自秦汉以来即已开始流入缅甸、印度，形成连接蜀、滇、缅、印的丝绸之路，西汉司马迁称之为"蜀身毒道"（四川至印度），唐代人则以"西洱天竺道"（洱海至印度）名之。滇缅边境各族人民，向来"檐相邻而同井饮，籍虽两国之民，居处难分"，① 往来频繁。唐宋时，先后兴起的南诏、大理政权都很重视同缅甸的交往。如南诏时期作为货币使用的海贝，便是从缅甸输入的。② 樊绰《云南志》卷2引有一首歌谣曰："冬时欲归来，高黎共上雪。秋夏欲归来，无那穿赕（今怒江坝）热。春时欲归来，囊中络赂绝。"生动地再现了当年翻山越岭到骠国（缅甸）、天竺（印度）经商贸易的"河赕贾客"（南诏商人）羁留未还，在缅思乡的情景。这或可说明，元以前，当有云南人在交往过程中移居缅甸。元时，已有少量的华人寓居缅甸。③ 根据英国人史谷特的考证，缅甸北部的玉石矿是在13世纪初由云南一个小商贩发现的。它说明，元代已有滇商在缅，而且有矿工在上缅开矿。元代江西人汪大渊曾两次附舶远航，到过南缅的港口。他在1349年写成的《岛夷志略》一书中，叙述缅甸勃固与元代中国的贸易关系后，提到"故贩其地者，十去九不还也"。这反映至少在14世纪30年代，已有华人商贩定居缅甸南部。明时，随着两国经贸关系的发展，已有一定数量的华人寓居缅甸，如明弘治十三年（1500），巡抚云南监察御史谢朝宣在给朝廷的奏文中称："臣闻蛮暮等处，乃水陆汇通之地，夷方器用，咸自此出，货利之盛，非他方比。……透漏边情，不止恭门、段和而已，又有江西、云南

---

① 江应樑：《百夷传校注》，云南人民出版社1980年版，第129页。
② 方国瑜：《古代中国与缅甸的友好关系》，《东南亚》1984年第4期。
③ 陈炎：《中缅文化交流两千年》，河南人民出版社1987年版，第8—12页。

大理捕逃之民多赴之",① 又如《西南夷风土记》的作者明隆庆进士朱孟震在1583年曾随刘綎的军队进入缅甸,他记述说,"江头城外有大明街,闽、广、江、蜀居货游艺者数万,而三宣六慰被携者亦数万","江头城"一名始于元代,缅音作 kauang‐si,古音作 kong‐cang,明代的"贡章",系其译音,近音则作"江新"。"大明街"即今八莫,清代改称新街。朱氏此载说明,明代时,除了来自云南"三宣"地区的少数民族外,闽广等省的商贾亦云集八莫一带。中国民间的艺术工作者,亦以游历方式来缅了。为适应两国政治经济关系发展的需要,明永乐五年(1407),明政府设置"四夷馆","缅甸馆"为其中的一馆,其作用是培养中缅交往中语言、文字翻译人员。② 在"四夷馆"中担任教员的,有不少腾冲旅缅华侨。这一时期受明廷招聘入"四夷馆"的,有李瓒、寸文斌、寸玉、寸惜阴等。其中以寸玉任职时间最长,明武宗(1506—1521)为表彰他的功绩,赐予他"仕佐郎"之职。③ 有明一代,云南华侨除因商贸往来入缅外,尚有不少滇西人因开矿进入上缅甸。明朝永乐年间,在今缅甸北部的兴威、腊戍一带设木邦军民宣慰司,在莫宁、杰沙一带设孟养军民宣慰司。蒙米特、抹古一带的红宝石产区,原属木邦管辖。后来,它脱离木邦自立,经明朝政府认许,设立孟密宣抚司。直到万历年间,这个地方才置于东吁王朝的控制之下。从成化年间开始,明朝派遣中官出边采办宝石,开宝井,耗费大量人力物力,所以到了万历年间有不少官员,包括云南巡抚陈用宾多次提出罢采宝井之议。中官出边采办宝石,使内地不少矿工到现今缅甸北部地区。他们当中,大部分是滇西人,也有江西抚州人。关于开采宝井,沈德符记载说:"世宗末年,索宝于户部尚书

---

① 《明孝宗弘治实录》卷153,摘自余定邦、黄重言《中国古籍中有关缅甸资料汇编》,中华书局2002年版,第183页。
② 《明史》卷74《职官三》,中华书局2011年版,第1797页。
③ (明)王宗载:《四夷馆考》卷下,1924年东方学会排印本,第14—15页。

第二章 1949年以前缅甸、泰国、老挝、越南的云南华侨

高耀,至倾全滇物力,不能如数。"①《明史》记载说:"孟密宝井,朝廷每以中官出镇,司开办。武宗朝钱能最横,至嘉靖、隆庆犹然。""凡采办必先输官,然后与商贾贸易,每往五六百人。"正是明朝开采宝井,使滇省矿工进入上缅甸出现第一次高潮。入清之后,滇缅贸易持续兴盛,在滇缅经济交往发展过程中,大量的云南人流落、定居于缅甸。正如《清史稿》卷528《属国三·缅甸传》记载的:"江西、湖广及云南大理、永昌人出边商贩者甚众",这些经商贸易者,有的长期活动于国外,甚至在当地娶妇安家。除商业原因外,政治因素也导致了大量云南人外出居缅。明末清初,南明永历帝一行在清军的追击下由腾冲进入缅甸,随行人员中,有不少和顺人,邓凯《也是录》记载:"永历十二年戊戌(1658)十二月十五日帝自滇起行……自永昌一路入缅文武官员四百余员,随从兵役三千余人……随行之众,于腾越起行尚不下四千……"这些人进入缅甸后,多被解除武装,安置在阿瓦附近。当1662年永历帝被吴三桂押回昆明时,这些随从人员大部分留在缅甸,与李定国、白文选所率入缅"救驾"的官兵,流散于缅甸中部、勃固及掸邦一带,以农业和开采银矿为生计,经百余年生聚繁衍,人数逐渐增多,后来被称为"桂家"和"敏家"。康熙十二年(1673),吴三桂起兵反清,爆发了清廷平息"三藩之乱"的战争。随吴三桂反清的部分人在起事失败后,为逃避清廷追捕,遂逃入缅甸,成为华侨。雍正四年(1726),在西南地区实行了大规模的改土归流。云南南部澜沧江下游以东的镇源、威远傣族地区,进行了反改土归流的斗争。斗争被镇压后,清军趁势南下,直到勐腊,"焚栅湮沟,深入千里,无险不搜",②到处屠戮,就近逃入缅甸的兵民当不少。对此,魏源在《雍正西南夷改流记》中记载"(清军)进剿澜沧江内孟养、茶山上夷,诸蛮惊谓'自古汉兵所未至者也',兵至循

---

① (明)沈德符:《万历野获编》卷30,中华书局1959年版,第769页。
② (清)魏源:《西南夷改流记》,《小方壶斋舆地丛钞》第八帙。

缅，兵退还巢，自明以来无善策"，"鄂尔泰于六年五月，连破险隘，直抵孟养……于思茅、橄榄坝各设官戍兵，以扼蒙、缅、老挝门户"之说，可以知道，反改土归流的傣族兵民，在清军追剿下，逃入了缅甸，由于归道有清军戍守，为避清廷迫害，遂留居下来，成了华侨。乾隆时，中缅之间发生了大规模的军事冲突（1765—1769）。其间，有一些民众被掳掠，另有很多清军被俘。被掳掠的民众，庚编《明清史料》第7本有所记载"1765年缅甸入侵车里，抢索银米，掳掠土夷"。被俘官兵情况，据云贵总督阿里衮向乾隆的奏报说："未出官十五员、马步兵一千四百九十一名，余丁八十二名。各数一并开造清册。"① 据此，被缅甸所俘之清军人数近两千人。由于战后清王朝和缅甸雍籍牙王朝长期不和，致使大部分被掳掠的土民及战俘滞留缅甸，成为华侨。对此，英人哈威在《缅甸史》中也说，"中国战俘二千五百名，仍羁缅京，或事种植，或事工艺，娶缅妇为妻"。由于参战士兵大都从云南边境抽调，战后羁留在缅的云南人不少。1873年，杜文秀领导的滇西回民起义失败后，许多回民为了逃避清政府的迫害，纷纷逃往境外，形成了云南人向境外迁徙的高潮。逃往境外的云南回民最初主要是到缅甸，据记载，当时大量逃出的难民滞留在缅甸掸邦，其中一些人因生活无着，竟参加了"匪帮"，如最为著名的"南坎匪帮"，当时十分活跃，以至于缅甸国王敏同在1873年至1874年下令放逐他们。其他难民则在缅甸境内和平地定居下来，一部分加入了早先定居在八莫、夜功、景栋、阿摩罗补罗和曼德勒等地的云南回民行列，另一部分则自行组建了一些新的村庄。②

入清后，缅甸北部银矿的开采又吸引着一批华人矿工，使华人

---

① 乾隆三十三年云贵总督阿里衮、云南巡抚明德奏：《军机处录副奏折》，中国第一历史档案馆藏，转引自杨煜达《清代前期在缅甸的华人》，《华侨华人历史研究》2003年第4期。

② [美]安德鲁·D.W.福布斯：《缅甸的云南籍穆斯林——"潘泰"》，姚继德摘译，《云南民族学院学报》1991年第2期。

第二章 1949年以前缅甸、泰国、老挝、越南的云南华侨

矿工入缅出现了继明以来的第二次高潮。整个清代，云南边民入中缅边界银矿做矿工的人规模很大。《清史稿》卷528《属国三·缅甸传》记载乾隆时缅甸有数万华人聚集开矿的情况："（缅甸）而江以来为孟密，有宝井，产宝石，又有波龙者，产银，江西、湖广及云南大理、永昌人出边商贩者甚众，且屯聚波龙以开银矿为生，常不下数万人。"这当中云南人占了很大比例。18世纪，缅北大山土司境内的波隆银矿（位于今南渡附近的包德温矿）是一座大型银矿，主要由桂家和一批来自云南、江西的矿工进行开采。对此，赵翼在《平定缅甸述略》中记载说："彼地人不习烹炼法，故听中国人往采，彼特设官收税而已。大山厂多江西、湖广人。""采银者，岁常有四万人。人岁获利三四十金，则岁常有一百余万赍回内地。"至于波隆银矿的规模，周裕在《从征缅甸日记》中记载说："往时内地贫民至彼采矿者以万计，商贾云集，比屋列肆，俨一大镇。"茂隆厂的情况，大致也是如此。近代以来，滇商滇民进入缅甸经商贸易、垦殖定居的人数有增无减，使滇侨在缅甸粗具规模，到民国初年，在阿瓦地区，"缅之华商十余万，滇居多数，闽粤次之，阿瓦约七八万，滇商三万"，① 在仰光，滇商虽不及闽粤之商的人数多，但也颇具规模，仰光城内设有云南会馆，而会馆每年的活动费用在10余万卢比。特别在滇缅交界地区的上缅甸，云南人不仅在这里经商、设商号，而且还从事开矿、植棉等经济活动。到1931年，在大约20万的缅甸华侨中，云南籍华侨人数占据首位，大约有67000人；福建籍华侨大约有50000人，位于第二位；广东籍华侨大约有33000人，占据第三位；其他省籍华侨则多来自湖北、山东和江浙地区，有41875人，但这些省籍的华侨人数比较少。云南、广东、福建籍华侨在缅甸已经形成了三足鼎立的局面，② 其中

---

① 秦树声：《复议设阿瓦领事电》，载李根源《永昌府文征》，云南美术出版社2001年版，第2726页。

② 郑炳山：《在缅甸的泉州父亲》，中国广播电视出版社2006年版。

65

"云南福建二省人占绝对多数"。① 而据英属缅甸政府1931年的户口调查，当时在全缅甸的华侨中，有104000人在缅甸出生，90000人在中国出生，这说明土生华侨占缅甸华侨的大部分。华侨遍布于缅甸各地，其中一些人娶当地妇女为妻，繁衍后代，"子女每多流为缅化，就血统上论之，非常复杂，有不知若者为缅，若者为华"，② 因而不能清楚辨明华侨身份，至日军侵略缅甸前，"有华缅混合种一百万人"，③ 当时"缅甸的华侨男性有127049人，女性有66545人"，④ 男女比例约为二比一。根据当时缅甸华侨社会的习惯，华侨男子与缅甸妇女所生的男子归男方，女子归女方。至辛亥革命时期及抗战期间，广大滇侨心系祖国前途命运，积极投身革命，做出了极大的贡献。1948年缅甸独立，在此后的10余年间，缅甸政府对华侨采取了宽松的政策，中缅友好关系稳定发展，华侨华人社会进入黄金时代。

由于中缅两国山水相连，自秦汉以来，还有不少云南少数民族陆续移入缅甸，成为侨居缅甸的云南籍少数民族华侨华人。诸如：

傣族：云南省傣族约有101.4万人（1990年），主要聚居在西双版纳傣族自治州和德宏傣族景颇族自治州所属各县（约有44万人），以及临沧地区的耿马傣族佤族自治县（3.4万人）和孟连傣族拉祜族佤族自治县（1.7万人）。傣族在缅甸称为掸族，缅甸的掸族近250万人，其中67%分布在掸邦。其余主要散居在缅甸东北部的克钦邦的杰沙、八莫、密支那，缅甸中部的曼德勒、东吁、林多文那等城市附近农村，以及上亲敦县、克伦邦的丹伦县，此外，缅甸克耶邦和亲敦江上游也有部分掸族居住。

哈尼族：中国的哈尼族约有124.8万人（1990年），全部分布在云南省，其中绝大多数分布于红河和澜沧江之间的中间地带，即

---

① 《缅甸华侨动态》，《华侨先锋》1940年第2卷第3期。
② 赵伯南：《缅甸华侨之将来》，《华侨半月刊》1932年第8期。
③ 叶小萍：《战前缅甸与华侨》，《华侨先锋》1944年第6卷第9期。
④ 陈文亨、卢伟林：《缅甸华侨教育》，台北正中书局1988年版，第17页。

第二章 1949年以前缅甸、泰国、老挝、越南的云南华侨

哀牢山、无量山之间的广阔山区。元江、墨江、红河、绿春、金平和江城等县是云南省哈尼族最为集中的地区，以上地区的哈尼族，约占哈尼族总人口的80%。他们的自称随地域而异，在红河哈尼族彝族自治州的自称"哈尼"，在西双版纳傣族自治州的自称"爱尼"，在思茅地区和元江县的自称"碧约""卡多""豪尼"。东南亚各国的哈尼族，均是从云南迁去的。缅甸的哈尼族被称为"高族"，人数约6万，主要居住在掸邦东部景栋一带，他们传说其祖先原居住在中国，后因生活艰难才迁到缅甸。①

拉祜族：全部居住在云南省，聚居于澜沧拉祜族自治县、孟连傣族拉祜族佤族自治县，此外在临沧、耿马、景东、镇沅、景谷、景洪、勐海、思茅、普洱、元江、江城、金平等县也有分布。他们自称"拉祜"，"拉"是当地语"老虎"的意思，"祜"是没有意义的结尾词。人口计有40.8万人（1990年）。在缅甸，拉祜族被称为"么些族"，主要分布在掸邦东南部，有5万余人。缅甸《百科全书》认为，拉祜族是在很早以前由萨尔温江北部中缅边界的孟连迁到缅甸景栋一带。②

景颇族：云南的景颇族有11.83万人（1990年），主要分布在德宏州各县山区。另有少量散居在保山地区的腾冲县、临沧地区的耿马县、思茅地区的澜沧县以及怒江傈僳族自治州泸水县的片古岗区。景颇族在缅甸称为"克钦"族，主要集中于缅甸东北部的克钦邦和掸邦。有的学者认为，克钦族起源于中国古代的氐羌部落，他们从青藏高原南迁到中缅、缅印边境的山区。克钦族的先民，唐代史籍称为寻传蛮，元代称为蒲人，明代称为野人。明朝政府曾在他们聚居的地区设置茶山、里麻长官司。约在公元11世纪，他们又沿恩梅开江、迈立开江逐渐迁入缅甸境内，15世纪又沿着亲敦江、

---

① 刘稚：《云南与东南亚跨境民族的源和流》，《云南与东南亚关系论丛》，云南人民出版社1989年版，第171页。

② 同上书，第172页。

67

伊洛瓦底江往南迁移,并同缅族、掸族相接触,接受他们的文化。①大约在17世纪末18世纪初,缅甸江心坡一带的景颇族又大规模向外迁徙,一部分向西迁到今缅甸孙布拉蚌、胡康河谷、德育茜和南北掸邦一带,形成了我国景颇族和缅甸克钦族今天的分布状况。②

阿昌族:云南省阿昌族约有2.76万人,其中90%以上分布在德宏傣族景颇族自治州的陇川县户撒区和梁河县遮岛区及大厂区(以上三个区均为山区地带)。此外,还有极少部分散居在潞西县和保山地区的龙陵县。阿昌族在缅甸被称为"迈达"族,人口有3万至4万,主要分布在克钦邦的密支那、八莫等地区以及掸邦的南坎、景栋等地。③据记载,阿昌族在唐代以前就已分布在滇西至缅北江心坡一带。④

怒族:主要分布在怒江州的贡山、碧江、福贡3县及兰坪县的莞山我乡。此外,在迪庆州的维西县也有少量怒族居住。怒族在缅甸有近万人,居住在克钦邦北端,他们在这一带生活的年代已很久远。⑤

独龙族:云南省独龙族共有5536多人(1990年),主要聚居在怒江傈僳族自治州贡山独龙族怒族自治县的独龙河河谷一带,以及贡山县怒江两岸。此外,在维西县齐乐乡的俅扒卡村还有三十多户独龙族,约150人,这是唯一居住在澜沧江边的独龙族人口。独龙族在缅甸有100多人,均分布在缅甸克钦邦东北角,即恩梅开江源头一带。⑥

苗族:云南的苗族有近百万人,约三分之二分布在文山州、红河州。缅甸的苗族有7000多人,主要分布在果敢地区的大水塘、

---

① 赵和曼:《少数民族华侨华人研究》,中国华侨出版社2004年版,第120页。
② 刘稚:《云南与东南亚跨境民族的源和流》,《云南与东南亚关系论丛》,云南人民出版社1989年版,第173—174页。
③ 秦钦峙等:《云南与东南亚》,云南新闻出版局1991年版,第327页。
④ 尤中:《中国西南的古代民族》,云南人民出版社1979年版,第335页。
⑤ 刘稚:《云南与东南亚跨境民族的源和流》,《云南与东南亚关系论丛》,云南人民出版社1989年版,第174页。
⑥ 秦钦峙等:《云南与东南亚》,云南新闻出版局1991年版,第327页。

野牛坡、八威、八马寨和登尼等地,若开邦内亦有几个苗族村寨。苗族是一个迁徙不止、流动广泛的民族。至于缅甸的苗族何时从云南迁入,或说于中国的明、清两代由中国贵州、广西、云南等省陆续迁入,① 或说于19世纪末叶从中国的贵州、云南迁入,② 莫衷一是,笔者认为,自明代以来,当有云南苗族陆续迁入缅甸,一直持续到近代。

瑶族:主要分布在广西,此外在湖南、云南、广东、贵州、江西也有分布。自称很多,其中人口最多的盘瑶自称"勉",是人的意思。山子瑶自称"金门"。按服饰分为红头瑶、蓝靛瑶、白裤瑶,按居住环境分为平地瑶、过山瑶等。迁入缅甸的瑶族人数不多,过去西方有的学者认为缅甸的瑶族只有120人。③ 而我国有的学者认为,缅甸不仅有瑶族分布,而且其人数在千人以上,主要分布地区除缅、泰、老三国交界的"金三角"地区外,在与泰国的西北部交界地区、掸邦地区亦有分布。④

佤族:中国的佤族全部分布在云南省的澜沧江和怒江之间、怒山山脉南段地区,这里山脉纵横,地势险峻,山脉高度由北向南逐渐降低,一般称该地区为"阿佤山区"。包括云南省西部和西南部的沧源、西盟、耿马、双江、镇康、永德、澜沧、孟连等县。缅甸的佤族约有8万人,聚居在与沧源和西盟毗邻的佤区。佤区属于缅甸掸邦,面积约为8000平方公里,"东靠中国,西接登尼,北界果敢,南连孟伦"。佤区分为北佤区和南佤区,其中北佤区面积约5000平方公里,南佤区约3000平方公里。⑤

德昂族:云南省德昂族约有1.54万人(1990年),主要分布在德宏傣族景颇族自治州潞西县的三台山区和临沧地区镇康县的军

---

① 秦钦峙等:《云南与东南亚》,云南新闻出版局1991年版,第327页。
② 赵和曼:《少数民族华侨华人研究》,中国华侨出版社2004年版,第120页。
③ 杰奈尔·哈兹尔丁:《泰国金三角的六民族》,《民族译丛》1982年第6期。
④ 秦钦峙、赵维扬:《中南半岛民族》,云南人民出版社1990年版,第142页。
⑤ 秦钦峙等:《云南与东南亚》,云南新闻出版局1991年版,第328页。

弄区。此外，在瑞丽县、梁河县、陇川县、保山县、永德县、澜沧县等地也有少量分布，如陇川县章凤区的3个寨子费顺卡、费岗和费弄，均是德昂族居住。德昂族聚居点多建立在上述各县山区，与景颇族、傈僳族、佤族、汉族等民族相邻，少数聚居点则杂居在傣族村寨中，形成人数少，但分布颇为广泛的特点。在缅甸的德昂族又称崩龙族，约有10万人，主要分布在缅甸克钦邦和掸邦。① 其先民约在公元前进入缅甸北部。

布朗族：云南的布朗族有8.18万多人。主要聚居在西双版纳州勐海县的布朗山、巴达、西定和打洛等山区，其余散居在临沧专区的云县、镇康、永德、双江、耿马等县和思茅专区的澜沧、墨江、景东等县。在缅甸，人们把布朗族和崩龙族视为同一体，放在一起看待，原因是"布朗"和"崩龙"为同一词。缅甸人认为，崩龙族是从中国迁入的，至于时间则不可详知。根据孟高棉人进入东南亚的时间来估计，崩龙族先民在公元前已进入缅甸北部。在11—13世纪缅甸蒲甘王朝的碑铭中，已出现了对崩龙族的记载，指出当时崩龙族生活在伊洛瓦底江流域的平原地区，并与缅族发生了关系。②

回族：缅甸还有一定数量的回族华人。有的学者认为，在云南与缅甸的交往过程中，有一部分云南回族人因各种历史原因移居邻国缅甸，其人数目前已很难搞清楚，据上个世纪60年代中期一位移居缅甸的云南籍回族首领估计有1万至1.5万人。③

二 云南华侨在缅甸的经济活动和社会生活

（一）职业构成

1. 经营商业贸易

缅甸华侨除经由海路而至外，还有一条陆路通道，而且这条华

---

① 秦钦峙等：《云南与东南亚》，云南新闻出版局1991年版，第328页。
② 缅甸纲领党中央组织委员会：《缅甸崩龙族和勃欧族的习俗》，李寿骥摘译，《东南亚资料》1982年第1期。
③ 何平：《移居缅甸的云南回族》，《民族研究》1997年第1期。

侨出国通道更古老，在相当长的历史时期内，人数更多，经济活动独具特色。传统的滇缅贸易便是经由此道进行的，由此在缅北形成众多的滇籍侨商。自汉唐而宋元，中国贾客大抵以川、滇（尤其是大理）居民为最多，他们的贸易对象，多为中缅边境的部落民族。到了明代，华侨商人才真正到达缅甸的阿瓦与八莫，从事贸易活动。明代的华侨商人，早在万历以前，已发现缅甸的棉花为中国所最需要的物品，而缅北最感奇缺的是中国云南的食盐。《明史》卷315云南土司传"木邦"条记载："隆庆二年（1568），兵梗往来，商旅不前，而己食盐亦乏绝，乞于缅。"明史称木邦发生盐荒时，缅王赠送五千竹筒的食盐。从中可知，缅北各地均赖华商输入食盐，如果边地治安不宁，或发生战事，华侨盐商停止输入食盐，缅北各地便发生盐荒了。食盐为当时中国输缅的最重要的货物，而棉花则为缅甸输入中国最大宗的商品。因为有了盐棉的贸易，中缅边境大门的八莫及其对岸的江头城，也因华人聚居日多而日趋繁荣。明隆庆进士朱孟震在《西南夷风土记》中记述说："江头城外有大明街，闽、广、江、蜀居货游艺者数万，而三宣六慰被携者亦数万"，就说明了当日滇侨云集、贸易繁荣之盛况。除棉盐交易外，明代中缅两国通过南方陆上丝绸之路进行频繁经贸交往的另一主要商品是中国丝绸。缅甸作家貌叫温著文说："从十五世纪开始，中国商人就循着从永昌至勃固的商道，把中国的丝绸和其他货物源源运抵勃固。"西方学者史谷特著《锦绣东方——旅缅生活记录》说："从云南到八莫的这条国际通道上，有从中国来的庞大的驮运商队（即马帮）数千骡马、数百劳工和商人，从中国运来大量丝绸。在八莫有座供中国商人休息和文化活动的关帝庙，还有许多仓库，堆满运来的丝绸和待运回去的棉花。"除棉、盐、丝绸外，缅甸玉石，也是明代中缅经贸往来的又一大宗商品。木邦的孟密和孟养的孟拱为宝石、琥珀的主要产地。明代中国商人在缅甸经营玉石珠宝的商店多至百余家。缅甸旧都阿摩罗补罗城遗址的一座中国古庙中，就刻有五千个中国玉石商的名字，这其中当有不少是云南人特别是腾冲侨商。清代，中缅间的陆路交通贸易仍继续发展，其间除了因"缅清战争"和滇西回民起义一度受到影响外，其他时期都相当繁荣。乾隆年间（1736—1795），"腾越州（今腾冲）和顺乡一带民人，向在缅甸地方贸易者甚多"。①滇侨商人沿太平江及伊洛瓦底江水路直抵缅京阿瓦、曼德勒和实皆等沿江城镇。输入缅甸的物品有，四川生丝、云南茶叶、广东丝绸、棉布、针线、五色纸、干果、烧酒和石黄等；从缅甸运回中国的物品有，棉花、白盐、燕窝、鹿茸、翠玉、琥珀、宝石、羽毛、黑漆等。18世纪70年代，滇侨在当时缅京阿瓦建造颇具规模的观音寺，旅缅华侨常把其作为聚会、祭祀和商贸交易之所。缅清战争后的乾隆五十五年（1791），缅王孟云恳请清政府开腾越关禁，俾通贸易。乾隆帝"恩旨准行"，"所有内地商民贩货出关，责命永平府、腾越州、顺宁府……验明放行"。②并规定，"普洱府所辖路通缅境之车里各土司，内地小贩挑负往来，货物无多，不须设口"，免予征税。从此，中缅边境贸易逐步恢复，在19世纪初进入高潮时期。18世纪末19世纪初，中缅贸易仍以陆路为主，从云南输往缅甸的有铜、铜器、铁锹、丝绸、纸、扇、伞、针绣、水银、朱砂、水果等。从缅甸输入中国云南的有棉花、宝石、食盐、象牙、鹿等，以棉花为最重要。英国人西姆施在1800年写的《1795年出使阿瓦记》中说："在缅甸首都与中国云南之间存在着广泛的贸易，从阿瓦输出的主要商品是棉花。……沿伊洛瓦底江运到八莫，同中国商人交换商品，后者沿水陆两路把棉花运入中国。"可见，云南侨商主要在经营缅甸棉花，同时，他们也经营缅甸宝石。缅甸产玉，但不谙加工制作。乾隆年间，云南玉石商人在缅甸营业者，即达百余家，从而促进了缅甸玉石业的发展。1876年，腾越总兵蒋宗汉与商人明树

---

① 《清高宗实录》卷818，摘自余定邦、黄重言《中国古籍中有关缅甸资料汇编》，中华书局2002年版，第556页。

② 《清高宗实录》卷1351，摘自余定邦、黄重言《中国古籍中有关缅甸资料汇编》，中华书局2002年版，第671页。

公、董益山创办"福春恒"商号,经营土特产、布匹、玉石等。18世纪末19世纪初,许多滇籍商人旅缅做生意,天长日久,在缅北重镇八莫、孟拱等地形成了华侨聚居的街区,缅甸人称之为"德由谬"(意即"中国城")。乾隆末年,为适应繁盛的滇缅陆路贸易需要,滇籍华商在古都阿摩罗补罗创建观音庙,在八莫修造关帝庙,作为聚会、祭祀、交易的场所。观音庙、关帝庙的建立,又反过来促进中缅贸易。1885年英国吞并缅甸后,得以直接向云南进行侵略,推销廉价商品,在此历史背景下,滇缅贸易即云南与英国殖民地缅甸的贸易,以更大的规模发展起来。近代云南滇西的一些大商号,如大理喜州帮中的永昌祥,腾冲帮中的茂恒、洪盛祥、永茂,鹤庆帮的福春恒等,无不经营滇缅贸易。他们开设的商号,遍及于云南和上缅甸的八莫、蜡戍、曼德勒、孟拱等地,甚至在较为偏僻的缅甸景栋,云南商人也有较大的影响。"从12月到4月的早季时间,景栋和云南边疆城市之间的贸易路线上,商人穿梭不停,成千上万的马、骡帮,载着华丽的丝绸刺绣、棉布、服装、铁、盐、核桃以及其他产品进入景栋。""在景栋城的几乎每一次大的集市,都可见到中国人、泰人、缅人、掸人、拉祜人、佤人、克钦人、印度人和泰老人。""在景栋城里有一个云南人社区,规模相当大。""通过商业贸易关系,中国在景栋的影响十分巨大。"①

可见,近代以来,云南侨商在缅甸的规模很大,以至到民国初年,在阿瓦地区,"缅之华商十余万,滇居多数,闽粤次之,阿瓦约七八万,滇商三万"。②

在缅甸众多的云南华侨商人中,回族商人是一支引人注目的劲旅。元明时期,回民的先民大批进入云南,与云南其他民族不同的是,他们除了以务农和从事手工业为生以外,还十分热衷于经商。回族来到云南后,多居坝区,人多地少,随着内部阶级分化的加

---

① J. H. 特尔福德:《20世纪初的缅甸景栋地区》,《东南亚研究》1989年第1期。
② 秦树声:《复议设阿瓦领事电》,载李根源《永昌府文征》,云南美术出版社2001年版,第2726页。

剧，土地愈感不足，因而越来越多的回民不得不转而以经商为生。由于回民中许多人以经商为业，故明代便有"回人善营利"之说。洪武二十三年（1390），皇帝还专门谕旨对回族商人来往买卖给予方便，"如过关津渡口，不许阻滞"，① 许多经商的回民就踏上了"走夷方"的路途，沿着传统商路，来往于云南与缅甸之间，从事商业贸易活动。清代，云南成为仅次于西北的第二大回族聚居区，更多的回民和解甲的回族军人，参与了滇缅贸易，从而使"横穿滇缅边界的长途马帮贸易从此显示出引人注目的重要性"。②

由于回族商人常往返于云南和缅甸之间，一些商人抵缅后总要在当地居留一段时间。据记载，19世纪上半叶，腾冲一带回族即有许多人移居缅甸。当时，"腾之回教则以城内外、乌索、马家村三地为最著。……嘉道间……旅居缅甸为玉石、宝石、棉花商者半属之"③。

2. 从事工业、矿业

在缅甸的云南华侨中，大量从事商业者自不待言，尚有不少以宝石矿、银矿开采为生的矿工。明中叶，朝廷派遣中官出边采办玉石，不少矿工随之到缅甸北部，每次常达五六百人。南明永历亡缅及李定国、白文选率部转战滇缅边界，随从官员、将士及家属不少，失败后相当部分流落附近，以帮人做工、开矿或垦殖为生；在缅境者渐与当地民族融合，历经近百年，成为当地少数民族之一，但仍保留有不少汉族习俗，有桂家（又称贵家、鬼家）、敏家之称。《清史稿》卷528《属国三·缅甸传》记载乾隆时缅甸有数万华人聚集开矿的情况说："（缅甸）而江以来为孟密，有宝井，产宝石，又有波龙者，产银，江西、湖广及云南大理、永昌人出边商贩者甚众，且屯聚波龙以开银矿为生，常不下数万人。""贵家者，随永历入缅之官族也，其子孙自相署曰'贵家'，据波龙厂采银。"

---

① 云南省编辑组：《云南回族社会历史调查》第3册，云南人民出版社1987年版。
② 安德森：《滇西至八莫探险报告》（英文版），加尔各答，1976年版。
③ 曹琨：《腾越杜乱纪实》，上海泰东图书局1916年影印本，第1页。

第二章 1949年以前缅甸、泰国、老挝、越南的云南华侨

其实，缅甸的采矿业发达是与清初在云南执行的开矿政策有关。康熙二十年（1681），清军入滇，云南遂置于清政府的直接统治之下，而清王朝在云南留驻了大量绿营兵，需开支军饷，此外，随着国内市场的发展，需要大量货币作为市场交换的媒介。铜币的缺乏严重影响了商品经济的发展。于是，云南丰富的铜矿得到了开发。1682年，云贵总督蔡毓荣在《筹滇十议疏》中，提到了解决财政困难的办法，主要就是"广鼓铸""开矿藏"。① 雍正四年、五年，原属四川的东川府和乌蒙、镇雄两地先后归属云南，② 后二者经过改流，设昭通府和镇雄直隶州（不久镇雄又改为散州，隶昭通）。很快，这一地区的矿业就因云南鼓励开矿的政策和"改土归流"扫清了障碍而飞速发展起来，带动了清代云南矿业走向极盛，成为清代云南，乃至全国最主要的铜产区。③ 云南矿业的发展为这一产业从地理上延伸到缅甸创造了重要条件，正如《清高宗实录》卷二六九记载："云南省山多田少，地鲜恒产，但产五金，滇民遂以之作为生计，江、广、黔等省民众，亦多来滇开采。采矿之业，也因延至缅甸。然缅甸虽富矿产，民却不谙冶炼，故多中国内地人前往开采，食力谋生，缅人亦乐与分享其利。清政府虽然定例禁止内地人民潜越开矿，但边地土司及徼外的一切食用货物，或由内地贩往，或自外地贩来，彼此相需，是故，向来两地间贸易，不在禁例，只查有无违禁之物，便可放行。贸易商民若遇资财损失而欲归无计，也不得不在缅地从事矿业谋生。因之，在缅甸打槽开矿及厂际贸易者，常达万人乃至数万人之众。其平常出入两地，常携带货物，故在缅甸的矿工与商贾无异。因涉及万人衣食，同时以缅甸之余，也有利于补内地之不足，故边境当局对此状况从不断然禁止。边境内地各矿厂，除发生战事，从无不宁。"可见，云南的矿业开发与缅

---

① （清）蔡毓荣：《筹滇理财疏》，贺长龄：《皇朝经世文编》卷26，1887年版。
② 参看倪蜕《滇云历年传》卷12，云南大学出版社1992年版，第581—584页。
③ 杨煜达：《清代中期滇东北的铜业开发与环境变迁》，《中国史研究》2004年第3期。

甸连成一片，华侨参与其中，从开采到运输、销售，在地理上连为一体。有清一代，多有源源不断往返于两地的内地矿工与商人，其中的矿工参与了各类矿藏的开采。在缅甸北部，形成了诸多矿业区，如波龙银厂、茂隆银厂、孟拱矿区等，下面分述之。波龙（Bowtwin），今译包德温，亦名波顿、波童，缅文意银矿，位今缅甸蜡戌西向。其地层峦叠嶂，高峻异常，道旁树木杂丛。所过村寨，皆在山谷。① 明永乐十年（1412），中国人开始开采，到乾隆元年（1736），经桂家人宫里雁整顿后，逐渐兴旺。据记载，前来波龙以采银矿为生者，多为内地贫民，来自江西、湖广及云南大理、永昌等地。② 以西为包德温矿区。乾隆时，桂家首领宫里雁主持波龙矿事，"照例纳税于缅政府"。③ 波龙银厂分老厂、新厂，民居延数里，矿工达4万多，以至于当地"商贾云集，比屋列肆，俨一大镇，富甲诸邦"。④ 波龙厂实行半军事化管理。据记载，当时的矿工均被编成军队式自卫组织，平时采矿，战时打仗。缅甸北部的新旧华工、华商、华裔，均团结在宫里雁旗下，并集合了下缅甸的敏家，形成缅甸当时一大势力。缅甸北部的其他矿厂，每受辱，常邀桂家力量为之抵御，每请必往。⑤ 但是，乾隆二十七年（1762），宫里雁在与清朝统治者的斗争中被害，波龙银矿遂一蹶不振，矿工大多散去，后又遭战火洗劫，成为废址。至于茂隆银厂（位于今中缅边界附近缅方一侧），缅文意"大银厂"，又名募龙（隆）银矿、炉房银厂，位于云南西部班洪地区，明代业已开采。时云南石屏人吴尚贤为厂主，其矿工二三万人多为云南及内地边

---

① （清）周裕：《从征缅甸日记》，载李根源《永昌府文征》，云南美术出版社2001年版，第3480页。
② （清）王昶：《征缅记略》，载李根源《永昌府文征》，云南美术出版社2001年版，第3499页。
③ 尹梓鉴：《老银厂采掘记》，载李根源《永昌府文征》，云南美术出版社2001年版，第3820页。
④ （清）周裕：《从征缅甸日记》，载李根源《永昌府文征》，云南美术出版社2001年版，第3480页。
⑤ （清）师范：《滇系》（第四册）《典故》，光绪丁亥重刻本，第43—50页。

民。这些矿工,多为亦工亦商,这不仅是因为他们中许多人原本就是小商小贩,而且因为大多数矿工都要附带经商。正如《东华录》所述:"贸易民人,或遇资耗,欲归无计,不得不觅矿谋生。今在彼打槽开矿及走私贸易者,不下二三万人。其平常出入,莫不带有货物。其厂民与商贾无异。"吴尚贤,云南石屏人,乾隆初,因家贫出走滇缅间之葫芦国。① 乾隆八年(1743)元月二十二日,吴尚贤与葫芦国蚌筑王签订租让矿场协定,"任凭厂主设官开采"②。吴尚贤随即招收大量华工前往开采。乾隆十一年(1746),吴尚贤说服蚌筑以其地葫芦国归附清朝,以缴纳矿税作为贡赋。清朝接受,并任命吴尚贤为茂隆厂课长,继续开采。就厂矿的内部组织而言,既是生产组织又是军事组织,即平时生产,战时打仗。厂内无尊卑之别,皆以兄弟相称。大爷主厂,二爷统众,三爷主兵。③ 矿工多骁勇善战,一有警,则兄弟全出。尚贤虽身形小,然临阵辄先。④ 然而,清廷并不信任吴尚贤,早有将其从茂隆厂撵走之意。乾隆十六年(1751),大学士等议复:"云贵总督硕色等奏称:'茂隆课长吴尚贤,开获旺厂,为众所服,但非安分之人,难任旧居徼外,当即选人更替。而贫富皆处两难,令其自举,据称伙伴唐启虞等,可助其子吴世荣管理。复据禀缅使入贡,不谙礼法,情愿自备资斧,伴同往还。臣等因夷性难驯,吴尚贤情愿伴送,既资照料,兼可查试其子,是以允其所请。并令唐启虞等,帮同吴世荣办理厂务。倘能服众,即使接管。或难胜任,即于唐启虞数人内,选一人接管。惟是吴尚贤回滇后,既不可令赴厂,亦难拘管。伊系捐纳通判,挨其出京,请旨发滇省以最简之缺试用。彼厕身仕籍,不能潜往交通,且行止有乖,即加参处,并其子亦可着落提究。再茂隆厂,现

---

① 胡炳熊:《殖民南洋十五伟人事略》,《南洋研究》1928年第2卷第3期,第140页。
② 《吴尚贤与蚌筑王立开矿木楔原文》,方国瑜:《滇西边庄考察记》,《炉房银厂故实录》,1943年。
③ 宁超:《桂家、敏家及其与乾隆年间的中缅之战》,《东南亚史论文集》,河南人民出版社1987年版,第327页。
④ (清)师范:《滇系》(第四册),《典故》,光绪丁亥重刻本,第43—50页。

在工丁聚至二三万人，似应酌筹渐次解散之法。厂徒皆系内地民人，稍有所获，亦常陆续回家。臣等密饬各该处文武，加谨稽查口隘，许入不许出，将来可以渐少'等语。查吴尚贤无籍细民，交通夷众，断不可令为课长。若其子接办，是厂务竟成世业。至唐启虞等，素受吴尚贤指使，若令接管，仍不免通同遥制。查各省矿厂，皆董于官。应令该督于府佐贰内，拣谙练之员，前往总理，并酌期更换。课长之名竟裁，或仍令唐启虞等帮助，或另行委派，临时斟酌。所请吴世荣、唐启虞更替之处，应毋庸议。至通判分倅一郡，吴尚贤粗野无知，岂能胜任。若云视其行止有乖，即严加参处，尤非政体。应令该督、抚于缅使回滇，委员另送，谕令吴尚贤居住省城，安分守法。倘或显违约束，即拘禁请旨办理。再所称茂隆厂出入隘口，密饬严查，许入不许出，以为渐次解散之法，应如所请办理。"此议得到乾隆帝批准。是故，当乾隆十六年（1751）吴尚贤再度陪同缅甸阿瓦王使者访问中国时，吴尚贤即被云南地方官员诱执入狱致死。茂隆厂自此走下坡路，① 到嘉庆五年（1800）关闭。可见，波龙银厂和茂隆银厂的衰败是清廷构陷宫里雁、吴尚贤造成的，反映了他们对出国民众的防范和仇视心理，其实，将徼外的两大银矿罢毁，也是在自毁长城，在此后中缅的冲突中，清廷常处于被动状态，倘上万矿丁仍在，就是一条天然的防范带，何至如此？

3. 从事农业、手工业

滇侨在缅甸的职业，除上述的贸易和矿业外，也有从事农业和手工业的。南明永历帝逃入缅甸被吴三桂押回昆明后，其随从大部分留在了缅甸。加上流落在缅甸北部和滇缅边境一带的李定国遗部，不少从事农业生产，或成为商贩、手工业者。乾隆初期，很多云南边民前往上缅甸从事种植，如云贵总督张允随向乾隆帝奏报："木邦土性宜棉，而地广人少，皆系沿边内地民人受雇前往，代为

---

① 胡炳熊：《殖民南洋十五伟人事略》，《南洋研究》1928年第2卷第3期，第140页。

第二章 1949年以前缅甸、泰国、老挝、越南的云南华侨

种植。至收成时，客商贩回内地售卖，岁以为常"，① 乾隆朝中缅军事冲突后，大批战俘滞留缅甸，据英人哈威的《缅甸史》所言："中国战俘二千五百名，仍羁缅京，或事种植，或事工艺，娶缅妇为妻。"均从事种植业和手工业。近代以来，很多云南人还在阿瓦等地从事植棉等经济活动。如在一份《复议设阿瓦领事电》的电文中就提到在阿瓦"各村寨种棉之滇人五千余"，② 可见规模不小。

从上面的论述看，缅北云南华侨还是以从事贸易和工矿业者居多。众多的滇侨以商业为主，是有其社会经济原因的。19世纪下半叶和20世纪初，是缅甸社会经济发生急剧变化的时代。商品农业（特别是稻作业）的发展，大量英国工业品的输入，都需要大批的商人中介于购买者和销售者之间。缅甸传统的社会中极少商人处于这一阶层，而在社会经济大变化过程中，大量外来移民的进入缓和了传统的农村社会的分化过程，直到20世纪初仍然很少有缅甸人从事工业和商业。而闽、粤籍的华侨，来自东南沿海商品经济发达的地区，初到缅甸时，他们既无土地又无资本，只得靠出卖劳动力或从事小商小贩谋生，大多数从事手工业和小商业，开设饭店、茶馆、酒楼，摆设杂货店铺，经营土产、洋杂货等。滇侨虽以贫苦的劳动者为主，但在滇缅商道上从事贸易的也不少，特别是滇西的一些大商号如茂恒、福春恒、洪盛祥、兴盛和等，都以云南为根据地，从事滇缅贸易，在缅甸设有商号货栈。正是缅甸国内的社会经济状况和旅缅华侨自身的状况，造成了在缅甸的华侨以从事商业为主的特点，尽管由于特殊原因缅北地区的滇侨在人数上以从事工矿业为多，③ 如1931年，在缅北地区的华侨（极大部分是滇侨）约占全缅华侨的三分之一，有6万多人，其中矿工就不下3万人。

---

① 《张允随·张允随奏稿》，《云南史料丛刊》第8卷，云南大学出版社2001年版，第683页。
② 秦树声：《复议设阿瓦领事电》，载李根源《永昌府文征》，云南美术出版社2001年版，第2726页。
③ 贺圣达：《缅甸史》，人民出版社1992年版，第494页。

(二) 社会生活

1. 唐人街与民族村

落籍缅甸的云南华侨，大多聚族而居，形成独特的华人社会，保持着传统的民族风俗习惯。他们聚居的地方，被叫作唐人街（又称中国城、中华街、华人区、华埠），即所谓海外华侨华人的居留或居住区，其中绝大多数是汉族华侨华人，也有一些少数民族华侨华人。

缅甸北部人数众多的滇侨，除了从事商业外，还从事宝石矿、银矿的开采，在阿瓦、八莫、孟拱等城市和矿区，都形成了滇侨聚居的街区，缅甸人称之"德由谬"，意即中国城。彭崧毓在《缅述》中说："内地之商于彼者自成聚落，曰汉人街。"缅甸北部较大规模的华侨侨居地，明代就已出现。八莫的侨居地在明代即有相当规模。《西南夷风土记》载："江头城外有大明街，闽、广、江、蜀居货游艺者数万，而三宣六慰被携者亦数万。"内地商人和边民各达数万，估计应该是指每年往来于八莫的中国商人数目，不大可能是大明街的规模。1870年的记载则比较具体。当时先后有两个中国人取道缅甸西行，一个是赴英国的青年军人王芝，一个是赴印度的江西人黄懋材，他们分别撰有《海客日谭》和《游历刍记》。关于八莫，王芝说：新街汉人街，"滇人居此者，约千余，腾越人居其首"。黄懋材的记载大体类似："该处土居数数百，汉人亦有三四百。"三四百家也就是千余人。这里形成西南丝路上最重要的华侨聚居地。又如在缅甸都城阿瓦，存在着由华人聚居的汉人街，由华人担任街长，或称客长。道光时，王崧记道："其地有汉人街，择汉人为街长，而不任用。"[①] 彭崧毓在《缅述》中则说到了客长的作用，"汉人与夷人讼，必与客长共听之，汉人直则治夷人以罪，

[①] 王崧：《缅甸载记》，《道光云南志钞》卷5，《云南史料丛刊》第十一卷，云南大学出版社2001年版，第515页。

夷人直则罚汉人以银",① 可见客长有相当的权威，维护着汉人街上汉人的权益。在蛮暮、仰光，也有华人社区存在，彭崧毓在《缅述》中提及："蛮、贡为南、北两大都会，蛮暮滨江多滇商，漾贡滨海多粤商"，可见，滇、粤商分别聚居在滨江和滨海。又据王芝《海客日谭》中说，同治十年（1871），在缅甸古都阿摩罗补罗，"滇人在此者四千余家，闽广人百余家，川人才五家"；在缅北新街，"滇人约千余，腾越人居其九"。光绪十七年（1891），中国驻德使馆随员姚文栋离欧洲回国时顺道印、缅察看有关商务和滇缅边界情形，在缅甸看到，"闽商、粤商都在海口，约有万人；滇商散布于沿江及山中各埠，几与缅商相埒，约在十万人左右"。② 可见，侨居缅甸的云南人数量之多、分布之广，远远超出其他各省。近代云南滇西的一些商家，也在上缅甸广开商号。即使在较为偏僻的景栋，也是滇商聚居，云南人有较大的影响，"在景栋城里有一个云南人社区，规模相当大"。"通过商业贸易关系，中国在景栋的影响十分巨大。"③ 形成了云南人的社区。另外，矿山也成了华侨聚居寓留的中心，如《清史稿》卷528《属国三·缅甸传》记载乾隆时缅甸有数万华人聚集开矿的情况说："（缅甸）而江以来为孟密，有宝井，产宝石，又有波龙者，产银，江西、湖广及云南大理、永昌人出边商贩者甚众，且屯聚波龙以开银矿为生，常不下数万人。"波龙厂盛时，矿工达4万多，以至于当地"商贾云集，比屋列肆，俨一大镇"。④

在缅甸的滇侨，除汇聚了众多的唐人街外，还有少量的民族

---

① 彭崧毓：《缅述》，载李根源《永昌府文征》，云南美术出版社2001年版，第3577页。
② 《出使英法义比四国日记》第678页，载余定邦《中缅关系史》，光明日报出版社2000年版，第214、255页。
③ J. H. 特尔福德：《20世纪初的缅甸景栋地区》（中译文），载《东南亚研究》1989年第1期。
④ （清）周裕：《从征缅甸日记》，载李根源《永昌府文征》，云南美术出版社2001年版，第3480页。

村。1659年随永历流亡缅甸的官兵余部后裔，渐成一族，有的自称为"桂家人"，以示不忘怀南明政权。至于李定国，白文选的"勤王"之师，进入缅境后，多滞留缅甸，据温雄飞《南洋华侨通史》第86页说，他们"仍相团聚，躬耕力穑，以待时机，离瓦城东一百里间，有村聚曰'望乡台'者。……虽不臣虏，而乡国之念终不能忘……"又如缅甸的班弄，是杜文秀起义失败后大批云南回民逃往缅甸形成的聚居区中最著名的一个。该村寨位于中缅边境佤族地区一个海拔4600英尺高的盆地里，四周山峦环抱，除了一些灌木丛外，没有大树林，其外观颇像一个公园。这里的回民主要来自云南大理、蒙化（今巍山）、永昌（今保山）、顺宁（今凤庆）、云州（今云县）。他们开山种地，同时也从事手工业、运输业、商业和矿业，生活逐步富裕起来。1896年，一名英国人马奎德访问该地后记述说，班弄的房屋有200座，人口约2000人，村中还有约1000匹用于运输的骡马。并且还说，这里每家人至少都有一支枪，主要用于保卫村寨和保护马帮。① 随着村寨社会经济的发展，20世纪40年代初，班弄这个原来无名的小村寨变成了一个十分繁荣的小集镇。

"唐人街"与"民族村"，两者既有相同之点，也有不同之处。相同之点，一是因血缘和地缘而聚族而居，是为了便于互助和合作、利于生存和发展而自然形成的。我国汉族移居国外，初到异国他乡，人生地不熟，不谙当地语言，找不到栖身之所，遇到的困难很多，甚至受人歧视欺辱。出于生存的需要，他们一开始便相聚而居，日久便形成了最初的居民点——唐人街。这种居民点经过较长时间的发展，变成一个集商贸、生活、社交、娱乐及传播中华文化为一体的活动中心。我国少数民族移居国外，有的是为了谋生而三五成群或小批量迁移，有的是为了避难而大批量迁移，不管是哪一

---

① ［美］安德鲁·D. W. 福布斯：《1875—1900年班弄的历史：缅甸佤邦的一个"潘泰"（中国穆斯林）聚居区》，"亚洲历史学家第10届国际会议"提交的论文，英文打印稿，1986年。

种情况，民族和宗教信仰相同的人往往聚居在一起，因此形成了民族村，便于沟通、互助和相处。二是中华文化是维系华人居民点长期存在的纽带。中华文化的博大精深，产生的巨大凝聚力，使得唐人街与民族村长期存在。三是发挥了多方面的良好作用。唐人街与民族村在联络乡亲的感情，促进经济的发展，丰富人民的生活，维护华人的正当权益，保持与发展民族特色，弘扬中华文化，促进华人社会与当地人民友好相处等方面都程度不同地发挥了良好作用，作出了积极贡献。

"唐人街"与"民族村"的不同之处，一是前者在城市，以经营商业为主，后者在乡村，以从事农业为主。二是前者的地域范围一般比后者小，但人口比后者多，经济水平也比后者高。唐人街的地域范围大致可分为两种：一种规模较小，集中于城市的一条主要大街，以及相邻的几条小街或为数条阶段的合计；另一种是整个城市中心商业区为唐人街，缅甸乃至东南亚的唐人街多属这一种。上述两种，都没有民族村从几平方公里至几十平方公里不等的范围那样大，但因为是乡村，地广人稀，经济薄弱，与唐人街的牌楼夺目、商店林立、餐馆众多、顾客盈门、交易额大、热闹非凡的景象大不一样。三是前者的功能比后者要多一些。如不少唐人街有华人社团、华文报刊、华文学校，这在民族村是罕见的，或是没有的。四是唐人街与民族村的形成虽然都是血缘与地缘因素所致，但后者多了个宗教因素，民族因素也比前者明显，[①] 如缅甸的云南回族民族村就是此种情况。

2. 社团情况

云南华侨大规模移居缅甸，在数量上壮大了东南亚华侨队伍。他们与家乡的联系很强，祖籍观念、衣锦还乡、落叶归根思想、中华文化优越的意识很深，对中国保持政治、种族、文化和经济上的

[①] 赵和曼：《少数民族华侨华人研究》，中国华侨出版社2004年版，第232—233页。

忠诚,客观上导致移居国的华侨社会正式形成,在缅甸形成华侨社会与当地社会并存的二元社会结构。在华侨社会里,"华侨使用中国语言文字,按照中国礼俗和道德安排生活、处理人际关系,相当独立于当地社会,自成体系"。① 因而具有以下特征:(一)华侨社会具有明显的"内向性"。强烈的宗族和家庭观念使华侨资本趋于华侨社会内部周转,这种内循环特点使华商在侨居国形成紧密的人际网络,生意四通八达,初步形成华侨经济体系,但也使华侨社会走向自我封闭,不利于华侨认同当地社会。(二)各种血缘、地缘和业缘性华侨社团纷纷建立和发展,为华侨精英提供了施展政治才华的场所。

各类社团在华侨精英的领导下,全面管理华侨社会内部的一切事务。华侨社团主要有以下种类:寺庙,秘密会党,基于血缘、方言、地缘的会馆,商会与同业组织等。这一时期,华侨认同方式主要表现为家族认同、宗族认同、地缘认同,因此,整个华侨社会没有统一的华侨社团领袖。在上缅甸,有两座最古的华侨庙宇:一为阿摩罗补罗的观音寺,一为八莫的关帝庙。阿摩罗补罗的观音寺是缅甸北部最古的滇籍华侨庙宇之一。乾隆末年(华侨学者陈孺性估计建于1789年)建立阿摩罗补罗(Amarapura)。具体年代,已难稽考。寺内存有道光二十六年木牌一方,说"阿瓦观音寺者,溯自乾隆三十九年汉兵奏凯后,继以两国修睦,商人渐进,丝绸往来,裕国通商。伊时地广人稀,建立斯寺,已觉室小殿窄,只供石胎佛像菩萨一尊。越数年,商人鱼贯而入,客货渐次宏通……"② 所以把它当作是乾隆末年创建,较为稳妥。该庙从嘉庆十五年至道光十七年,二十七年之间,曾三次失火,前两次损失比较轻,最后一次,便"一焚如洗"。现在的庙宇是在道光十八年(1838)开始重

---

① 陈炎:《海上丝绸之路与中外文化交流》,北京大学出版社2002年版,第288—289页。
② 陈孺性:《缅甸华侨史略》,《德宏史志资料》第三集,德宏州志编委会办公室1985年版,第89页。

第二章　1949年以前缅甸、泰国、老挝、越南的云南华侨

修，至道光二十六年（1846）才告竣工。寺内有对联一副，是康有为于戊戌政变后来到缅甸，游览观音寺时所题的。联云：

把袂尽同乡，会比龙华，恰逢入海无争，佛天皆喜；
趋车来异域，迹留鸿爪，常记三生缘旧，一宿情深。

八莫的关帝庙，外景与阿摩罗补罗的观音寺差不多，约始建于嘉庆十一年（1806）。据说在1806—1850年，只完成关圣殿与观音殿，其余的如火神殿、二郎神殿、朱衣阁、武侯阁等，均为咸丰至光绪二十四年的建筑。当时边地的华侨商贩，以忠义为团结的信条，一切交易，皆在关帝庙举行，还设有私塾，百年多来，弦歌不辍。可惜这座建筑最宏伟的关帝庙，已于盟军反攻时全部毁于炮火。其有历史价值的建筑物，化为灰烬。后重建该庙时，在瓦砾中挖掘一大匾额，上题"浩气常伸"四字，为道光二十五年（1845）松柏山信义会所敬奉。1929年，华侨又于庙内筑牌亭，将在寺外发掘的明万历十二年（1584）刘𬘡立的"威远营"牌保留于亭内。

此外，滇侨在缅甸的早期寺观还有阿瓦观音寺。该寺始建于清乾隆三十八年（1753），当时华侨居此者约1万人，除经商外，还向缅甸人民传授纺织丝纱技术，一度使阿瓦成为丝织业中心。公元1783年孟云（Bodawpaya，1781—1819年在位）迁都阿瓦以北的阿摩罗补罗，中心为洞缪（缅语意为"南都"），故华侨又称该寺为洞缪观音寺。公元1859年敏同王（曼同王，Mindon，1853—1878年在位）迁都曼德勒，中心为渺缪（缅语意为"北都"），华侨沿旧都名，仍称新都曼德勒为阿瓦城，故仍称该寺为阿瓦观音寺。该寺先后3次遭火灾，现存者是道光十八年（1838）由中国和缅甸的工匠、艺人合作建成的古典建筑，一共三进，每进有正殿、两厢、庭院，门、窗、梁、柱雕刻龙、凤、孔雀、荷花。神龛占地少，多为华侨用以聚会的客厅。寺内有《重修观音寺》碑文，具有史料价值。叙述乾隆间"两国修睦……丝绸往来……商人鱼贯而入"，又

说阿瓦当时有"诸色京广土货",并说明建寺是"壮我汉朝之大观"。碑尾刻有捐款人 630 多人的姓名(乾隆初建寺时捐款人有 5000 余人),多为丝花和玉石商人,其中人名前还有"汉人王爷"、"稿蕴门"(税务官)、"德育蕴门"(中国事务官)等官衔,说明华侨有不少人在缅甸宫廷任职。写碑文人是腾赕痒生李必行,腾赕即腾冲的古名。观音寺内尚存圆桌一张,据说华侨用它宴请过缅王。滇侨在离阿瓦观音寺不远的江滨,筑有金多堰,作为商人往来运货、缴税之用。

可见,滇籍华侨早期在缅甸的寺观较好地发挥了社团的功能,达到了敦一本之亲、连同宗之谊、和衷共济、福利均沾、守望相助的目的。不仅城镇的华侨社会有这样的组织,就是在云南矿工聚集的矿区,也有严密的帮会组织。如明末清初,在缅北由华人经营的银矿有数家,可惜史书中没有详细的记载,只是简略地提到茂隆银厂和波隆银厂的情况。其中最大的就是茂隆银厂,厂主是一位叫吴尚贤的云南石屏人。按茂隆银厂规例,该厂人无尊卑之分,皆以兄弟相称。有所谓"大爷""二爷""三爷"者。大爷主厂,二爷统众,三爷出兵。厂丁就是"兵"了,由此可知系一个帮会组织。时吴尚贤为厂主。二爷是谁,史无明文。三爷则为黄耀祖。最兴旺的时期,厂丁达数十万之众。一旦有警,众兄弟齐出。在缅境开矿者,都有联络。① 这是当时云南人在中缅边境一带主持经营的最大的厂矿。

稍后,旨在为同宗、同乡、与同业者排忧解难、谋求福利及共御外辱,以地缘、血缘和业缘为基础的会馆开始建立。这一时期,许多华侨虽身处侨居国,但在政治、经济、文化上却认同中国:一般对当地没有归宿感,以中国为祖国,关心祖国的动态和安危,把居住国称为"他乡";以经济为生活重心,大多期盼早日"衣锦还乡",在侨居国努力保持着中华文化和一系列传统习俗、价值观念。虽然华侨社会里也有阶级和贫富的差别,但在财富、文化上已成为迥异

---

① [缅]陈孺性:《缅甸华侨史略》,《南洋文摘》1964 年第 2 期。

第二章 1949年以前缅甸、泰国、老挝、越南的云南华侨

于当地人的小社会。在会馆时代，城市华商中产阶级形成，各种地缘和血缘会馆成为华侨社会的主要社团。如曼德勒云南会馆，是云南籍华侨在缅甸故都曼德勒建的同乡会会馆，最早建于古都阿瓦，1859年缅甸敏同王迁都曼德勒，时任缅王国师的尹蓉倡议在此修建会馆，获敏同王划地30亩。因值滇西回民起义，中缅道路阻塞，商业不振，无法筹资。后国内恢复平静，尹蓉提议将丝花公会（滇侨组织）所抽得积金10万余盾缅币作为建馆资金，另募捐10万盾，共20余万盾，于清光绪二年（1876）建成。会馆前是华侨聚居的汉人街。建筑石工、木工从云南剑川、鹤庆、丽江等地聘请，并从腾冲运优质楸木经八莫用船送到曼德勒，也用了一些缅甸柚木。建筑造型以中国飞檐斗拱大屋民族形式为主，巍峨壮丽。前后三进，附设孔子殿等。还设有施馆会、华侨坟山办事处、养病房，负责福利慈善事业。书报社、曼德勒昌华学校、新腾冲社等均设在会馆内。馆内刻有一副反映华侨团结互助、爱国思乡感情的对联："黑水南来，同舟共济；苍山东峙，回首多情。"中国抗日战争时期，缅华抗日工作队和南洋华侨机工队曾住在这里，并一度作为中国军队医院。1942年4月2日被日军炸毁。中华人民共和国成立后，旅缅华侨群策群力，在老会馆旧基重建新馆，全钢筋水泥建筑，分二进，有会议厅、客厅、餐厅、文娱厅、宿舍、储藏室、厨房等。每年举行春节联欢会、十一国庆庆祝会，开展各种文娱、福利等活动，是曼德勒华侨活动中心。华侨在此欢迎接待来自祖国的团组，其中有以周恩来总理、陈毅副总理为首的中国政府代表团，以及其他访问团。

又如缅甸瓦城云南同乡会，是滇籍华侨的一个地缘组织。1775年在缅甸故都阿瓦成立的腾越会馆，是云南籍华侨在缅甸建立的最早的同乡会组织。1860年前后云南商人随缅甸国王迁往瓦城（也称曼德勒、曼德里），获得永久性会址和坟山。新会馆于1868年落成。当时会员已不仅是腾冲籍，且建馆资金也由云南西部各县如大理、保山、顺宁（今凤庆）、缅宁（今临沧）等县马帮和坐商筹集，因而更名为云南会馆。中华人民共和国成立后，改称现名。20

世纪90年代有会员1万余人。旨在团结云南籍在缅华侨、华人；协调云南籍华侨、华人的关系；协助帮助解决华侨、华人的实际问题；救济贫困华侨、华人；开展各种公益活动。其他如曼德勒和顺旅缅崇新会，是缅甸华侨青年组织，由云南侨乡和顺乡青年组成。1924年在曼德勒云南会馆召开成立大会，并在缅甸各地设分会，以联络感情、团结侨胞、建设家乡为宗旨，宣称"崇新会所代表的是一种广泛的启蒙运动，也可以说是小规模的五四运动"。每年出版一期《和顺崇新会会刊》和一期《和顺乡》杂志，对家乡的政治、经济、文化提出改革建议，筹款兴办家乡建设事业。1928年创建和顺图书馆。1940年创办云南省唯一的侨校腾冲益群中学。中华人民共和国成立后改称旅缅和顺联谊会。此外尚有密支那昔马同乡佛教会，由密支那云南昔马籍同乡成立于中国抗日战争时期，宗旨是为同乡服务，加强乡亲联谊。仰光云南会馆，前身为仰光云南同乡会和仰光云南自由青年社。1995年改称现名。宗旨为促进仰光籍滇籍同乡的团结，谋同乡福利。

由此可见，滇籍华侨在缅甸以寺观到会馆形式出现的各类社团在缅甸政治、经济、社会生活中扮演了重要的角色，承担了保护华侨利益的重任，促进了华侨社会的凝聚力，使华侨社会迥异于当地社会。

三 缅甸的华侨政策

（一）缅甸封建政府的华侨政策

在中缅两国的关系史上，缅甸一向敬仰中国是文明之邦，大部分时间里与中国保持着友好关系，并通过"朝贡贸易"方式从中国获得经济上的实惠。早期到缅甸的滇侨，除了从事商业、矿业以外，还给缅甸带来了手工业、农业等方面的熟练的劳动力和新的生产技术，更是受到了缅甸人民的欢迎，① 促进了中缅友好关系。

---

① 陈炎：《中缅文化交流两千年》，载周一良《中外文化交流史》，河南人民出版社1987年版，第1—41页。

第二章 1949年以前缅甸、泰国、老挝、越南的云南华侨

另外,缅甸的国内情况导致缅甸王朝采取欢迎华侨的政策。在东吁王朝和雍籍牙王朝时期,缅甸封建经济占主导地位,贺圣达就指出:"缅甸式的封建社会结构,使得不论缅甸的封建主还是农奴,都很难以摆脱原来的社会地位,转化为商人。"① 而缅甸社会的正常运转,又需要商人来互通有无,这就促使了滇商的入缅。同时,缅甸国内劳动力缺乏,特别是有技能的劳动力的缺乏,因而对外国人的到来持欢迎的态度。哈威说:"(西方)船员在缅纳土妇为妻后,缅吏即认为缅民","盖缅王一贯政策为尽量留外人于境内也"。② 对华人的政策当然比对西方人的要宽松,19世纪70年代黄懋材访问缅甸时,就已观察到缅甸北部的华人"多纳缅妇为室"。③ 彭崧毓在《缅述》中也提道:"汉人娶缅妇,不同归,归之日妇弃其夫去,生男归父,生女归母。"相约成俗,当地法律对华侨亦颇为宽松,华侨触犯法令,"则执以归腾越之有司,不敢擅加刑于中国人也"。④

所以,在殖民主义入侵前,缅甸王朝政权对华侨一直友好相待,甚至给以信任和重用。如明弘治十七年,有腾冲和顺乡李瓒等作为同事随缅王使臣进贡,留任教授,授序班职事。清乾隆时尹士楷、尹学才等任缅甸孟驳、孟陨王的高级通事。道光、咸丰年间,尹蓉任敏同王国师,设计督修了曼德勒皇城。尹蓉精通中缅文,谙熟缅甸国情、历史文化,又能言善辩,敏同王礼尊他,曾说:"天上有神人,国中有此老。"⑤ 此外,在上缅甸滇籍华侨中,还涌现了一批有影响的名人,如滇侨许名宽、刘声仁等颇有名望,同当地人民和缅甸宫廷关系密切。和顺华侨许名宽曾任缅王总理大臣兼警

---

① 贺圣达:《缅甸史》,人民出版社1992年版,第185页。
② [英]哈威:《缅甸史》,姚楠译,商务印书馆1957年版,第355—356页。
③ 黄懋材:《西辅日记》,载李根源《永昌府文征》,云南美术出版社2001年版,第3618页。
④ 周南京:《华侨华人百科全书·历史卷》,中国华侨出版社2002年版,第326页。
⑤ 董平:《和顺风雨六百年》,云南人民出版社1995年版,第139页。

卫队长、兵部尚书之类官职；滇侨李枝荣担任翻译，1875年曾随同缅使入访中国。老华侨寸建柱曾任缅王御厨师，于缅甸亡国后从和顺不远千里，去印度洋遮打波儿岛（在斯里兰卡附近）看望被流放在那里的锡卜王，两人谈到英帝入侵旧事，相对垂泪。龙陵参将李珍国曾居缅甸，其母是缅甸人。他同缅王敏东关系相当密切。到缅见过缅王敏东的王芝说："猛董猛（即敏东王）之立，颇得龙陵参将李珍国之力之资，胡腾越军兴，珍国归里练团，猛董猛数以棉花、玉石饷军，先后约计二十万。"①

另外，由于缅甸自己不能开采银矿，需要华人前往开采，而银矿在缅甸的财政中占有很重要的地位。这促使缅甸采取鼓励华侨采矿的政策。正如清人赵翼在《粤滇杂记》中记载："彼土人不习烹炼法，故听中国人往采，彼特收税而已。"②

（二）英国殖民政权的华侨政策

英国在缅甸的殖民政权建立后，面临无法直接从事与当地土著社会的贸易活动，既不能掠取或收购欧洲市场需要的各种商品和原料，也难以把携来的货物推销出去的问题。因此，不得不依靠华侨充当自身与缅甸社会的贸易媒介，但对华侨在当地经济生活中的重要作用以及他们精明强干的能力又深为忌讳，深恐他们尾大不掉而难以控制。这种矛盾的心理状态也决定了英国殖民者对华侨政策的两面性，既招徕、依靠、利用，又不断加以限制、打击。而华侨先民则以其不屈不挠的意志与顽强的活力，在侨居地扎根发展，形成具有一定实力和影响力的华侨社会。

1. 招徕和利用的一面

1885年英国统治整个缅甸时，缅甸仍然是个人口较为稀少的国家。下缅甸人口约400万，平均每平方公里不到20人。上缅甸人口更少，平均每平方公里不到10人。直到1911年，在南亚和东

---

① （清）王芝：《海客日谭》卷2，台湾文海出版社1968年版，第124页。
② 吴凤斌：《东南亚华侨通史》，福建人民出版社1994年版，第84页。

南亚地区,缅甸仍然是人口密度最低的国家之一。但是,这一时期缅甸殖民地经济正处于迅速发展时期。伊洛瓦底江三角洲的稻作区迅速扩大,铁路的修筑处于高潮,大量的资本正投资于矿业,农林产品的加工业正在发展,到处都需要劳动力,而且是廉价的劳动力。因此,殖民政府继续推行吸引外来移民的政策。如第一次英缅战争后,英国在其占领区丹那沙林等地区实行"自由移民和开发政策"。① 这时数以百计的中国人移居丹那沙林,这些移民成为当地的商人和手工业者。1852年,第二次英缅战争后,英国政府为了把下缅甸变为英国工业品的销售市场和自然资源及农产品的供应站,实行吸收外来移民的政策,以解决劳动力不足,规定新移民可免税数年。② 其利用华侨开发缅甸的措施一直沿用到第二次世界大战期间。1939年滇缅公路通车后,处于英国统治之下的上缅甸地广人稀,经济发展缓慢。因此,英缅当局鼓励中国农民去缅北垦殖。到缅北垦殖的中国农民可以任意圈划荒地,并供给耕牛、种子,在不收获以前不纳税。很多中国农民(主要是云南农民),纷纷沿滇缅公路入缅。1940年在云南芒市对40个村子的调查发现,由于不断移居缅甸,5年内居民户数减少了25%。③ 此外,英殖民政府也利用华侨来发展采矿业。19世纪90年代,英国人接管缅北波龙银矿后,招徕大量华侨特别是滇籍华侨到此开矿。

2. 限制和打击的一面

随着殖民势力的深入,滇侨商人逐渐丧失了他们在矿业和滇缅贸易中的主导地位,相反受制于殖民者,进而融入殖民地经济体系之中。华侨开创和采办的矿区,1885年以后相继为英国的矿业公司所控制,由土法炼矿进入现代化开采,虽然矿工主要由季节性矿工组成,甚至有的侨领还获得了较高的职位,如工头梁金山以其杰出才干被英国缅甸公司先后聘为矿工总指挥和总经理,但矿区终究

---

① 吴凤斌:《东南亚华侨通史》,福建人民出版社1994年版,第82页。
② 梁志明:《殖民主义史·东南亚卷》,北京大学出版社1999年版,第204页。
③ 同上书,第210页。

不是华侨企业了。玉石矿也遭遇大体相同的命运，中国人只能通过"叫岗"实行承包采矿，如洪盛祥的董廷珍和翡翠大王张宝廷都曾长期承包孟拱玉石厂。华侨控制的丝路贸易则动荡不已。在实皆、瓦城等地收购棉花的侨商，由于缅甸植棉业的锐减而纷纷破产。后来的侨商只能从英国和英属印度公司购买棉纱和棉花，从而成为殖民者商业网络下的一个环节，丧失丝绸贸易组织者和主导者的地位。殖民者还通过金融控制华侨经济。侨商在缅甸购买棉花、棉纱等商品，以及中国商品出口时，都使用印缅卢比，流通量很大，流通面很广，并进入云南市场，每年仅集中于腾冲复运出口的卢比，不下80万枚，英印银行由此能实行重息盘剥掠夺华侨，进而操纵华侨经济。不仅如此，华侨还深受英印政府的横征暴敛。华侨境地悲惨，华侨经济在殖民经济的缝隙中亦备受扭曲。例如20世纪30年代初，福春恒、永昌祥等商号趁英美金银贸易战之机经营条银贩运，从香港购买墨西哥条银，经越南运抵昆明后，沿丝路进入缅甸，条银随到随售，印商征买付印度。中英两国条约的免税规定使丝路较之海路更能获利。后来英缅违约强征20%的关税，这一贸易顿时受挫，侨商大受损失。虽然旅缅华侨组织抗英后援会据理抗争，但这些活动始终不能改变华侨受人宰割的悲惨处境，更不能使华侨经济摆脱殖民地经济的樊笼。上述史实从一个角度反映了殖民者侵略掠夺的本质。①

第二节　云南华侨在泰国的经济活动与社会生活

一　云南华侨寓居泰国的历程

云南人何时开始移居泰国，史书没有详细记载。学界一般认

---

① 周南京：《华侨华人百科全书·历史卷》，中国华侨出版社2002年版，第327—328页。

为，在西南丝绸之路开通以后，云南、四川等地的马帮商队就逐渐活跃在中国西南通往缅甸、印度、泰国、越南、老挝等国的古道上。久而久之，有些商人就留居在这些国家，成为中国南方海外移民的一个组成部分。从目前所能见到的史料来看，关于滇泰陆路通商的最直接的记载，可以上溯至明代。《西洋朝贡典录》卷中云："（暹罗）国之西北可二百里，有市曰上水，居者五百余户，百货咸集，可通云南之后。"当然，滇泰之间贸易的发生要大大早于这个时间，也就是说，至迟当西南丝绸之路在公元前4世纪开通之后，滇泰之间的通商交往也就经过缅甸或老挝正式开始了。而滇人因经商留居泰国的情况，史籍有所反映。如《英宗正统实录》卷117记载："近边牟利之徒，私载军器诸物，潜入木邦、缅甸、车里、八百诸处，结交土官人等，以有易无，亦有教之冶兵器、贪女色留家不归者。"谈迁《国榷》卷26也称："边民潜入木邦、缅甸、车里、八百等牟利生衅。"很显然，这些云南边民去泰国主要是出于商业上的目的。

在泰国，当地泰人把同样是操汉语的来自广东等地的华人称为"Chin"，却把从云南来的操汉语的汉、回移民通称为"Haw"。这些在泰国被称为"Haw"的操汉语的人，特别是云南的回民，很早就与西南诸省、缅甸、老挝和泰国有着密切的贸易往来。早在公元1416年，云南回族翻译家、航海家马欢，在其《瀛涯胜览》一书中就曾记载，说在沟通云南与泰国北部之间存在着一道"后门"。无独有偶，首次留下东南亚旅行记录的英国商人拉尔夫·费奇在其《1583—1591年航行记》一书中，也记载着"贾马黑"（清迈）城里有许多来自中国的商人，带来了大量的麝香、黄金、白银及许多其他中国货物。可见，至迟在明代，云南回族先民便到泰国经商并移居该国。

从现有资料来看，最早具体提到云南人出现在泰国北部地区的文献是一部当地流传下来的《兰那法律汇编》（*Kotmai Lan Na*），该文献记载说，当时到兰那王国做生意的人有缅人（Man）、闷人

(Meng)、泰人（Tai，似指从泰国中部去泰北地区的泰人）和"Haw"。这里提到的"Haw"应当就是后来一直被当地人用之来作为称谓的旅居当地的那些操汉语的云南人。这部《兰那法律汇编》没有明确的年代，一般认为，它是反映13世纪到18世纪这一段历史时期泰国北部情况的记录。泰国清迈大学历史系的学者乌沙尼通猜（Usanee Thongzhai）认为，这段记载中提到的这些云南人以及其他地区的人到兰那做生意的时间，应当是在芒莱王朝建立（公元13世纪）之前。① 美国学者希尔也认为，云南人可能自13世纪起就在东南亚北部各国的一些集镇零星地暂住下来了。②

另外，泰国北部地区少数民族（泰国称之为"山民"）大多是从云南经缅甸、老挝迁去的。例如泐人（即云南西双版纳的傣泐），在泰国的清莱、清迈、南奔、南邦、披夭等府皆有分布。据泰国的史料记载，这些泐人皆从云南迁入，如清迈府雷沙吉县班勐龙村的泐人，是1389年从云南西双版纳迁去的，其建村日至今仍刻在村碑上。再如，难府旺帕县农波村的泐人是从云南勐腊县迁去，披夭府清闷县下达法村的泐人则来自云南勐海县。所以泰国清迈的著名人士皆希·林曼夏民曾指出："现在泰国北部仍然生活着许多其祖先是从西双版纳迁去的人，他们在整个泰国北部人口中占50%。在南奔还有将近80%的人其祖先也是从西双版纳去的。"③

随着与泰北经贸关系的发展，越来越多的来自云南的汉、回商人留居在泰国北部。据记载，19世纪初，泰北中心城市清迈已开始有许多云南人定居。1807年，一些定居当地的云南回民开始出资修建了一座清真寺，供他们从事宗教活动用。出资修建清真寺的

---

① Usanee Thongchai, "Lan Na – Yunnan Relations in 13 – 18th Centuries", The Presented to International Seminar on Regional Cooperation and Sustainable Development in Lanchang – Mekong Valey, Kunming, China, November 14 – 20, 1994.
② ［美］安·马克斯韦尔·希尔:《泰国北部的中国云南人》。
③ 王国祥:《访泰国泰仂人村寨》,《东南亚》1987年第4期。

第二章　1949年以前缅甸、泰国、老挝、越南的云南华侨

是一位名叫纳帕桑（NaPa Sang）而人称"老纳"的云南回族富商。①

不过，从现有资料来看，19世纪中叶以前，移居泰国的云南回民还不是很多，泰国的云南回民的定居点还只是零星的、分散的。云南回民大批移入东南亚国家，是在杜文秀起义失败以后。1873年，杜文秀领导的滇西回民起义失败后，许多回民为了逃避清政府的迫害，纷纷逃往境外，形成了云南人向境外迁徙的第一个高潮。逃往境外的云南回民最初主要是到缅甸，而后又到了泰国。②

在云南回民起义失败后的10—15年的时间里，由于云南的回民普遍受到清政府的迫害和歧视，尤其是在滇西地区，因此，在这段时间里，仍不断有回民越过边界进入缅甸定居。此后，这些人当中的一些人又辗转迁入泰国北部，加入到早先移居当地的云南人的行列中，致使留居泰北的云南回民的人数大为增加。由于这些人的加入，1887年，在清迈城内，一位叫作春忠林（Ch'un Chowng – Lin）的云南回民富商又在清迈建立了一座更大的清真寺，而这位富商"最初建盖房屋的地址便是云南商贾装卸货物、落脚休息及喂养牲口的原址"。③

由于一些人的定居，云南同泰国北部的经济联系更为密切。当时，更多的云南人开始以那些留居泰国的同胞的居住地为落脚点，不断从事往返的商贸活动。1887年，英国驻清迈领事阿切尔（Mr. Archer）进一步详细地描述了当时从云南来的马帮前往湄南河畔一些城镇做生意的情形。他记载说："这些马帮走的道路是从云南府

---

①　Boonsawart Prugsiganont, Chusri hesiripbet, "History of Yunnan Muslim Settlement in Chiang Mai", The Oaoer Presented to International Seminar on Regional Cooperation and Sustanable Development in Lanchang – Mekong Valey, Kunming, China, November 14 – 20, 1994.

②　[美]安德鲁·D. W. 福布斯：《缅甸的云南籍穆斯林——"潘泰"》，姚继德摘译，载《云南民族学院学报》1991年第2期。

③　Boonsawart Prugsiganont, Chusri hesiripbet, "History of Yunnan Muslim Settlement in Chiang Mai", The Oaoer Presented to International Seminar on Regional Cooperation and Sustanable Development in Lanchang – Mekong Valey, Kunming, China, November 14 – 20, 1994.

（昆明）经普洱、思茅、景洪、勐龙、孟连、清盛、景海（清莱）、佩（Peh）到乌塔腊迪（Utaradit）或塔伊（Tha－It）。这些马帮的目的地是塔伊，但大多数马帮向东行往清迈，还有一些远至英属缅甸（'向东行'似为'向西行'之误——引者），这些商人是纯粹的云南人……"①

在此后一段时期，仍不断有一些云南人辗转迁徙到泰国北部，其间迁入人数较多的是中国抗日战争时期和后来的"内战"时期。例如，1941年曾有报道说，大批云南难民为逃避云南的恶劣条件而涌入了泰国北部，该过程已持续了15年以上。②

第二次世界大战期间的1942年，日军占领缅甸，次年攻占了班弄，大批回族难民逃往四方，其中很多人即逃入了泰国北部，成为继马帮商人之后进入泰北地区最早的滇籍回侨难民。③ 这批主要来自缅甸佤邦班弄的回族难民，祖籍多为滇西大理、巍山、保山、昌宁、云县、临沧、腾冲和施甸一带的回族。从清末出逃缅甸到20世纪40、50年代再次移居泰北前，他们已经在缅甸佤邦的班弄生活了70余年。1949年12月云南和平解放，原国民党李弥所属的部分残军退入缅甸、老挝、泰国的金三角一带，许多滞留边境地区的回族马帮商人和各种难民，为了生存而纷纷追随残军辗转于金三角地区，最后于20世纪50年代到60年代的不同时期里，最终定居到了今日泰国北部清迈、清莱等府的10余个云南人难民村，成为迁居泰北的第二批滇籍回侨难民。他们构成了今日泰北各地的滇籍回侨的又一主要成分。

由于中泰两国相近，自秦汉以来，有不少云南少数民族移入泰国，或先移居缅甸、老挝后再移入泰国，除上面零星提及的泐人和

---

① Usanee Thongchai, "Lan Na－Yunnan Relations in 13－18th Centuries", The Presented to International Seminar on Regional Cooperation and Sustainable Development in Lanchang－Mekong Valey, Kunming, China, November 14－20, 1994.

② ［美］安·马克斯韦尔·希尔：《泰国北部的中国云南人》。

③ ［缅］明光煦：《邦隆之由来》，缅甸眉苗，1992年10月打印稿。

第二章 1949年以前缅甸、泰国、老挝、越南的云南华侨

回族外，移入泰国的云南籍少数民族华侨华人有如：

傣族：傣族在泰国称为泐人，人数约8万，分布在泰国的南奔、南邦、布雷和难等府。具体泐人入泰国情形如上所述。

哈尼族：泰国的哈尼族自称为"阿卡"，主要分布在清莱府和清迈府，有3500人，其中大部分人是先由中国迁入缅甸，再从缅甸掸邦迁入泰国的，他们移居泰国的历史不过几十年。①

拉祜族：泰国的拉祜族，是先由云南迁往缅甸与老挝，再从缅甸和老挝迁去的，时间是1920年前后。现有2万人左右，分布在北部的清迈府、夜丰颂府等地区。②

傈僳族：云南省的傈僳族约有55.71万人（1990年），主要分布在金沙江、澜沧江和怒江3大水系的中上游地区的山区地带。其中聚居在怒江傈僳族自治州的碧江县、泸水县、福贡县、贡山县和兰坪县的有20多万人，占云南省傈僳族总人数的一半左右，其余的分布在丽江地区和保山地区，以及迪庆、德宏、楚雄和大理等自治州内。泰国傈僳族是由缅甸迁入的，据泰国年鉴记载，傈僳族大约在1900年至1920年期间，由缅甸景栋进入泰国清莱、清迈和夜丰颂等府。1966年以后，又有部分傈僳族向南散居到彭世洛、碧差汶等府。泰国傈僳族约有3万人。③

苗族：泰国的苗族大多是从云南迁入缅甸、老挝后再迁入的。总的来说，苗族从老挝、缅甸迁入泰国的时间约在19世纪中后期，其主要部分来自老挝，少部分来自缅甸，分布在泰国北部山区。④

瑶族：迁入泰国的瑶族也有与苗族相似的经历，即从中国境内（云南）先迁入老挝、缅甸，再从老挝、缅甸分别辗转迁入泰国北部山区。至于瑶族何时从老挝再迁入泰国，目前尚无定论，一般认

---

① ［美］格朗菲尔德：《泰国密林中的游迁者——阿卡人》，载云南省民族研究所《民族研究译丛》第5期。

② 刘稚：《云南与东南亚跨境民族的源和流》，载《云南与东南亚关系论丛》，云南人民出版社1989年版，第172页。

③ 同上书，第173页。

④ 赵和曼：《少数民族华侨华人研究》，中国华侨出版社2004年版，第118页。

为是在 18 或 19 世纪。国内有的学者如赵和曼认为与苗族再迁入泰国的时间不相上下，即在 19 世纪中后期。① 泰国学者认为，泰国的瑶族主要是从老挝、缅甸分 3 条路线迁入的：一条经由清迈府的北部，一条经由清迈府的东北部，一条经由难府的北部。从迁徙路线来看，现居住在泰国北部的瑶族的大多是从老挝移入的。生活在清迈、清莱等府的许多瑶族都能讲述自己的来历，他们祖先迁徙的路线大体为广东—广西—云南—老挝—泰国。②

佤族：佤族在泰国称为拉佤，是从缅甸迁去的。根据泰国北部一些地区流传至今的古籍和传说，拉佤族迁入泰国的年代十分久远，他们是当地最早的居民之一，历史上曾有过繁华强盛的年代。据记载，拉佤人于公元 7 世纪曾在今清迈府、难府一带建立过一个王国，后来被位于今南奔的孟人的国家哈里奔猜王国战胜，拉佤人只好逃进了深山密林之中。这说明早在公元 7 世纪以前，拉佤人已进入到今泰国北部地区。经过历史上多次的迁徙、演化和融合，形成了今天佤族的分布格局。③

回族：泰国有不少回族华人，有关文章说 2 万—3 万人。④ 早在元代，回族大批进入云南定居。由于他们擅长商业活动，因此云南的回族马帮在该省外贸史上占有一定的地位，在东南亚、南亚一些国家以及我国西南的一些省份都留下了他们的足迹，其中一些人在泰国定居。例如，随着在清迈的云南穆斯林社区的扩大，在当地建立了一座主要为云南籍穆斯林所使用的清真寺，并于 1917 年 9 月 9 日正式开放。⑤

---

① 赵和曼：《少数民族华侨华人研究》，中国华侨出版社 2004 年版，第 118 页。
② 刘稚：《云南与东南亚跨境民族的源和流》，载《云南与东南亚关系论丛》，云南人民出版社 1989 年版，第 178—179 页。
③ 同上书，第 182—183 页。
④ 谭天星：《现代中国少数民族人口境外迁移初探——以新疆、云南为例》，《华侨华人历史研究》1995 年第 2 期。
⑤ 申旭：《回族商帮与历史上的云南对外贸易》，《民族研究》1997 年第 3 期。

二　云南华侨在泰国的社区及其经济活动、文化生活

正如移居缅甸的云南华侨一样，移居泰国的云南华侨多聚族而居，在城镇和乡村形成滇籍华人社区和村落。下面，通过一些中外学者的实地记述，可管窥其社区状况、经济活动与社会生活。

19世纪末叶，云南穆斯林聚居区的中心已在中南半岛北部的一些地方建立起来，例如泰国清迈和缅甸佤邦的班弄。① 定居在城镇里的云南人主要是穆斯林，他们仍基本上保持着与马帮贸易的联系，而且还渗透到其他贸易领域。事实上，最早定居在清迈的云南穆斯林，可以被看作是当地的代理商；或者是以滇缅为基地的华人穆斯林贸易帮会的商务代表；或者是为了满足上述那些人以及来这里的云南回族马帮商队的需要而经营一些小客栈或清真餐馆的华人穆斯林小业主；或者在稍晚些时候作为社区的宗教领袖。根据S. 松吞帕萨克的研究，最早定居在清迈咏芬区的云南回族移民，就是以一位名叫"崇·林"的回族人为首："崇·林早年曾通过掸邦的景栋往返于云南府（今昆明）与夜赛、南邦、达府、南奔和清迈，从事马帮贸易。在迁居清迈之前，他与妻子从事清迈府西北的夜占与缅甸之间的贩运买卖。1915年，他迁到清迈城，并在暹罗国王通过清迈亲王赐给他的一块封地上定居下来。"S. 松吞帕萨克认为，崇·林就是定居在清迈咏芬区的回族商人首领，并进一步说明："他最初建造房屋的地址便是云南商贾装卸货物、落脚休息及喂养牲口的地方。"②

在20世纪的前30年中，泰国北部的云南穆斯林社区繁荣起来，并日趋扩大。除了继续参与长途马帮贸易以外，这些回族商人以中心城市特别是清迈、清莱和南奔等为基地，还渗透到各个零售行业，如出售水果、蔬菜、布匹及副食，经营餐馆和茶叶店等，并开始经

---

① ［美］A. D. W. 福布斯：《缅甸的滇籍穆斯林——潘泰人》，《云南伊斯兰文化论文选集》，云南人民出版社1993年版，第200—211页。

② ［美］S. 松吞帕萨克：《清迈城伊斯兰教的特征：两个社区历史和结构的比较》，博士学位论文，加利福尼亚大学伯克利分校，1977年。

营玉器。由于他们的这些服务业,清迈以及泰国北部其他主要城市的云南回族,成为那些往返的马帮商队与平坝泰人之间成功的"中间人",其中有些变得极为富有。例如回族商人崇·林,除了自己的贸易业务以外,他还与泰国地方政府签订过一项合同,通过他的驮队向清迈府一些边远地区分送牛奶。进而在20世纪20年代,他还得到了供应修建南邦——清迈铁路所需建筑材料的专卖权。后来,当铁路修建到清迈时,他还捐出大约100莱土地(1莱约等于2.4亩)用于修建铁路。鉴于他长期为政府服务以及他对公益事业的贡献,泰国王授予他"坤"的爵位封号,并赐给他一个泰姓:翁略加。[①]

在上述滇籍华侨的聚居区中,最著名的是云南回族马帮商人于清末光绪时在清迈闹市区建立起来的王和街。王和街为一条东西贯通长约两里宽约十米的小街道,东面滨临平河,与南北纵贯的平河路相接,西面连通清迈市最大的夜市中心街道昌康北路,居住着六十来户人家,除三四户云南汉族同胞外,其余的都是云南回侨,常住人口有三百余人。在王和街西口竖立着一块清迈市有关部门用泰文和英文书写的石碑,据碑文载,王和街清真寺建立于公元1887年,为中国的清朝光绪十三年。此后,它成为整个泰北云南回汉两族侨胞的聚集中心和大本营,扮演着泰北云南人的心脏角色。该社区的第一代侨领,主要有以下几位:最著名的是享誉寰宇的明代大航海家郑和的第十七世孙郑崇林先生。与郑崇林同时期内定居于泰北清迈的云南回族著名马帮首领还有三位,一位名叫纳八三(或巴桑),他的祖籍也是玉溪大营村,是郑崇林的表弟;另一位叫叶三锅头,他的本名叫叶华亭,号静斋,原籍为云南河西(今通海)县大回村;第三位外号叫"面铺三",本名马富美,玉溪大营人。他们都已去世,都有子孙生活在泰北各地。

除了在诸如清迈、清莱、南奔这类大城市与大集镇建立了"城

---

① [英] S. 松吞帕萨克:《清迈城伊斯兰教的特征:两个社区历史和结构的比较》,博士学位论文,加利福尼亚大学伯克利分校,1977年。

镇云南人"的社区以外，在泰国北部的一些小镇及村子里也有许多"乡下云南人"在那里生活。居住在泰北城镇的云南人，主要是早期移居泰国的，他们在继续从事传统马帮贸易的同时，还开拓了别的商贸领域。而居住在泰北农村的云南人，则是后期移居泰国的，因而受到一些新的法律规定的限制，以从事农业为主，兼营一些手工业和商业。①

20世纪60年代中期，美国学者莫特对清迈府的云南人村寨扬子寨进行调查后，作了较详细的报道。这些报道虽是反映20世纪60年代的社区状况，但也是此前历史的承袭。报道说，该村寨的这些云南人主要从事农业，他们种水稻，也种一些鸦片。此外，一些人还兼做木匠、铁匠、靴匠，或从事雕刻、食品加工、缝纫等，并开设小店铺，出售布匹、食品等日用品。还有一些人农忙时在田里干活，农闲时则挑着货物到附近的山地民族村寨中出售。

该村寨有自己的组织，一般每18家组成1个组，由这些人家推举一家家长为组长，全村寨共有十一二个这样的组，由各组的组长组成一个管理委员会，叫"自治会"，"自治会"设"会长"1人，从这些组长中选举产生。"会长"接受当地官员的领导，按期对本寨人口进行登记并向当地官员汇报。

该寨人口有1830人，其中三分之一是回族。回族在寨中建有清真寺和伊斯兰教经堂学校，有自己的阿訇，年轻人每天下午都要学习阿拉伯文。该寨三分之二的人是汉族，自称信奉"汉教"，他们养猪、酿酒，门口还挂有火腿和香肠。这些"非穆斯林"也在村寨中建有一个小小的寺庙，里面供奉着一些道教的神祇。此外，该寨还有七八人信基督教，有一位加拿大的传教士和他的美国妻子偶尔从清莱城来该寨访问一下。村寨内还设有一所小学，学校开设有泰语和汉语课程，汉语教师为本寨人，年长的几位教师受过中国传

---

① 《辅导泰北难胞须建立新观念和做法（上）》，载泰国《世界日报》（华文版）2000年10月10日第3版。

统的私塾教育，而几位年轻一点的则曾在云南读过高中。泰语教师是从外面聘请来的当地泰人。

莫特还报道说，这些云南人同当地其他民族的关系很好，尤其是同该村寨附近的一些同样是从云南迁来的傣泐人的关系特别好。他们仍称那些傣泐人为"摆夷"，许多人还娶傣泐女子为妻。该寨的一名回族首领的妻子就是从附近的傣泐人寨子中娶来的一位"摆夷"女子。他们同周围的其他民族如傈僳族、瑶族、苗族等的关系也不错。他们许多人都会讲一点这些民族的语言，而这些"山民"也或多或少懂一点汉语，甚至还认识一些汉字。当地云南人对"山民"的影响很大，莫特在调查中曾问扬子寨附近的一个瑶寨的头人的妻子，她的云南话为何说得很流利，那位头人的妻子回答说："为什么不流利？我们都是从'大朝廷'（Great Court）来的人，我们说的是'大朝廷'的话。"①

由于该村居民大多数是1949年中国大陆政权更迭时从云南跑出来的，故当时他们中一些人还持有一种"亲台"态度，村民们仍沿用"中华民国"纪年，住房客厅里蒋介石的像也同泰国国王的像并列悬挂在一起。②

另一美国学者希尔对泰北的云南人进行考察后提到，每逢节日，特别是中国新年时，村寨里很热闹。在节日里，总有客人从泰国各地赶来庆贺。③

三 泰国政府的华侨政策

在泰国的华侨，自1910年曼谷王朝的拉玛六世上台后，随着

---

① F. W. Mote, "The Rural 'Haw' (Yunnanese Chinese) of Northern Nailand", in Peter Kunstadter ed., *Southeast Asian Tribes, Minorities, and Nations*, Chapter 13, Princeton University, Princeton New Jersey, 1967.

② 《泰北探访团带温情——双十节歌声起共鸣》，载泰国《亚洲日报》（华文版）2000年10月11日第11版。

③ Boonsawart Prugsiganont, Chusri hesiripbet, "History of Yunnan Muslim Settlement in Chiang Mai"，清迈大学商业管理学院英文打印稿。

第二章　1949年以前缅甸、泰国、老挝、越南的云南华侨

侨居国政府执行的华侨政策的变化，经历了由1910年前数百年间的受欢迎、厚待和重用的景况到1910年后渐被同化、排斥和迫害的处境，直到1955年亚非万隆会议的召开，华侨双重国籍问题得到解决，泰国华侨逐渐转变为华人，由此发生了从"落叶生根"到"落地生根"的变化，泰国华人处境才渐次恢复正常。

（一）华侨受欢迎、厚待和重用的时期（素可泰王朝至曼谷王朝的拉玛六世期间）

根据史籍记载和文物考古证明：早在素可泰王朝（泰族建立的第一个王朝，1238—1438年，中国史书称为"暹国"）时代，就开始有中国人移居泰国。正如泰国历史之父——昙隆亲王所说："中国亦自兰甘亨王时代起首，开始移民来暹。"第三位国王兰甘亨在位期间（1287—1317），曾聘请中国元代500名匠人到国都素可泰城北面50英里处的宋加洛烧制陶瓷，迄今发现的宋加洛烧瓷窑共计49个。正是素可泰王朝时代招聘的这批中国技术移民，开创了此后数百年暹罗持续欢迎中国移民之先河。

泰国第二个王朝——阿瑜陀耶王朝（1350—1767）期间，移居暹罗（《明史》称"暹罗国"）华侨日多，明代张燮著《东西洋考》就说：16世纪末17世纪初的北大年港，从事商贸活动的"华人流寓甚多，趾相踵也"。侨居国亦实行尊重华侨的政策，如明代黄衷著《海语》载：在暹罗国都大城，"虽王之妻妾，皆盛饰倚市，与汉儿相贸易，不讶亦不敢乱"。

1767年，华裔郑信[①]率军打败了入侵的缅甸军队，创立了吞武里王朝（1767—1782）。王朝创建者郑信不仅对光复暹罗有功的华人将领委以重任，而且对捐献作战物资有巨大贡献的华商授予封爵。此外，他对开发地方经济有成绩、愿意为新朝效劳的华侨加以重用，并在其他方面给华侨（尤其是家乡的潮州人，在当时泰国被

---

① 赵尔丰等撰：《清史稿》卷五二八《列传·暹罗》中写作"郑昭"，中华书局1977年版。

称为"王家华人")以照顾。正是在郑信优惠政策的吸引下,在湄南河东岸的曼谷柴珍地区,开始形成华侨新商业区。

1782年,泰国第四个王朝——曼谷王朝建立。基于借助华侨人才劳力开展官方对外贸易、建设新都、管理财富、活跃商业以及垦殖、开矿、修筑铁路等方面的需要,曼谷王朝头5位最高统治者(拉玛一世、二世、三世、四世、五世)继续采用欢迎、厚待、重用华侨华人的政策。其中拉玛一世却克里于1782年建立以曼谷为都的曼谷王朝以后,即选择在曼谷原来华侨聚居的柴珍地区(今皇家田一带)建造大皇宫,雇用很多华侨工匠建筑城墙、宫殿、佛寺、桥梁等。为便利华侨商人的贸易,又谕令在三聘开建一条商业市街,这就是曼谷最古老的唐人街——三聘街。

总体而言,从古代到1910年,泰王室政府对中国移民采取了优待的政策。初到泰国的华侨,大都是单身青壮男子,不带眷属,一旦外出,即被中国封建王朝视为化外莠民,不准再回。久之,便与当地妇女成立家室。这个时期的中国移民受到泰国王室政府的优待,华侨入境不受限制,被特许免服各种劳役,解除人身依附,三年一纳的人头税也较原住民轻,可在全国各地自由经商和居住,可同泰国妇女自由通婚。泰国大城王朝(也叫阿瑜陀耶王朝,1350年至1767年暹罗国封建王朝)的法律规定,禁止泰国妇女与不同宗教的英、法、马来亚等国人通婚,但不包括中国人。一些华侨上层人物的女儿,也嫁给泰国王室和贵族,如泰国前总理克立·巴莫亲王的曾祖母便是中国人,系拉玛二世的王妃。拉玛七世王曾说:"暹罗与中国之民族,固兄弟之亲也。即以现而论,暹人之血统已与华人混而为一,至于不可分化。暹国之高级长官,无论为以往或现在,多属华裔,即以朕躬而言,亦含有华人血分在焉。"[①] 此外,泰国王室政府还对在该时期对泰国社会和经济做出重要贡献的华人

---

① 泰七世王于1928年3月20日莅临广肇会馆所办明德学校之训词,见《泰国华侨志》,台湾华侨志编纂委员会1959年版,第153页。

采取封官赐爵的政策。如中国史籍记载的谢文彬，"昔年因贩盐下海，为大风飘入暹罗，遂仕其国，官至坤岳（学士）"，并于1477年作为暹罗派往中国的贡使。① 其他一些王室包税人及华人政务司的负责人，皆由华人担任。由于这一时期泰国采取了优待华人的政策，不少华人自愿剪去作为中国人标志的辫子加入泰籍，融合于当地社会。华人能够在泰国大受欢迎，主要是由于泰人同属黄种人，有着近似的文化和宗教信仰，况且，他们与掠夺成性的殖民主义者有着本质不同，对泰国没有政治野心。中国移民作为安分守己的诚实劳动者，具有谦虚谨慎和刻苦耐劳的品质，自然受到泰国朝野上下的欢迎。

（二）华侨在泰国遭受排斥、压制和打击的时期

但到了中华民国时期，由于国际形势风云变幻，泰国政局动荡，反华势力得势，泰国华人华侨受到了排斥打击，作为祖籍国的国民政府也通过外交途径，直接交涉泰国政府，一定程度上缓解了泰国华侨华人的处境，下面，即依据文献资料，对民国时期泰国政府的华侨政策作梳理。

1. 1911—1938年，为强制同化时期。主要体现在压制侨校、征收华侨人头税、强制其入泰籍等问题。

暹罗是近代东南亚诸国中唯一保持独立的国家。1911年中国辛亥革命后，仍然南北分立，军阀混战，1927年南北分立问题解决，但在中暹关系方面，直到1946年前，都未能签订条约，设置公使和领事，使在暹华侨得到很好的保护，尽管中国方面在争取签约上作了不懈的努力。如1917年，久居暹罗的方瑞麟向北京政府建议，设法与暹罗缔结条约，以便向暹罗派驻公使和领事，正式建交，保护华侨。他在《上黎大总统书》中说："窃闻国家以人民为要素，人民赖国家以生存。故各国政府之对于国民，莫不谋正当保护之方法。其在国内者无论矣，即侨居外国者，亦莫不缔结条约，

---

① 严从简：《殊域周咨录》卷八暹罗条。

派遣公使领事，尽力以保护之。盖保护人民，即所以强固国家也。我们政府对于旅居外国华侨，为之设法保护者多矣。如英，如美，如法，如日；如德，如俄，如荷，如奥，如秘鲁，如古巴，如意大利，如比利时，即蕞尔之刚果，莫不缔结条约，派遣公使领事，以为国家之代表，而为侨民之保障。彼旅居各国之华侨，何幸如之！惟我旅居暹罗之华侨，竟未蒙政府订条约设公使、领事以保护焉。抑或不幸欤！……或谓我国政府，以暹罗向为我之附庸，若与缔结条约，互派公使领事，于国体上大有损碍云云。或又谓我国政府虽欲与暹政府订约，惟暹政府因其人民鲜旅居我国者，故被拒绝云云。由前之说，则不订约之原因在我；由后之说，则不订约之原因在彼。然欤！否欤！诚莫能悉。然而旅居暹国之华侨，因此而受损害者烈矣。"他从实业之损失，苛税之骚扰，法权之滥用，滥捐之迫勒四个方面，举例说明暹罗华侨受虐待情况。他在《上黎大总统书》中最后说："以上五端，系就其大者言之。此外，教育之横遭压抑，报馆之屡遭干涉，邮电之故意留难，轮船火车之种种虐待，尤非笔墨所能尽述。我华侨受尽种种苦痛，延盼政府设法保护久矣。囊值我国多事，未暇顾及。今幸共和再造，我大总统依法继任，内阁成立，国会复开。此次对德交涉，虽关紧要，但措词得宜，谅无意外。倾见我大总统对于华侨代表之优待，且关心华侨，确有保护之诚意。凡我侨民，欢欣无极。瑞麟旅暹日久，深知华侨疾苦，目击侨民之苦痛，怵目伤心。兹抵都门，不得不为请命。所陈各节，均就确凿之事实言之。苟有虚构，望饬有司，治瑞麟以应得之罪。所愿我大总统俯念我旅暹无辜华侨，同是国民，一视同仁，勿令向隅，讯饬内阁妥筹保护方法，早与缔结条约，派遣公使领事，稍尽保护之职，则瑞麟幸甚，旅暹华侨幸甚。"①请愿书交上去后，当时的北京政府未采取任何实际行动。

1918年，暹罗政府颁布私立学校条例，对华侨开办的华文学

---

① 《方瑞麟上黎大总统书》，刊《东方杂志》第14卷第6号，1917年6月。

第二章 1949年以前缅甸、泰国、老挝、越南的云南华侨

校实行诸多限制。条例规定，华文学校也须由暹罗人担任校长，教员必须通晓暹文，还要事先进行登记，经审查合格后才能聘用。华文学校还要把暹文、暹罗公民、暹罗史地列为必修课。校董会每年要向暹罗政府教育部报告学校情况，督学随时可以对学校进行检查，若发现有违反条例情况，则上报教育部，要求把违例学校关闭。此外，还向在暹华侨收取重税，强迫归化为暹籍，这从当时暹罗华侨商学联合会陈沅带回的请愿书可窥见一斑。其书曰："数十年前，国威未坠，待遇尚优。近则我国日就陵夷，彼亦渐行反目，江河日下矣。同旅彼土，彼乃媚欧压华，无所不至。拒我派使，勒我身税，侨民内望祖国，援手无从，始有投入英法日本等籍，籍纾眉祸者。然此不过至少部分，其大多数，独愿作中国人死，不愿为外国人生。忍气吞声，已非一日，乃近二三年来，彼更为铲尽华人之计，姑举大者告我父老。"关于国籍归化问题，"昔日华人娶暹妇所生子女，悉为华籍，今则彼法改为暹籍，此犹曰取出生地法，尚有一说。然法律不溯既往，自属通例，彼则并法律颁布以前所生之子，亦悉勒归暹籍。""幼童随其亲戚往暹，非出生地，亦概视作暹籍。童子何知，乃强令与其父兄离籍。遍求各国，无此虐例。""向例填报住户门牌，何国之人，冠以何国字样，华人与各国人等。自去年来，华人门牌姓名之上，冠以暹人字样，其他之外国人则如旧。是不认华人之有国，亦不问华人之自由意志如何，强纳三百万华侨为彼民。""我民在彼，仅为无约国人民，非无国之民也。"这里提到的泰国国籍法，是为了对抗清朝政府1909年颁布的，规定无论任何地方中国父母所生的后代都被视为中国公民的第一部中国国籍法，泰国当局于1913年颁布实施的第一部国籍法，规定凡在泰国境内出生的人，不论其父母属何国籍，均为泰国公民；[①] 而一个"品行善良和拥有相当财产"的中国人，在泰国居留时间满五年

[①] 巴硕·窝沙他攀：《泰国之华人》，《泰国的少数民族》1987年，曼谷泰文版，第35页。

者，可以申请归化。这里可看出两个国籍法规定冲突之处，还可看到泰国政府为求同化而采取的严厉苛刻措施。在办学方面，请愿书中提到了暹罗当局的种种限制："依此办法，是我侨民直不得自行办学，且不办学犹胜办学。何则？办学则势须悉聘彼国人为校长、教员，养成我后进青年皆不知祖国，只知钟爱暹国，何苦为此。然不办自学，则侨民无学无智，不惟永在彼国沦为苦役，亦且无以兴起爱思祖国之忱。""夫彼之学律，本以待其国人。世界各国侨居人国者，皆得以本国语言文字自教其子弟，英法日本在暹亦然，华人在日本、英国及南洋英、荷各属地亦然，而暹之待华，独背公例，是亦不认有华人之一证也。"道出了其强制同化的苛例。请愿书最后说："昔者彼拒派使，固无如何。今则正义人道，已在方张之时。正当要求，何能无理妄拒？况巴黎公会，正组同盟。中国与暹，俱加团体。千载一时，此机难失。沅等忝受重托，匍匐至京。已本此意，哀恳政府。顾恐识薄才疏，重滋陨越。所冀同胞共泽，协拯艰危。盾我政府，在众志之成城。哀此遗黎，应普天之同愤。暹罗华侨商学联合会陈沅、刘宗尧谨启。"① 此请愿书上交后，引起了外交部的重视，曾与暹进行交涉，但没有结果，只是暹政府取消了人头税，也算有点成果。而有关华侨减税的交涉，中暹于1920年12月15日达成了协议：①入境人头税，旧例每人应纳暹币200铢，今全免；②农税，旧例每亩于正赋外每年加征30铢，今减至10铢；③营业税，旧例年纳纯益十分之一，今减至年课二十分之一。② 华侨处境有所改善。但至1923年，暹罗又订苛例，对华人入境征重税，限制华文学校，开征营业税，所以，陈沅在第三次回国时，请求北京政府"速与暹罗政府订立通商条约，派驻公使领事于暹罗，以便根据约章，废除该国种种苛例，实行保护侨民。希望国内弭兵统一，则侨民在国外亦少受外人之欺凌"。③ 到了1930

---

① 《暹罗华侨请派公使驻暹通启》，刊《东方杂志》第16卷第6号，1919年6月。
② 《中暹减税交涉结果》，刊《东方杂志》第18卷第1期，1921年1月。
③ 《暹罗华侨代表请愿》，刊《南大与华侨》第1卷第4期，1932年12月。

年,暹罗华侨互助社岭东分社又呼吁中国政府设领护侨,其给中央侨务委员会的呈文说:"查侨众之旅居暹罗者,较之各地为多,而暹政府之虐待我侨,亦较之其他各地为尤酷。对于华人之入口,必须经其验目量身,印盖指模等事,并须缴纳入口税25铢,及全年身税6铢,然后始准入口。而其所谓验目之举,尤为黑暗。无论有无目疾,动辄任意拘禁,驱逐回国。苟有金钱运动,即有目疾者亦准登岸。其卫生检验之医官,实为勒索华人之污吏。"

"近来华人入口之被拒者甚众,积极排斥我华侨之优秀分子,冀达其同化政策之野心,已昭然若揭,无可为讳。倘我政府不急谋对付,则旅暹数百万之侨胞,实属危险堪虞。用敢叩恳钧会速赐函外交部速予交涉,将所有一切不利于华侨之苛例概行取消,订立中暹商约,派领设署,保护侨众。"① 可见,在辛亥革命后的二十多年时间里,中暹一直没有建立起正式的外交关系,设领护侨成了一句空话,导致在泰国的侨胞境况每每恶化,这或可说明,祖国确是广大侨胞的坚强后盾。

2.1938—1944年,泰国銮披汶上台,奉行亲日排华政策。

銮氏上台后,大力排华,民国《云南日报》曾刊文说:"近来,暹罗排华日甚,以是侨胞归国者日多,其归国之唯一出路,仅有来滇一途,其汇寄回国之款项,已逾千余万,各情已志本报,据昨晚由暹返国之国民党驻暹总支部执监委陈寄卢,吴碧岩,梁伟欣,华侨日报社代表李慕逸诸君语记者,最近暹罗排华犹厉,吴梁两君以在暹努力种种救国工作,致遭暹政府拘捕,本年七月下狱,于上月始被逐出境,乃经港联袂返国,至陈君因在暹努力革命工作三十余年,今已被迫返国,拟于日内即将拜唔本省党政当局,并赴渝向中央报告,最近暹政府又大事逮捕我救国志士,并将本年七七献金之人数传审二千余人,将悉数判令出境,其在暹领导侨胞拥护

---

① 《为旅暹华侨请设领署》,刊广州《民国日报》1930年8月30日,转引自《华侨与侨务史料选编》(广东)第1册,第779页。

抗战之陈守明先生，曾一度遇刺，今日离暹赴新加坡，又暹罗中华总商会主席蚁光炎，昨亦被拘，闻现已保出候讯，行动已失自由，一般侨胞，无不急欲返国云。"① 从报载中可看出，泰国当局的排华已到了杀害侨胞领袖，肆意逮捕华侨的程度，报中提到的蚁光炎，于1939年11月23日遭暗杀，11月28日，中国政府发布了对蚁光炎的褒扬令："暹罗中华总商会主席蚁光炎，侨界耆宿，卓著声望，平素热心公益，爱护宗邦。自抗战军兴，领导侨胞，努力捐输，尤具忠悃。近回国抒陈，所述颇多中肯，正拟简任侨务要职，籍资赞襄。不意返暹不久，乃突遭残害，殊为惋惜，应予特令褒扬，用彰卓行，而厉来兹。此令。"② 同年11月29日，国民政府领袖蒋介石致电泰国銮披汶政府，要求其采取措施维护在泰国的华侨权益，电文说："中泰两国之关系，因地理接近，与经济需要，向极亲切。巩固此项关系，将必对于亚洲大陆产生一甚大之安定力。余对于贵国近年来之成就，素极钦佩。此种成就，实为亚洲各民族所引以自豪者。想阁下亦必以同情与谅解，注意我国现有之事态。余深感吾二大民族有相同之命运。

中国民性素系爱好和平，遵守法律。在泰之中国侨民，亦均勤劳操作，各尽良知。其所以择居贵国者，要不过获取其本身之正当生活，并对泰国之福利与繁荣，贡献其应尽之职分，固别无其他目的。彼辈年复一年，代复一代，在泰国和平居住，与泰国人民往还相待，实为吾二国传统的友谊，建立坚实之基础，并将更趋巩固。

为此种种理由，余特请泰国政府，对侨居泰国之中国人民，给予充分之保护，并仍如昔日之允许其从事合法事业，而不受干扰。当我国现丁国难之际，贵国政府对于中国侨民采取保护办法，自将为中国政府与人民所格外感激，而益助成中泰两国之相互利益。"蒋介石的电文，主要从中泰间的传统友谊、泰国华侨的作用、当时

---

① 《暹罗排华日烈》，刊昆明《云南日报》1939年11月19日。
② 重庆《新华日报》1939年12月6日。

国情等方面，呼吁泰国政府保护泰国华侨。同年12月7日，銮披汶电复蒋氏，对泰政府限制、迫害华侨作了辩解，其文曰："阁下11月29日之来电，业经奉悉。余对阁下所表示之亲善之情绪，谨致谢忱，并愿报以同样之情绪。贵我两国之关系，极为密切亲睦，自古已然。此项悠久之友谊，惟有随同相互往还与临善关系之发展而益趋巩固。

泰国宪政政府，既正从事于建国工作，对于国际合作价值，自知重视。贵国侨民在过去及现在对泰国福利繁荣上给予之最可贵的贡献，自亦深为感荷。

此等中国侨民，作如是之贡献于吾人者，诚如阁下所云，乃爱好和平，守纪律，凭其良知，辛勤操作，除为谋其正当之生活外，并无其他目的，而此辈侨民，实占最大多数。但近有不肖之徒，从事非法活动，妨碍我国公共秩序，并危害贵国良善侨民之生命财产，我方乃不得不采取必要的制止措施，专以应付此类违法举动。

泰国政府如此所采之措施，其目的正如阁下之愿望，乃为对侨居泰国华侨之生命财产，予以充分之保护，并许其从事其合法事业，而不受干扰。余在11月18日广播演说中，曾对在泰国之中国侨民详细说明整个事实，所有一切可能之误会，当已尽行消释。

泰国政府曾一贯的宣告其对于各国毫无轩轾的友好政策，泰国对居留其国内的外人生命财产，均一律予以充分之保护，并一视同仁，许其从事于合法事业。中国侨民，因与泰国人民有悠久历史的友谊，吾人视之，恍若兄弟。兹余可向阁下保证。泰国政府必恒久注意保护贵国在泰侨民之生命财产，并许其在泰国境内任何处所从事于合法事业。"[①] 銮氏在电报中所说与其行为并不一致，因为泰国此时在外交方面奉行亲日政策，甚至同日本法西斯缔结军事同盟，因此其推行排华政策也是事出有因。

---

① 中国第二历史档案馆整编，万仁元、方庆秋主编：《中华民国史资料长编》，南京大学出版社1993年版，第57册，第99—100页。

3. 1946年，中暹友好条约签订后，华侨处境有所改善，1949年后，中国政府不懈努力，随着双重国籍的解决，泰国对华侨的政策进入新的发展时期。

1945年，中国的抗战取得胜利，而与泰国交好的日本成为战败国，"由于中国是战胜国五强之一，二来中国对泰表示好感，愿在联合国助泰摆脱战败国地位；同时在九·二一事件方面作出让步，不要求政府赔偿损失，遂使建交谈判进行特别顺利，在极短时间内，双方即签订中暹友好条约"。① 而在1946年1月，暹罗政府更迭，乃宽·阿派旺取代了社尼·巴莫，担任政府总理。中暹友好条约规定两国正式建交，互派外交代表，派驻领事官员。条约中，华侨处境大为改善，如暹政府声称："在暹罗之中国侨民，在暹罗全境内，将与任何他国人民享有同样经营各种商务、贸易或工业及居住之权利。""在暹罗之中国学校亦将享受不低于对任何他国国籍之学校所给予之待遇。查初等教育在暹罗系属强迫性质，在初等教育之学校内，所有儿童均应学习暹罗文，但在该项学校内给予适当机会及必要之钟点，以教授一种外国文，亦同属暹罗国王陛下政府之意旨。在中学校内教授各种外国文，则暹罗国王陛下并无加以任何限制之意。"关于移民问题，暹政府宣称："（甲），缔约任何一国为制定移民章程而实施限制时，其为确定每年属于彼缔约国人民之移民限额所采取之基准，将为其他国家为同样目的所通常采取之基准，例如对于彼缔约国人民在有关国家内所有之入口数额，应予顾及。（乙），凡移民所应缴纳之入境费用，应按其字义确属一种费用，不得使其在实质上成为一种捐税，亦不应许其含有寓禁于征之性质。凡非属移民之彼缔约国人民，于其并无在此缔约国内居住之意而进入时，则不得对其要求缴纳入境费用。（丙），缔约任何一国政府对于来自彼缔约国领土之移民，不拟实施教育上或读写

---

① 《李铁铮博士会见记》，见李铁铮《敝帚一把》，湖南人民出版社1984年版，第317—318页。

能力上之测验。"① 对此前惯征的人头税作了限制。

上述条文的确在一定程度上保障了华侨权益，但是，由于华侨的双重国籍问题没有解决，在具体施行时，涉侨事务的交涉仍不少。如1947年7月1日出版的《粤侨导报》上刊登的题为《暹罗侨胞生活动态》的文章指出："自中暹互派使者后，双方当局都竭力寻求谅解，提倡亲善，情形可说是逐渐改善了。多年来受尽白眼冷酷无情的逼迫的善良的侨胞，到今天才算开始过他真正的侨民生活，这在他们当然是雀跃莫名。"然而，实际情形也有缺憾，如规定华校每周只能教授5小时华文，所有教师均须经过暹文考试。后经多次交涉，才改为每周可授华文12小时，非教暹文的教师可免试暹文。② 在华人移民方面，泰国政府也作了限制，如1948年11月，泰国政府决定，1949年，中国向暹罗移民的限额由原来的1万人降为200人。③ 新中国成立后，泰国政府一度追随美国，致使中泰关系阴晴不定，甚至恶化，华侨华人亦深受其害，直至1975年7月1日，双方签署联合公报，声称："中华人民共和国政府宣布他们不承认双重国籍……对自愿选择保留中国国籍的在泰国的中国侨民，中国政府按照其一贯政策要求他们遵守泰王国法律，尊重泰国人民的风俗习惯，并与泰国人民友好相处。他们的正当权利和利益将得到中国政府的保护，并将受到泰王国政府的尊重。"此后，大量华侨实现了由华侨向华人的转变，融入泰国社会。

由上述可看出，自古代至1911年，华侨因其勤劳、善良、为泰国经济社会的发展竭力贡献聪明才智，受到了当地人民欢迎，民国以来，因国际形势的变化，泰国政府的政局动荡，华侨因中泰关系的起伏而饱受其害，而国民政府一向采取爱侨护侨政策，为保护

---

① 王铁崖：《中外旧约章汇编》第三册，生活·读书·新知三联书店1957年版，第1356—1357页。

② 广东省档案馆：《华侨与侨务史料选编》（一），广东人民出版社1991年版，第785页。

③ 《侨声》第19期，1949年1月出版，第4页。

海外赤子不遗余力,针对泰国政府的排华政策进行了交涉和干预,一定程度上缓解了泰国华侨的处境。1949年中华人民共和国成立后,泰政府追随美国,导致排华事件仍层出不穷,此后,随着1955年亚非万隆会议的召开,随着新中国的国际威望与日俱增,泰国政府的华侨政策有所缓和。随着双重国籍的解决,两国于20世纪70年代建交后,泰国华侨逐渐归化于当地主流社会,实现了由华侨社会向华人社会的根本转变。

第三节 云南华侨在老挝的经济活动与社会生活

一 云南华侨寓居老挝的历程

老挝地处中南半岛中部,是东南亚唯一的内陆国家,除与越南、柬埔寨、泰国接壤外,还与我国云南接壤,有580公里的共同边界。同东南亚其他国家相比,老挝国家的历史有其特殊性,主要表现在直到公元14世纪,老挝地区才建立了一个统一的中央集权国家。在此之前,老挝地区小国林立,时隐时现,沿承关系相当复杂。

云南人是什么时候开始出现在老挝的?目前还没有确切的记载。但一般认为,在云南商人前往缅甸和泰国做生意的时候,也有一些人去了老挝。① 亦即在公元前4世纪西南丝绸之路开通时,随着中老交界地区边民的交往增多而流寓老挝。但有确切史料记载云南人定居老挝的时间是在明代。明朱孟震《西南夷风土记》云:"缅甸、八百、车里、老挝、摆古虽无瘴而热尤甚,华人初至亦多病,久而与之相习。"由于古代边疆地区各种事件不断,导致云南西双版纳和思茅地区的人民迁移老挝。如雍正四年(1726),在西

---

① Joachim Schliesinger, "Ethnic Groups of Laos", Vol. 4, *Profile of Sino – Tibetan – Speaking Peoples*, White Lotus Press, Thailand, 2003, p. 18.

南地区实行了大规模的改土归流。云南南部澜沧江下游以东的镇源、威远傣族地区，进行了反改土归流的斗争。斗争被镇压后，清军趁势南下，直到勐腊，"焚栅湮沟，深入千里，无险不搜"，① 到处屠戮，就近逃入老挝的兵民不少。对此，清·魏源在《雍正西南夷改流记》中记载："（清军）进剿澜沧江内孟养、茶山上夷，诸蛮惊谓'自古汉兵所未至者也'，兵至循缅，兵退还巢，自明以来无善策"，"鄂尔泰于六年五月，连破险隘，直抵孟养……于思茅、橄榄坝各设官戍兵，以扼蒙、缅、老挝门户"，即反改土归流的傣族兵民，在清军追剿下，有的逃入了老挝，由于归道有清军戍守，为避清廷迫害，遂留居下来，成了华侨。另据《（道光）普洱府志》卷十八载："车里地接缅甸、南掌、交趾三国，素颇相亲。……车里有事，其民或流寓各国，而各国必借资粮糗养赡，事定遣还。各国有事，其民或流寓车里，而车里报施亦然。"如雍正六年（1728），西双版纳橄榄坝的地方酋长率部反清，有数万人逃到南掌。次年事件平息后，尽管南掌国王岛孙派人护送这些人返回，但其中留居的人当不少。由于中老边境犬牙交错，历史上还有不少少数民族迁入老挝。如《中国跨界民族》一书认为，在1810—1820年，苗族开始移居老挝。苗族进入老挝的其中一条路线是经云南江城县，进入老挝乌都姆塞省，琅勃拉邦省——万象。在迁徙过程中，苗族和瑶族往往是结伴而行。学界一般认为，瑶族在18世纪从中国南方迁入老挝，如富米·冯维希曾指出：苗瑶等民族"于18世纪初叶从中国南方迁移到上老挝的各省"。② 另一老挝学者坎占·巴迪认为，"苗族和瑶族于1840年开始从中国南方来到老挝"③。而瑶族迁入老挝的主要路线：一是从中国云南的勐腊县进入老挝琅南塔省和乌都姆塞省；二是从中国云南的江城哈尼族

---

① （清）魏源：《西南夷改流记》，第149页，见《小方壶斋舆地丛钞》第八帙。
② ［老］富米·冯维希著：《老挝及其胜利地反对美国新殖民主义的斗争》，载《老挝爱国统一战线》1970年。
③ ［老］坎占·巴迪著：《老挝外交史》，万象出版社1971年版。

彝族自治县进入老挝的丰沙里省和琅勃拉邦省；再一条是从越南的莱州省和山罗省进入老挝丰沙里省、琅勃拉邦省和桑怒省。据现移居美国加利福尼亚州奥克兰市的瑶族赵贵珠先生讲述："我们的祖先在广西居住了四代，到赵明一朗时，从广西迁入交趾（越南）居住了一段时间，因地方太乱，住不安然，回去的人有的逃去老挝，有的逃去泰国，我们的祖先又逃回中国云南勐腊，1951年又从勐腊返回老挝。"① 至于老挝的倮倮族，即我国的彝族，都是从中国的云南省迁去的，《中国跨界民族》一书说：老挝的倮倮族主要是在1874年中国云南李文学领地的彝族农民起义被清军击溃之后，起义失败的群众被迫迁入丰沙里省北部。② 而勐乌、乌德原是十二版纳（西双版纳）中的一个版纳。1895年清政府把勐乌、乌德划给法属老挝时，有一些傣族从勐乌、乌德迁到勐腊，其余傣族和其他民族就留在了老挝。③

清末到民国，滇南人到老挝经商者日多。据《红河县志》记载，宣统末年（1911），迤萨武举冉师孔，弃武从商，在其带领下，开通了到老挝川圹的商路。一部分人在川圹定居下来，成为红河的第一代华侨。如安邦村邵恒泰即在此开设恒泰昌商号，成为红河华侨中的第一家坐商。民国元年（1912），迤萨胡松昌、大羊街高有顺继续向老挝境内深入，打通了通往老挝桑怒的商路。从此，由迤萨到老挝川圹、桑怒形成一条马帮之路，直到新中国成立初期才中断。因老挝境内地势平缓，坝子较大，故境内人称去老挝做生意为"下坝子"。

民国元年（1912），国民政府下令禁烟，大烟价格暴涨。广东人由河口乘船沿红河而上，到迤萨抢购大烟。迤萨人乘此机会，合伙筹集资本，用马驮着半开到墨江一带收购大烟运来本地贩卖，获

---

① 转引自《国际瑶族概述》，广西人民出版社1993年版，第284页。
② 金春子、王建民：《中国跨界民族》，民族出版社1994年版，第218页。
③ 云南省编辑委员会：《西双版纳傣族社会综合调查》（一），云南民族出版社1983年版，第91页。

利甚丰。之后，迤萨、大羊街等地各路商人，纷纷组成人马帮子，到老挝桑怒销售大烟，带回法币再兑换成半开，获利约三成。本地人称此为"走烟帮"。出国帮子，或驮运土布、布鞋、布帽或携带铜锅、条铁、丝线等土杂产品，到中老边境一带与当地苗、瑶、阿佧等少数民族换取大烟后，再转运到老挝桑怒销售。有的把所驮的土杂百货运到老挝琅勃拉邦的苗、瑶少数民族山区，兑换鹿茸、虎骨、虎胶、熊胆等山货药材，运回昆明等地贩卖。此间，"下坝子"人员在老挝侨居者逐渐增多，定居者除汉族外，还有哈尼、彝、傣等民族。

民国期间，迤萨出国之风盛行。迤萨有句名言："出门"，即"下坝子""走烟帮"。特别是在民国十七至三十六年（1928—1947）间，凡男子（小至15岁，大至60余岁）皆"下坝子""走烟帮"，几乎无一例外，否则被视为懒汉或不成器的人。故迤萨有"三多"之说，即男子出门的多，寡妇多，金子多。许多妇女思君不见归，便像当年孟姜女一样，不辞辛劳，外出千里寻夫。如民国八年（1919），李翠妻杨氏，带着两个女儿长途跋涉到老挝川圹寻夫，就说明迤萨许多男子侨居于老挝。时人有感于此而作的《寻夫调》说：

> 单妇女，携双女，外邦寻夫。
> 从斐脚，雇只船，直到边关。
> 过老街，乘火车，直达安南。
> 到外邦，语不通，用手比划。
> 到关卡，无证件，终日留连。
> 托亲朋，寄信件，望夫来接。
> 夫得悉，急备马，日夜兼程。
> 到川圹，合家欢，夫妻团圆。①

---

① 云南省红河县志编纂委员会编纂：《红河县志》，云南人民出版社1991年版，第543页。

民国三十年（1941），内地缺乏大烟，烟价上涨。建水等地的商人纷纷到迤萨抢购大烟，境内再次掀起"下坝子""走烟帮"的高潮。这一时期，经营大烟生意者更多，为"下坝子""走烟帮"的鼎盛时期。帮子出入往返山间驿道终年不断，侨居老挝的华侨再次增多。

民国三十六年（1947）底，国内局势动荡，烟帮生意逐渐萧条。1949年末，红河即将解放前，境内部分商人颇多疑虑，遂将资本转到老挝等国，并定居国外经商，或从事其他行业。

二 云南华侨在老挝的经济活动和社会生活

（一）职业构成

老挝的云南华侨大多住在湄公河沿岸的城市里，以经营商业为主，许多人用纺织品、盐、烟草等与当地人交换安息香、藤竹、柚木等土特产品，还教老挝人制酒醴、养蚕丝之法，帮助老挝人发展酿酒业和丝织业。到清末和近代初期时，云南等地的马帮商队遍及老挝各地，只是驮马为骡子和牛所代替。由于老挝北部多为山区，交通十分不便，所以，当地人需要的一些日常生活用品如食盐、布料等，全靠华侨商帮提供。19世纪中叶法国人摩奥在老挝北部旅行时写道："老挝这一区域（自身）几乎没有商业存在。居住在暹罗的中国商人到不了那么远的地方，原因是他们用大象驮运所有的货物，其费用相当可观。每年都有一支来自云南和广西的商队，大约由100人和数百头骡子组成。他们其中一部分前往景陶，其余前往湄南河流域和清迈。"[①]

在老挝北部接近云南的地区，仍可看到云南的商队。如法国人F. 安邺1867年初从今老挝南部的巴沙北行时写道：到云南边境时，"沿途所遇客贩甚多，铅、棉、烟、茶俱以牛载，结对成群，

---

① [法] M. H. 摩奥：《印度支那中部（暹罗）、柬埔寨和老挝游记，1858，1859和1860年》，伦敦，1864年英文版，第134—135页。

第二章 1949年以前缅甸、泰国、老挝、越南的云南华侨

咸从杭镇（即景洪——引者）而来"①。

在老挝北部尤其是西北部一带，已和缅甸的景栋及泰国东北部接界，这一区域所销售的货物，大多由云南商帮从四川、云南、大理等处贩来。F. 安邺写道："丝货、风车、帽蓝等件，从四川贩来，银珠从大理贩来，水烟、胡椒、五色纸从广西贩来，绒毯与铜从云南府贩来，土产之漆与大宗之盐从普洱梦呼堆贩来。此两处深入内地，并产罂粟与茶，盐价每60公斤值银4法郎，贩于克线当（景栋）一带，运归棉货销于思茅。"②

从上述可看出，云南华侨商帮在沟通中外物资交流方面发挥着积极的作用，正如法国人安邺在《柬埔寨以北探路记》中所说的"若无中国人与之贸易，则几与处处隔绝不通"的状况。到了民国时期，滇南华侨"下坝子""走烟帮"的经商之风更是长盛不衰。另外，也反映了从四川经云南到老挝的丝绸之路已和蜀身毒道在云南南部地区汇合在一起。从云南到老挝，除有陆路可通外，到了近代，湄公河—澜沧江也构成了西南丝绸之路的一个组成部分。

在老挝定居的云南华侨，有的在城镇经商，有的开始从事农业生产。③ 他们使许多荒山野岭变成了农田、果园、茶场。华侨茶农还利用富散山区的野生茶的嫩叶，烘制出了老挝特有的"镇宁茶"。

在老挝农村从事农业生产的云南人的村庄都建盖在河谷和低地，每个村庄一般都有30—50户人家。村庄房屋的建筑式样依然与云南坝区汉族或回族民居的传统建筑式样一样，每户房屋都由好几间房屋构成，还有院子、天井等。村庄均有道路与外界相连，村庄周围是他们耕种的水田。④

这些从事农业生产的云南人除了种植水稻以外，还种植苞谷、

---

① [法] F. 安邺：《柬埔寨以北探路记》，译者不详，清光绪十年铅印本，卷五。
② 同上书，卷六。
③ Joachim Schliesinger, "Ethnic Groups of Laos", Vol. 4, *Profile of Sino – Tibetan – Speaking Peoples*, White Lotus Press, Thailand, 2003, p. 17.
④ Ibid., p. 23.

茶、洋芋、蔬菜、水果等作物。一些云南人还饲养水牛、黄牛、鸡、鸭、火鸡、山羊等家禽和家畜。汉族还养猪，如果村子附近有河，他们也到河里捉鱼，作为补充。①

（二）社区、社团情况

祖籍云南的华侨多分布于丰沙里、华潘、川圹等上寮地区。无论在城镇还是乡村，都聚族而居。如民国二十年（1931）后，红河华侨在老挝桑怒摆摊开店者甚多，形成一条"迤萨街"，生意做得较为活跃。在乡下的华侨，多以村落为聚居区，每个村庄一般都有30—50户人家。

至于社团情况，居住在老挝的滇侨，在老挝省城都成立了"华侨帮会"。其宗旨是：协调华侨内部关系，调解纠纷；向当地政府办理华侨户籍和传达当地政府有关规定；购买华侨基地、公墓地，筹资举办华侨学校；动员侨胞捐赠钱物救国、赈灾等。

红河华侨在老挝川圹、桑怒省的历任帮长是：

川圹省 第一任杨用臣，第二任邵恒泰，第三任杨从广，第四任邵明理，第五任改为理事长（正职广东人），副理事长邵金科。

桑怒省 第一任高有顺，第二任胡松昌，第三任王进，第四任李官厚，第五任孙和章，第六任杨秉来，第七任杨影生，第八任王伍。

居住在琅勃拉邦省的红河华侨不多，王顺光、杨元升当过一段时间的华侨帮长。

（三）文化生活

老挝边境地区的各族人民称中国为"大朝"，说他们的祖籍在今蒙自、个旧、临安一带。按其习俗，寿终正寝，须以中国土布所制的衣服、长袍、马褂、布鞋装殓。他们认为只有这样，灵魂方能回归"大朝"。不难看出，保持这种习俗的边境人民有的就是早期

---

① Joachim Schliesinger, "Ethnic Groups of Laos", Vol. 4, *Profile of Sino - Tibetan - Speaking Peoples*, White Lotus Press, Thailand, 2003, p. 25.

云南移民的后代。

关于老挝云南人的宗教信仰,居住在同一个村庄里的云南汉族有的是大乘佛教信徒,有的是道教信徒,还有的是儒教信徒。① 实际上,这是云南汉族乃至中国其他地区汉族共同的特点,即在宗教信仰上佛教、道教和儒教都信,但是没有一个固定的信仰。

在云南回民的村子里,除了村长以外,还有专门掌管宗教事务的阿訇。但老挝云南回民的村庄并没有单独的清真寺,他们只是在家里的墙上悬挂着阿拉伯生产的伊斯兰教风格的壁毯,以此来表明他们的信仰和身份。②

无论是汉族还是回族,这些定居在老挝的云南人依然保持着过春节、清明节和中秋节等中国传统节日的习俗。在春节期间,所有云南人开的商铺都歇业三天。清明节时,到亲人的坟墓去上坟。中秋节也吃月饼。如果是云南回民,则除了过上述节日外,还保持着过伊斯兰教的节日习俗,例如,在伊斯兰教的斋月期间,老挝的许多云南回民还坚持"把斋"。③

此外,大多数定居在老挝的云南人仍然不会说老挝语,即使是居住在老挝农村的云南人也不会说,依然说着他们各自的云南方言。而且,云南方言也是他们同老挝北部和云南境内许多其他少数民族交流的通用语言。④

三 老挝的华侨政策

从公元1世纪前后老挝地区出现国家直到清代,位于今老挝北部的诸多古国都敬慕中华文明,敬重中国的国力强大,与中国保持着"朝贡贸易"关系。国家关系一向友好、融洽。与此同时,民间

---

① Joachim Schliesinger, "Ethnic Groups of Laos", Vol. 4, *Profile of Sino – Tibetan – Speaking Peoples*, White Lotus Press, Thailand, 2003, p. 27.

② Ibid.

③ Ibid., pp. 27 – 28.

④ Ibid., pp. 17 – 19.

交往不断。入老华侨历来与侨居国人民和睦相处，遵守该国政府法令，尊重当地人民风俗习惯及宗教信仰，同当地人民结下了深厚的友谊。不少华侨与当地妇女结婚，共同生活，感情融洽，共同促进了老挝的社会进步和经济发展。漫长的历史进程表明，在20世纪50年代以前，中老两国人民没有发生过不友好或冲突的事件。因而该时期前的入老华侨是受到欢迎和尊重的。

老挝交通不发达，与外界接触不多，信息相对闭塞；加上经济落后，导致移居老挝的华侨远不如移居缅甸、泰国、越南、柬埔寨那样多，移民多数也是从越南、柬埔寨、泰国移居过来的，而直接移居老挝的华侨主要是来自云南和广西。长期以来，老挝华侨华人的人数未超过全国总人口的2%。1893年老挝成为法国的保护国，法国殖民者为拓展经济，开发资源，极需大量的劳动力，为此，法国政府利用种种优惠办法，如允许中国移民无偿开垦土地、免征出入口货物税、自由出入境等，以吸引更多的华侨华工移民老挝，并鼓励过去移居越南及柬埔寨的老挝华侨重返家园。从19世纪末法属时期开始，移居老挝的华侨日渐增多，约有5000人。20世纪初，由于法国殖民当局限制华侨进入印度支那地区，老挝华侨人数从1921年的6710人降到20世纪30年代的3000人，锐减一半。第二次世界大战后，迁往老挝的华侨逐年增多，约有6.5万人。[①]他们为老挝的经济发展和社会进步做出了人力、智力上的贡献。可见，法国殖民者统治期间（1893—1940），老挝采取了招徕和利用华侨的政策。

第四节　云南华侨在越南的经济活动和社会生活

笔者在研究越南的云南华侨时，遍检相关资料，但竟无一篇专

---

① 周南京：《华侨华人百科全书·历史卷》，中国华侨出版社2002年版，第234页。

门论及云南华侨在越南的文章，不禁有研究空白之感，这也或可说明，历史上侨居越南的滇侨人数不多，越南自然不是滇人侨居国外的首选之地。造成在越滇侨较少的历史原因当有以下几点：

滇侨在越南的数量因滇越贸易规模小而入居不多。元、明、清时期，云南对外贸易对象发生了很大改变：滇印贸易基本中断；滇越贸易不振；而滇缅贸易急速发展，十分昌盛。越南是云南传统贸易伙伴，从汉、晋以来两地经济互补性极强，曾发展为极其繁盛的以云南畜产品换取安南海产、舶来等生活资料、生活用品的贸易。但是后来安南独立，交州港不再属于中国港口，海外客商也较少利用它同中国内地贸易，交州港急剧衰落。加上南诏、大理时期，受云南割据政治的影响，两地间的传统贸易严重受挫。

此外，滇越陆路交通的改向也是造成滇侨在越南数量下降的因素。1285年，元朝在自今广西南宁经越南河内达其中部的道路设驿站，以后中南半岛南部诸国与中国内地的陆路交通，由主要是通过云南，改为走经越南与广西北上的道路。从此，元明清中央王朝加强了中国内地同安南的通道建设，并严格规定安南进贡和民间贸易，一律改由广西进行，进而禁止云南边民与安南的贸易。但是，边民间的经济贸易并未完全中断，只是受到了很大的限制。相应地，侨居越南的云南商民就很有限。

尽管有关在越滇侨研究的专文欠缺，但中越史料中却不乏相关的零星记载，笔者不揣冒昧，尽力将这些资料辑出，略加整理，权为研究分析古代至近代以来的在越滇侨。

一　云南华侨寓居越南的历程

越南地处中南半岛东部，东面和南面临海，北部与我国云南、广西接壤，西部与老挝和柬埔寨为邻。越南古称"交趾""安南"，其北部和中部的郡县原属中国封建王朝管辖，南越称南圻，中越称安南，北越称北圻。早在秦汉时期，中越就有了交往。在交往过程中，中国各族有的就移居越南。其中汉族迁入越南的历史较为悠久，每个朝代都有向越南移民的。因此，有的学者说："越南人，本身就是汉人与当地土著的融合体。"① 而从更加具有完整意义的华侨华人的角度看，居住在越南的中国移民成为华侨，则是在公元968年，宋开宝元年，越南独立建国之后。

史籍确载云南人移居越南的时间始于元代。元朝时，曾与安南和占城发生战争，元军战败后，大批被俘官兵就在当地定居下来。而元军三次出兵都是从云南、广西入越，这其中云南人当不少。进入明代，安南封建统治者，利用宗藩关系，麻痹明朝中央政府，不时地侵扰我国广西、云南边境，掳掠人口。如1405年，侵入云南宁远州猛慢地区，"掳掠人民畜产，征纳差发，驱役百端"。1474年，入寇云南广南府富州，"攻劫边寨，惊散人民"，明成化四年（1468），越南后黎朝侵犯云南的临安、广南等地区。明成化十五年（1479）侵犯云南蒙自地区等。② 这些冲突中被掳掠的云南边民自然就成了华侨。此外，明初的对越战争中，也有很多云南人征战未归留在越南。如明朝永乐年间对越南的战争，战后留在越南的中国官兵不少。由于战争中明朝几次出兵越南，都是从广西、云南入越。如永乐四年（1406）10月，由张辅率领的一支明军由广西入越，由沐晟率领的另一支明军由云南进入越南；永乐六年（1408）年底沐晟率军从云南入越；宣德二年（1427）1月柳升、沐晟率军由广西、云南两路进击越南黎利等。明朝多次调集征讨越南的军队中就有不少云南的官兵，如1426年10月王通领兵5万征越，"云南军一万先至，直抵三江，顺流而下"。③ 因此，如果说明朝征越未归的人数有数以万计的话，那么其中就包含着许多的云南军民定居在越南，成为华侨。

入清后，清廷虽然实行闭关自守政策，但并未能阻止华侨移居

---

① 古小松：《关于21世纪初中越关系的思考》，《学术论坛》2000年第3期。
② （清）张廷玉等：《明史》卷321，《安南传》，中华书局2011年版，第8328页。
③ 《大越史记全书》本记实录卷1，《黎记》一，摘自中国社会科学院历史研究所编《古代中越关系史资料选编》，中国社会科学出版社1982年版，第332页。

第二章 1949年以前缅甸、泰国、老挝、越南的云南华侨

越南。仍然有为数众多的华侨经由海路或陆路到越南谋生，他们大多以经商、开矿、务农等为业。对于西南边境的云南，清政府更是鞭长莫及，事实上，民间边贸往来一直在进行，只是规模不大而已。滇南的开化府、临安府和思普厅地区贸易盛行，主要是中国商品输入越南，其间就有少量的商人流寓越南。正如广西巡抚熊学鹏奏称的："……又圣朝怀柔藩服，不禁通商，其出关脚夫人等穷困流寓……"① 此外，外出开矿的云南人也很多。因为"……安南一带山场多产五金，送星银厂矿砂旺盛，夷民不谙采炼"，所以，"向为内地民人开挖"，② 以至"一厂拥夫至以万计"，③ 如："宋星厂（在太原通州）聚五千余众，自应押令回籍。惟是人数既多，利之所在，各不愿弃置归家……"可见，内地民人外出开矿牟利者很多。如乾隆四十年谕："云南巡抚奏：广南府与广西省镇安交界地方，拿获窜入滇境匪徒古鸿伟等十八人，讯系从交趾送星厂逃回等语。"④ 就说明古鸿伟等十八人此前是从云南外出到越南送星厂去挖矿的华侨。1884—1885年中法战争期间，岑毓英率滇军到越南会同刘永福的黑旗军一道作战，战后，刘永福奉命回国时，尚有数千名乃至近万名黑旗军官兵及其家属留在越南而定居下来，这当中有不少是滇越边界地区的滇人，如《马关县志》第584页记述："……有马关籍人加入黑旗军赴越南与法军作战，战后部分人未回国而定居越南。"1885年中法战争结束后，在中越界务会谈和勘定中，为了换回明朝时被越南侵占、后由雍正皇帝赐给安南的都龙、南丹地区，据《清德宗实录》卷24载：中方于1887年6月30日（光绪十三年五月初十日），"将猛梭、猛赖一段划归越界"；

---

① 乾隆四十年五月二十八日，《军机处录副奏折》，转引自杨煜达《清代前期在缅甸的华人》，《华侨华人历史研究》2003年第4期。
② 乾隆四十年十月二十日，《军机处录副奏折》，转引自杨煜达《清代前期在缅甸的华人》，《华侨华人历史研究》2003年第4期。
③ 《越史统检纲目》卷四三。
④ 《清高宗实录》卷988，摘自云南省历史研究所《清实录 越南缅甸泰国老挝史料摘抄》，云南人民出版社1985年版，第93页。

光绪二十一年三月（1895年4月），清总署将勐蚌划归越南，勐洞"换归"中国。于是，中国云南临安府建水县所属的三勐（今越南莱州省之大部分）及南丹山以南直至大赌咒河的广袤地区沦入法人之手，土地上的云南各族人民则因划地而成了在越华侨。

清末至民国时期，有许多云南人流寓越南。如据《马关县志》第584页说："越南沦为法国的'保护国'后，法国诱使越南民众种植罂粟，县内边民亦有人到越南种植，尔后定居越南，成为华侨"，"民国时期，马关迁入越南的边民较多，原因有四：一是国内遭灾外逃谋生；二是出国经商；三是无力承受国内苛捐杂税而外迁；四是为躲避国民党政府抓兵。这些人大部在越南定居，也有少数人移居第三国。"

又如红河迤萨，地近越南，经河口至越南莱州（水路），行程仅7—10天，取陆路经绿春到越南莱州，行程也仅12—15天，① 近便的地理位置，使迤萨人到越南"下坝子""走烟帮"的不少，有的还在越南开设商号，如顺天昌、宗兴昌、光华昌、同义丰等。②

民国三十年（1941），内地缺乏大烟，烟价上涨。建水等地的商人纷纷到迤萨抢购大烟，境内再次掀起"下坝子""走烟帮"的高潮。这一时期，经营大烟生意者更多，为"下坝子""走烟帮"的鼎盛时期。帮子出入往返山间驿道终年不断，侨居越南的华侨再次增多。民国三十六年（1947）底，国内局势动荡，烟帮生意逐渐萧条。1949年末，红河即将解放前，境内部分商人多生疑虑，遂将资本转到越南等国，定居国外经商，或从事其他行业。③ 此外，自宋代以后到民国时期，从云南迁徙到越南的各少数民族也当视为越南华侨的组成部分。由于中国历代封建王朝对云南等地的少数民族实行歧视和压迫政策，加上由于自然灾害等因素所造成的生态环

---

① 云南省红河县志编纂委员会编纂：《红河县志》，云南人民出版社1991年版，第540页。
② 同上书，第546页。
③ 同上书，第538页。

境变化，以及一些民族（如瑶族）具有的迁徙传统及游耕习惯，不少云南少数民族迁移到越南。如：

拉基人：在中国主要分布于云南省文山州马关县中越边境的南劳、仁和、夹寒菁等乡，180多户，1631人（1989年统计）。明朝天启年间（1621—1627）刘文征撰《滇志》卷三十有简单的记载："喇记，其类在教化三部。"教化三部即今文山县。民国时期的《新编麻栗坡特别区地志资料》中记载："那机人，其类独一，语言与侬人通……只知耕作而食，不知文教。清乾隆时，为侬人所逐，现本村只有数户，其服与摆夷同。"传说，他们的祖先原来居住在阿迷州（今云南省开远市），后被迫迁移。越南的拉基人主要分布在河江省，有8000多人。据越南学者调查，拉基人的祖先原来居住在中国，在寻找肥沃土地的过程中迷失了方向，便跟着一群采花的蜜蜂走，进入越南地界，在距离边界7公里的地方定居下来，后来又移居其他地方。①

布标人：主要分布于云南省麻栗坡县董干乡、铁厂乡，有309人（1989年统计）。原来居住在云南省广南府普梅大洞（今属富宁县），后来向西迁移，有的转入越南。越南的布标人居住在河江省，有400多人。20世纪初，法国殖民者称他们为布标苗。现在只知道他们是从中国云南迁入越南的，但不清楚他们从何时何地迁入。②

布依族：主要分布在贵州省，其次是云南省、四川省，自称"布依"。历史上壮族内部有一部分也自称"布依"，另外与"沙人""仲家"等小支系有密切关系。元、明、清时期，沙人分布在云南省广南、富宁、罗平、泸西、师宗、弥勒、邱北、开远、文山、西畴、砚山、麻栗坡、马关等县，所指沙人也包括一部分壮族在内。1982年人口普查时，根据他们的意愿，称为布依族。1925年云南省发生黄水舟事变，都匀人经马关、河口避难进入越南。而根据越南都匀

---

① 周建新：《中越中老跨国民族及其族群关系研究》，民族出版社2002年版，第84页。

② 同上书，第85页。

人的家谱记载,至清朝嘉庆年间(1796—1820),他们已迁移到越南。按照中国的史籍记载,布依人进入越南的时间更早,清代《高宗实录》卷433载,乾隆十八年(1753),"开化府属沿边与交趾接壤,马白、八寨、坝洒等汛又与沙匪所据之(越南)猛康、洪水接壤"。沙人即今布依人,"沙匪"是对布依人的辱称。

苗族:云南的苗族有近百万人,约三分之二分布在文山州、红河州。据1958年的调查,云南省金平县、屏边县苗族的迁徙路线的其中一条是:贵州—云南罗平县—邱北县—文山县—砚山县(或开远)—蒙自县—金平县和屏边县。其中有一部分苗人是在第5代至第6代前迁到金平县和屏边县的,约在19世纪初,他们从金平县和屏边县再迁入越南。① 迁徙的原因有两种,一种是刀耕火种生产方式迫使,不断迁徙寻找肥沃的土地耕种谋生;另一种是民族压迫所致。

瑶族:云南省金平县、屏边县的瑶族,据1958年的调查,其迁徙路线是:广西—云南省开化(今文山县)—蒙自—临安(今建水)—普洱—屏边—屏边瑶山—金平。他们迁入云南至少有200年,有14代人,即18世纪中叶以前就已入居云南。② 越南的瑶族和中国的盘瑶一样,他们大多都有《过山瑶》,记载他们先祖的迁徙路线和居住的地方,因此,他们的来历都比较清楚。范宏贵教授认为,瑶族是分批进入越南的。他的观点与越南学者的调查是一致的:"越南瑶族是从中国迁徙到越南的。最早的一批是在13世纪从中国广东、云南由陆路进入越南,先在广安、凉山、高平越中边境一带,然后再转迁到其他地方。……第五批是18世纪从中国云南省迁到越南老街的红瑶和从中国广东、广西迁到越南高平、河宣的钱瑶、红瑶……"③ 大多数学者认为,进入越南的瑶族,绝大多数

---

① 《云南省金平、屏边苗族瑶族社会调查》,云南大学历史研究所民族组1976年铅印本,第2、16、17、42页。

② 同上书,第42页。

③ 参见范宏贵《中越两国的跨境民族》,《西南民族历史研究集刊》1984年第5期。

是从陆路进入的，只有极少部分是从海路进入的。从陆路进入越南的路线主要有三条，其中一条是从云南文山、河口沿红河进入老街、黄连山一带，再向莱州一带迁徙。大批瑶族是在明代中叶以后以刀耕火种游耕方式进居越南的。

彝族：分布在四川、云南、贵州、广西等省区，沿中越边境也有少量分布。彝族的支系众多，自称也十分复杂。迁入越南的彝族被称为倮倮族。倮倮一词在今天中国彝族看来是含有歧视意味的，但在越南却没有任何歧视的意思，因此，越南将此名确定为越南彝人的正式族名。越南的倮倮族主要分布在高平、河江、莱州等省，全部是从中国迁入，主要是从云南省直接迁入的，也有少部分是从云南进入广西后再进入越南的。越南《大越史记全书》本纪实录卷2《黎记》二载，绍平二年（1435）二月，"罗罗斯甸国人来贡。罗罗斯在哀礼之北，与云南接壤，衣服如云南俗，而拜谢皆自发声"。其国位于河江省一带，可见1435年以前倮倮人已进入越南。越南学者也一致认为："倮倮是从云南迁来的。现在，每当有人亡故，还举行奠祭，送亡灵到祖先的故乡。"① 此外，中国彝族的一个支系——普拉，迁入越南后，成为越南单一的一个民族。普拉在中国史籍和地方志中分别写为"仆喇""朴喇""蒲拉"。明代天启年间成书的《滇志》卷30记载："仆喇，婚丧与猡猡同，而语言不通。蓬首跣足，衣无浣濯。卧具篁牛皮，覆以羊革毡衫。在宁州者强悍，专务剽掠。石屏州者良善畏法，为编民。在王弄山者一名马喇，首插鸡羽，红经白纬衣，妇衣白。垦山，种木棉为业。"宁州为今云南省华宁县。石屏州为今石屏县，王弄山为今文山县的回龙。清代道光年间（1821—1850）修《云南通志稿——南蛮志》载："《皇朝职贡图》：仆喇一名扑喇，古蒲那九隆之苗裔，南诏蒙氏为寻甸部，至元初内附，今临安、广西、广南、元江四府均有此种。多居高山峻岭，

---

① 越南社会科学委员会民族学研究所编：《关于确定越南北方各少数民族的成分问题》，范宏贵译，广西民族学院民族研究室1978年版，第16页。

男子束发裹头，插鸡羽，著清布衣，披羊皮，跣足。耕山种木棉，取禽鸟为生。妇清布裹头，清布长衣，常负瓜蔬入市贸易。其在王弄山者又名马喇，即其种类。"又分黑、白、花三种。临安府辖境为今天的建水、金平、石屏、通海、峨山、新平、蒙自、红河、开远、文山、河口、屏边、马关、西畴、麻栗坡等县市。广西府辖境为今天的师宗、弥勒、邱北县，广南府辖境为今天的广南、富宁县。元江府辖境为今天的元江、墨江、普洱、思茅、江城县。现在普拉人的分布与上述古时大致相同。越南的普拉族主要分布在老街省，少量分布在安沛、河江、莱州省，有6500多人，分为黑普拉、白普拉、花普拉、汉普拉四个支系，他们是从云南省迁入的。

哈尼族：越南的哈尼族分布在越中、越老边境地区，即越南北部的莱州和老街省的山区。据传说，越南哈尼族是三百多年前从云南省的金平、绿春、江城三县迁徙去的。迁入原黄连山省的哈尼族是一百五十多年前，从中国云南迁移过去的，走了一个多月，最后到了越南原黄连山省坝洒县的阿鲁乡，有邵、陈、潘、张、周等姓氏，共90户人家。从此以后，不再有成批的哈尼族迁去了，只是金平县的马鞍底、十里村、金水河、者米，绿春县的坪河、半坡，江城县的曲水等乡（镇）的边境村寨零星迁移越南。比如，居住在莱州省封土县麻栗寨、新寨一带的哈尼族龙氏家族的一部分，原籍是中国元阳县逢春岭乡人，后迁到金平县枯岔河一带，大约20世纪30年代初从枯岔河迁到越南麻栗寨。现在两边亲属仍来往密切。①

越南哈尼族传说，他们的祖先大都是从中国云南省的金平县和绿春县迁去的。越南哈尼族是陆续从中国迁往越南的，这个过程是长期零散的，没有发生过大规模的迁徙，因此越南的哈尼族人口也不多。

拉祜族：越南拉祜族的大部分大约19世纪初从云南省金平县、

---

① 参见杨六金《探索越南北部山区哈尼族》，《民族大家庭》1998年第2期。

绿春县迁入越南莱州省的孟底县，耕种比他们先到越南的哈尼人遗留下来的荒田。根据中国史籍和拉祜族传说，清雍正六年至雍正十一年，镇沅、威远、普洱、思茅等地发生了拉祜族抗清起义。起义失败后，拉祜族进行了一次局部性的南迁，其中被称为"苦聪"的一支拉祜族沿红河南下，到达今金平、绿春两县定居，现生活在金平县的拉祜族还被称为"苦聪人"。越南拉祜族也被称为苦聪，多是从云南金平、绿春一带迁去的。因此，他们是金平、绿春苦聪人的一个分支，迁入越南的时间在18世纪中期前后。据越南拉祜族老人说，现在拉祜族居住的地方，原先是哈尼族的土地，当拉祜族来到这里时，哈尼人已经离去，还留下了一些杂草丛生的休耕梯田，至今有150多年了。

仡佬族：分布在贵州、广西、四川和云南的麻栗坡、砚山、广南、富宁、马关。在黔西南的仡佬支系之一的"莱子"，于明代洪武（1368—1398）、永乐（1403—1424）、嘉靖（1522—1566）年间，先后遭官军土司兵驱赶，行前约定，先走的人沿途砍倒芭蕉树为标记，后来的人沿着标记跟踪，时间一长，砍倒的芭蕉树又长出来，无标记可寻。前者已到云南省广南，后者只好在途中落脚广西的西隆州。[①] 越南的仡佬族当是这些仡佬族进入云南省后，再转进越南的。越南仡佬族分布在河江省。从18世纪中叶开始，第一批仡佬人由贵州经过云南转入越南，至19世纪中叶，最后一批进入越南。

二 云南华侨在越南的经济活动与社会生活

（一）职业构成

移居越南的云南华侨，多居住在越南北部，以经商、开矿、务农为业。越南立国后，与中国维持着传统的宗藩关系，保持着"朝贡贸易"。中越边境地区的民间商贸往来也很活跃，只不过规模不

---

① 翁家烈：《仡佬族》，民族出版社1992年版，第16—17页。

大而已。清代滇越间的贸易，主要集中在滇南，尤其是开化、临安、普洱、广南等府所属边境地区。开化府以南的马白关（今马关）为出入越南要隘，多有商人经此入越贸易。在滇越贸易中，云南销往越南的货物主要有井盐、铁制农具、丝织品、瓷器、中药材、猪、牛、牛皮、麻布、铜器、纸张、蓝靛、神香、调料、广南鸭、茶叶及其他生活用品，输入物为鸦片、染料、布匹、鹿茸、虎骨、象牙、皮张等。光绪九年（1883），迤萨王科甲、李继光等人采购土杂日用百货后，试探进入越南莱州。大洋街、浪堤经商者得知王、李二人获利的消息后，也将茶叶驮运到越南莱州出售，再从当地采购棉花运回国内销售。① 除了上述行商外，红河人还在越南的河内、西贡、莱州等城市开设商号，坐地经商。

越南矿产资源丰富，各地金、银、铜、锡诸长多招募华人掘采，云南不少农民即通过边境陆路进入越南矿山。正如《清稗类钞》第14册《工艺类》载："交趾有银矿，闽、粤、滇、桂、湘、赣及江浙人去者，开矿设厂，麇集百余万人。"虽然双方当局对此控制极严，康熙时安南官府即限定"每矿多者三百人，次者二百，少者一百，毋得过数"，② 但随着矿山经济的发展，限定多为具文。生产银锡矿的北部地区太原通州宋星厂，乾隆三十二、三十三年即是一个"拥夫至以万计"的大厂，其中不合规定而"应押令回籍"的内地客民即达五千余人。③ 然而，"宋星厂（在太原通州），……惟是人数既多，利之所在，各不愿弃置归家"……可见，内地民人外出开矿牟利者很多。如乾隆四十年谕："云南巡抚奏：广南府与广西省镇安交界地方，拿获窜入滇境匪徒古鸿伟等十八人，讯系从

---

① 云南省红河县志编纂委员会编纂：《红河县志》，云南人民出版社1991年版，第537页。
② 《越史通鉴纲目》卷三五《军机处录副奏折》，转引自杨煜达《清代前期在缅甸的华人》，载于《华侨华人历史研究》2003年第4期。
③ 《越史通鉴纲目》卷三五、卷四十三《军机处录副奏折》，转引自杨煜达《清代前期在缅甸的华人》，载于《华侨华人历史研究》2003年第4期。

交趾送星厂逃回等语。"① 就说明古鸿伟等十八人此前是从云南外出到越南送星厂去挖矿的华侨。

除经商、开矿外，云南华侨还在越南从事农业生产。如据《马关县志》第584页说："越南沦为法国的'保护国'后，法国诱使越南民众种植罂粟，县内边民亦有人到越南种植，尔后定居越南，成为华侨"，《红河县志》第545页也说："20世纪初叶至40年代末，在越南莱州江边沿岸，居住着部分红河侨民，他们搭茅棚栖身，生活十分艰辛。在当代从事农业、种植业者多为哈尼族、彝族、傣族侨民。"这里需指出的是，移居越南的云南各少数民族华侨，大多居住在山区河谷地带，从事传统的农业耕作。

（二）社区、社团情况

在越南的华侨，多聚族而居，这一方面是华侨的传统习惯，另一方面也与侨居国的华侨居住政策有关。如"景治元年（清康熙二年，1663年）八月，令区别清人来寓者。辰清人多侨寓民间，致风俗混杂。乃令各处承司察属内有清国各人寓居者，随宜区处，以别殊俗。"② 于是，"以清人来商居镇边者，立为清河社，居藩者立为明乡社（今明乡）。于是清商、居人悉为编户矣。"③ 又"嘉隆十年（嘉庆十六年，1811年）八月，以坚江管道张福教为河仙镇守，定祥记录裴德缙为协镇。帝以河仙为要阃，二人熟知边情，故遣之。教等至镇，政尚宽简，不事烦扰，整军寨，招流民，设学舍，垦荒田，经画街市，区别汉人、清人、腊人、阇婆人，使以类聚，河仙遂复为南升一都会云"④，可见，清河社、明乡、河仙已成了

---

① 《清高宗实录》卷988，摘自云南省历史研究所《清实录 越南缅甸泰国老挝史料摘抄》，云南人民出版社1985年版，第93页。
② 《越史通鉴纲目》卷三三，摘自中国社会科学院历史研究所编《古代中越关系史资料选编》，中国社会科学出版社1982年版，第619页。
③ 《大南实录》前编卷七，摘自中国社会科学院历史研究所编《古代中越关系史资料选编》，中国社会科学出版社1982年版，第645页。
④ 《大南实录》正编卷四三，摘自中国社会科学院历史研究所编《古代中越关系史资料选编》，中国社会科学出版社1982年版，第663页。

华侨集中居住的社区，其中滇人当不少。

至于社团情况，1778年，原居边和一带明末遗民后代，多有迁来堤岸一带建埠另居者，于堤岸创立"明乡会馆"。此外，在矿场里面，也存在帮会组织。如乾隆四十年十月二十日，两广总督李侍尧奏："……安南一带山场多产五金，送星银厂矿砂旺盛，夷民不谙采炼，向为内地民人开挖。张德裕先于乾隆二十六年间，自籍起程，前往彼处佣工，继充客长。乾隆三十年二月内，有张任富等与张南特等争挖矿砂，纠同张德裕帮殴致死古老二、古质禺二命，经该国镇目差拿，张任富等逃回被获，审拟治罪，张德裕仍潜匿安南。乾隆三十七年，张德裕复回厂内与张万福……合本开矿，分管槽口。古以汤与李乔恩另在一处合伙开挖，相距约二里，古以汤兼充该厂客长……"[①] 可见，张德裕、古以汤都在矿厂里负责，组织、领导矿工开采银矿。

三 越南的华侨政策

越南在各个历史时期对待华侨的政策有所变化。从中越文献资料看，清代，越南封建统治者对华侨采取了安置、限制、征用的措施，近代以来，法国殖民者对在越华侨则采取招徕、利用的华侨政策。

（一）越南统治者对华侨的接纳、安置和利用

清代，越南统治者对流寓的华侨基本上给予安置和使用。如"己末，三十一年（1679年）春正月，故明将龙门总兵杨彦迪、副将黄进、高雷廉总兵陈上川、副将陈安平率兵三千余人，战船五十余艘，投思容沱瀼海口。自陈以明国逋臣，义不事清，故来，愿为臣仆。时议以彼异俗殊音，猝难任使，而穷逼来归，不忍拒绝。真腊国东浦地方，沃野千里，朝廷未暇经理，不如因彼之力，使辟地

---

① 乾隆四十年，《军机处录副奏折》，转引自杨煜达《清代前期在缅甸的华人》，《华侨华人历史研究》2003年第4期。

以居，一举而三得也。上从之。乃命宴劳嘉奖，仍各授以官职，令往东浦居之。又告谕真腊以示无外之意。彦迪等诣阙谢恩而行。彦迪、黄进兵船驶往霄鼠（今属嘉定）海口，驻于美湫（今属定祥），上川、安平兵船驶往芹滁海口，驻扎于盘磷（今属边和），辟闲地构铺舍，清人及西洋、日本、阇婆请诸国商船凑集，由是汉风渐渍于东浦矣"①。

从此载可看出，越南朝廷对于明末清初来投的杨彦迪一行，采取了借力开发荒地的措施，既消除了可能引起的冲突，又赢得了仁爱的美名，真可谓"一举而三得也"。又如"戊寅，嘉隆十七年（清嘉庆二十三年，1818年）十一月，修朱笃堡。堡为潦水湮决，城臣以奏。命量发兵民修之。再增调四镇奇兵、威远屯兵各一百，协与前派弁兵驻守。帝又以堡后地多闲暇，命永清镇臣召集唐人、腊人、阇婆人居之，立铺市，垦荒芜，禁我民毋得滋扰"②。同样是利用华侨和其他国家侨民之力开发荒芜之地。

（二）对华侨的限制与管理

清代时，越南对移居的华侨采取了集中居住，加强管理的措施，此举造就了许多华侨社区。如"景治元年（清康熙二年，1663年）八月，令区别清人来寓者。辰清人多侨寓民间，致风俗混杂。乃令各处承司察属内有清国各人寓居者，随宜区处，以别殊俗"③。于是，"以清人来商居镇边者，立为清河社，居藩者立为明乡社（今明乡）。于是清商、居人悉为编户矣"④。又"嘉隆十年（嘉庆十六年，1811年）八月，以坚江管道张福教为河仙镇守，定

---

① 《大南实录》前编卷五，摘自中国社会科学院历史研究所编《古代中越关系史资料选编》，中国社会科学出版社1982年版，第643、644页。

② 《大南实录》正编卷五八，摘自中国社会科学院历史研究所编《古代中越关系史资料选编》，中国社会科学出版社1982年版，第665页。

③ 《越史通鉴纲目》卷三三，摘自中国社会科学院历史研究所编《古代中越关系史资料选编》，中国社会科学出版社1982年版，第619页。

④ 《大南实录》前编卷七，摘自中国社会科学院历史研究所编《古代中越关系史资料选编》，中国社会科学出版社1982年版，第645页。

祥记录裴德缙为协镇。帝以河仙为要阃，二人熟知边情，故遣之。教等至镇，政尚宽简，不事烦扰，整军寨，招流民，设学舍，垦荒田，经画街市，区别汉人、清人、腊人、阇婆人，使以类聚，河仙遂复为南升一都会云"①。可见，华侨在清河社、明乡、河仙等社区的集中居住，便利了统治者的管理。又如《大南实录》正编卷二六载："乙丑，嘉隆四年（清嘉庆八年，1805年）六月，命嘉定通饬汉人与蛮民市者，止于界首交易，不得擅入蛮册。有不如令，治其罪。守臣容纵，以贬罢论。"则是对居住在一个地区的华侨，不许擅入他乡的限制。

对于在矿区开矿的华侨，越统治者也颁布了限定条例，如"永盛十三年（清康熙五十六年，1717年）十二月，定诸镇场矿限制。各镇金、银、铜、锡诸厂，多募清人掘采，群聚日众，恐生他变，乃定例每矿多者三百人，次者二百，少者一百，毋得过数，于是场镇始有限制"②。可见，统治者对开矿的众多华侨颇有疑虑，害怕他们人多势众，啸聚闹事，因而要对聚集开矿的人数加以限制。

（三）对华侨收税、征兵与征役

越南统治者在对华侨进行限制的同时，又要求他们承担租庸税，履行纳税、充军、服役等义务。如《大南实录》前编卷七记载："戊寅，七年（清康熙三十七年，1698年）二月，初置嘉定府。命统率阮有镜经略真腊，分东浦地：以鹿野处为福隆县（今升为府），建镇边营（即今边和），柴棍处为新平县（今升为府），建藩镇营（即今嘉定）。营各处留守、记录及其队船水兵精兵属兵，斥地千里，得户逾四万。乃招募布政以南流民以实之，设立社村坊邑，区别界分，开垦田地，定租庸税例，攒修丁田簿籍。又以清人来商居镇边者，立为清河社，居藩者立为明香社（今明乡）。于是

---

① 《大南实录》正编卷四三，摘自中国社会科学院历史研究所编《古代中越关系史资料选编》，中国社会科学出版社1982年版，第663页。
② 《越史通鉴纲目》卷三五，此据吴风斌主编《东南亚华侨通史》，福建人民出版社1994年版，第176页。

清商、居人悉为编户矣。"可见，华侨成了越南的编户良民，而且还承担着相应的租庸税。此外，封建政府还收取华侨的屋税、商舶税等税项。如《大南实录》正编卷五十记载："乙亥，嘉隆十四年（清嘉庆二十年，1815年）夏四月，以明乡人潘嘉成为北城该铺，监清人屋税，岁输银一千五百两。""癸亥，嘉隆二年（清嘉庆八年，1803年）九月，命太原宣慰使麻世固，监守清人、侬人银税。"该书正编卷二二记载："癸亥，嘉隆二年（清嘉庆八年，1803年）十二月，以清人郑猷为北城该府艚，监收商舶税。"则是用华侨来负责收取华侨的商舶税。对于开矿的华侨，也收取银税，充实统治者的府库。如《大南实录》正编卷三十六记载："戊辰，嘉隆七年（清嘉庆十三年，1808年）秋七月，开清华银矿。矿在琅政州炉上、炉下、安姜三峒，清人高宏德、黄桂清等请开采，岁输银一百两。许之。"可以看出，每年上缴的税银不少。

对服兵役的史实，《大南实录》正编卷五十五是这样记载的："丁丑，嘉隆十六年（清嘉庆二十二年，1817年）五月，增置南荣城雄步队，募汉民充之。"服兵役的华侨，有的还成了领军头目，如"戊寅，嘉隆十七年（清嘉庆二十三年）十二月，正巡海都营黄忠仝免。巡海营兵有从阇婆为匪者，官兵获之，忠仝坐落职，以副都营蔡云贵（清人，从何喜文归顺）领其军。"

华侨还需服劳役，诸如疏浚江河、开垦荒地等事务。如"丁丑，嘉隆十六年（清嘉庆二十二年，1817年）十一月，浚三溪江。江距永清镇莅二百十四里……帝以地近真腊，极目灌莽，江道所经坚江尽为泥草壅淤，舟楫不通。乃命镇守阮文瑞经理江道，调汉、夷民千五百人，官给钱米，使因故道而深广之。月余江成（横十余丈，深十八尺），民夷利焉"[①]。又如"戊寅，嘉隆十七年（清嘉庆二十三年，1818年）十一月，修朱笃堡。堡为潦水溇决，城臣以

---

① 《大南实录》正编卷五六，摘自中国社会科学院历史研究所编《古代中越关系史资料选编》，中国社会科学出版社1982年版，第664—665页。

奏。命量发兵民修之。再增调四镇奇兵、威远屯兵各一百，协与前派弁兵驻守。帝又以堡后地多闲暇，命永清镇臣召集唐人、腊人、阇婆人居之，立铺市，垦荒芜，禁我民毋得滋扰"①之说，则是说明华侨要服开垦荒芜之地的劳役。

（四）法国殖民者对华侨招徕与利用

法国在越南实行殖民统治后，殖民当局通过大量招募华工进行殖民开发。由于前往越南的华工大多出身农民，许多人到越南后继续从事农、牧、林业生产。大批被雇用的华侨在法国殖民者所拥有的种植园里开荒种地。对于定居在越南的华侨，殖民者则利用他们发展殖民地经济。如不少华侨以种植水稻和捕鱼为生；居住在大城市郊区的许多华侨则种植蔬菜，以供应城市需要。此外，越南的胡椒种植业也是由华侨最早创立并发展起来的。华侨还经营橡胶、茶叶、果树等经济作物的种植和栽培，以及从事家禽的饲养等，还有华侨以林业为生。

法国殖民统治时期，被招募到越南的华工大多在条件非常艰苦的法资工矿企业做苦力。当时，在越南的煤矿工人中，60%以上为华工，码头工和搬运工人中的华侨数量也很多，他们成为越南早期产业工人队伍中的重要组成部分。此外，华商还参与制糖、酿酒、榨油、造船、纺织等业。他们为法属越南的经济发展贡献了力量。②

---

① 《大南实录》正编卷五八，摘自中国社会科学院历史研究所编《古代中越关系史资料选编》，中国社会科学出版社1982年版，第665页。

② 周南京：《华侨华人百科全书·历史卷》，中国华侨出版社2002年版，第588页。

第三章 云南籍华侨的重大贡献

云南籍华侨，自移居东南亚之日起，就和居住国人民一道，辛勤开发、艰苦创业，改变了当地的山河面貌，促进了居住国经济与文化的发展，为日后东南亚缅甸、泰国、老挝、越南等国渐趋富庶、走向繁荣，打下了坚实的物质基础。同时他们积极参加当地的反帝反殖民斗争，为居住国的国家独立与民族解放贡献了力量；对于祖籍国的民主革命和经济建设，云南籍华侨华人同样给予了巨大的帮助和支援。充分认识他们的作用与贡献，对于我们正确执行党的侨务政策，发挥云南侨乡的优势，促进云南的对外开放，发展双边的友好关系，都是十分必要的。

第一节 促进了居住国经济文化的发展

一 城镇建设方面的贡献

云南人移居国外，多到边临的缅甸、泰国、老挝和越南。他们初到异国他乡，面对当地恶劣的自然条件，为了生存下去，以吃苦耐劳而著称的云南各族人民，首先必须适应并逐步改变当地环境，从而为居住国的资源开发做出了贡献。

如缅北的八莫，原是伊洛瓦底江边的一个小渔村，华侨到后，大力发展商业，才使八莫逐步变成一个繁华的城市，故滇侨称八莫为新街。张相时在《华侨中心之南洋》一书中就说："一八三五年，八莫共二千户，华人占二百余户；人口一万数千，云南人居其大半,迨一中国城市也。"乔治·居里所著《英国占领缅甸以后》一书中也说:"中国人(系指滇侨)在八莫及曼德里,有良好的商业基础和组织严密的团体。"正是这些早期出国的和顺华侨,开发了八莫,找到了生活的出路,并使业务从缅北不断向南发展。又如景栋城创建时,云南边民"负弩以往",故其城"与汉城无异"。①再如班弄,原只是缅甸一个名不见经传的小村寨,19世纪中叶,杜文秀起义失败后,大批云南回民逃往该地定居,由于他们在文化知识、生产和生活技能方面较当地其他民族先进,因此经济上发展较快,他们开山种地,同时也从事手工业、运输业、商业和矿业,生活逐步富裕起来。到20世纪40年代,班弄已变成了一个十分繁荣的小集镇,号称"小上海"。②另外,越北老街本是丛林莽莽、狼虎为患之地,在刘永福率领的黑旗军(当中有许多马关人)移居垦殖后,变成了"生龄益繁,拓田愈广……烟户稠密,合数万家"的繁华居所。

二 农业方面的贡献

移居缅甸、泰国、老挝、越南的云南华侨,不少人在侨居国从事农业生产,并将农作物传入侨居国,如乾隆时"中国战俘二千五百名,仍羁缅京,或事种植,或事工艺,娶缅妇为妻"。③这些旅缅华侨,把中国的许多实用蔬菜,如芹菜、韭菜、油菜、荞头、蚕豆等带到缅甸种植,还把荔枝、红枣、枇杷、梅、桃子、柿子等食用水果带到缅甸,发展了缅甸人民的菜蔬生产和水果种植业,提高了缅甸人民的物质生活质量。④此外,华侨还将先进的农业生产工具带到居住国,并将生产技术和经验毫无保留地传授给了侨居地人民,从而促进了当地农业的发展。如"从1662年到1750年……在

---

① 马曜主编:《云南简史》(增订本),云南人民出版社1991年版,第225页。
② 何平:《移居缅甸的云南回族》,《民族研究》1997年第1期。
③ [英]哈威:《缅甸史》,姚梓良译,商务印书馆1973年版,第454页。
④ 王介南、王全珍:《中缅友好两千年》,德宏民族出版社1996年版,第89页。

这近100年间……流落在缅北和滇缅边境地区的中国人带去了先进的生产工具和工艺技术，在当地从事农、商、工矿等业，对发展双边的经济往来和两国人民之间的友好关系，起了积极的作用"①。又如越南北部地区的经济较云南落后，不产铁，所需铁制农具须从云南购入。清王朝对铁制农具输入越南不加限制，但铁却不准出口。而铁又是越南北部地区人民锻造、修理生产工具和生活用品所不能欠缺的原料。铁输入越南后，其价倍增，利甚大。故而开化府一些华侨商人不惜犯禁，将铁私自挟带贩至越南北部地区。②

旅居老挝的华侨则与当地人民共同垦殖，开发出众多的良田，并将国内的水稻栽培技术和经验传授给当地人民。林业开发方面，民国十九年（1930年）1月，红河华侨李华庭、邵光庭取得老挝川圹政府颁发的开伐杉木林营业执照后，合资开办木材加工厂，采伐川圹勐顶山杉木制成寿板，顺蓝江水运至越南海防，再转销到国内昆明、蒙自、个旧、建水等地。畜牧业开发方面，1950年，老挝川圹华侨邵金科等10余户合作垦荒办农场，种植水稻、玉米和水果，饲养牛羊，对开发当地农业和畜牧业做出了贡献。

再以生产技术和生活经验的传授方面为例，老挝、越南一些居住高山、河谷地区的少数民族，耕作粗放，庄稼一旦种下，任其自然，管理甚差，普遍歉收。所种莲藕也只知观赏，不会食用；杀猪往往清煮或以火烤食。红河华侨针对上述情况，毫无保留地向当地人民传授水稻、蔬菜栽培经验和烹饪技术，促进了当地生产技术和生活水平的提高。③

三 工业方面的贡献

工业方面，云南籍华侨的贡献主要表现在开发矿山、玉石以及

---

① 贺圣达：《缅甸史》，人民出版社1992年版，第144页。
② 孙晓明：《清代滇南地区与越南的贸易》，载云南省社会科学院东南亚研究所《云南与东南亚关系论丛》，云南人民出版社1989年版，第66页。
③ 参见云南省红河县志编纂委员会编纂《红河县志》，云南人民出版社1991年版，第547页。

在建筑、纺织、印染、印刷等行业中，为居住国工业基础的加强和行业种类的扩大付出了辛勤的劳动。矿业方面，以缅甸、越南、老挝为例，《清史稿》卷528《属国三·缅甸传》记载乾隆时缅甸有数万华人聚集开矿的情况："（缅甸）而江以来为孟密，有宝井，产宝石，又有波龙者，产银，江西、湖广及云南大理。永昌人出边商贩者甚众，且屯聚波龙以开银矿为生，常不下数万人。"可见当时矿工的规模很大。18世纪，缅北大山土司境内的波隆银矿（位于今南渡附近的包德温矿）是一座大型银矿，主要由桂家和一批来自云南、江西的矿工进行开采。对此，赵翼在《平定缅甸述略》中记载说："彼地人不习烹炼法，故听中国人往采，彼特设官收税而已。大山厂多江西、湖广人。"可见，采矿的技术，由华侨传入了缅甸。"采银者，岁常有四万人。人岁获利三四十金，则岁常有一百余万赍回内地。"可见规模不小。至于波隆银矿的规模，周裕在《从征缅甸日记》中记载说："往时内地贫民至彼采矿者以万计，商贾云集，比屋列肆，俨一大镇。"规模同样可观。茂隆厂的情况，大致也是如此。

滇侨开发银矿，为统治者提供了高额的矿税。至于缅甸北部的玉石通过滇缅陆路商道运入云南腾冲加工，也始于元代。"开采玉石的技术，也由中国传入缅甸。"① 玉石的开发，为缅甸提供了大量税金。如腾冲华侨毛应德、赵连海、张宝廷等开发勐拱的玉石，其中张宝廷、李本仁等包揽岗税（玉石出境税）数十年，为居住国赚取了巨额税金。英国女王曾接见了张宝廷，并授予"皇家勋章"。

又如越南，矿产资源丰富，但"夷民不谙采炼"，"向为内地民人开挖"，② 以至于"一厂拥夫至以万计"，不少云南农民就通过边境陆路进入越南矿山。正如《清稗类钞》第14册《工艺类》载："交趾有银矿，闽、粤、滇、桂、湘、赣及江浙人去者，开矿

---

① 贺圣达：《缅甸史》，人民出版社1992年版，第94页。
② 乾隆四十年（1775）十月二十日，《军机处录副奏折》，转引自杨煜达《清代前期在缅甸的华人》，《华侨华人历史研究》2003年第4期。

设厂，麇集百余万人。"这些长年劳作的开发者，为越南提供了大量银税。

清代中后期，华侨经济在老挝已占据相当重要的地位，南巴登的露天锡矿就是由华人首先开采的。①

建筑业方面，腾冲华侨尹蓉为缅王设计督修了曼德勒皇宫。腾冲华侨还协助当地群众营建了许多寺庙，如缅甸古都阿摩罗补罗地区的洞缪观音寺，是由腾冲华侨建盖的。该寺建筑堂皇，木雕、石雕、泥塑，技艺精湛，展现着祖国古老文明的风采。此外，滇缅印古代马帮道路的开辟，现代滇缅、中印公路的修筑，都有大批华侨参加。

工业的其他领域，华侨也做出了重要贡献。在邦海饱德银矿，腾冲华侨杨在恩是著名的工程师。另外，"洪盛祥"商号研究出用石磺涂刷土木建筑物的新技术，开创了建筑业防虫防腐的先例。腾冲华侨购运长江流域的蚕丝，畅销印、缅数个世纪。侨商还聘请技术人员到瓦城传授纺丝技术，和顺尹氏丝织业之所以百年不衰，主要是其生产的黄丝织品是印、缅人民不可或缺的用于御热的上等"笼基"原料。缅甸沿江捕鱼的网，也靠侨商从国内购入的丝麻编织。②

在泰国，凤仪华侨杨暾自1933年移居后，广泛交好各界友人，勤谨经商，迅速打开了局面。由于他与泰国政治、经济界的上层人物交往甚密，逐渐取得了泰国首相卓不理的信任，合伙在该国清迈开设了贵重木材（楠木）加工厂，历时几十年。③

在老挝，云南华侨向当地人民传授先进的生产技术，如"教以制酒醴、养蚕丝之法"，帮助老挝人发展酿酒业和丝织业。④ 并利

---

① 古永继：《清代滇桂地区与东南亚国家的交往》，载李晓斌《西南边疆民族研究4》，云南大学出版社2006年版，第218—238页。
② 参见腾冲县志编纂委员会编《腾冲县志》，中华书局1995年版，第687页。
③ 参见杨嘉靖主编《凤仪志》，云南大学出版社1996年版，第330页。
④ 《清史稿》卷528《属国三·南掌传》，中华书局1974年版，第14701页。

用当地野茶做原料，烘焙制成了著名的"镇宁茶"，深受当地人民喜爱。①

四 商业方面的贡献

移居缅甸、泰国、老挝、越南的云南华侨，大多在侨居国从事商业活动，其贡献主要表现在丰富货源品种、促进商品流通、方便人民生活等方面。

如在缅甸，对外贸易是中缅两国人民获取生活必需品和生产资料的重要途径。以滇缅贸易中两项最大宗商品丝绸、棉花为例，就能看出对外贸易与缅甸人民生活的密切性和深入性。缅甸人民崇尚身穿从云南输出的黄丝制成的衣服，世代仰给于云南。缅王曾下令"如中国丝绸，自陆路运来，不得销售国外，恐人民无衣也。"② 乾隆中缅战争爆发后，滇缅贸易受损，缅甸市场上丝绸奇缺，价格陡涨，"且自禁止贸易以来，伊处必用之黄丝等物价增十倍，见上下莫不需"，因此"至于贸易之事，缅人急于相通"，故而缅甸多次急切地向清廷要求贸易。③ 又以棉花为例，明清之际，缅甸棉花对云南的贸易发展很快，上缅甸人民赖以生存。乾隆年间，厉行禁商之后，缅甸棉农无法销售自己的产品，生活陷入困境。故乾隆五十年（1785），缅甸国王孟云向朝廷入贡，特上入贡奏文请求："再自禁止通商以后，边民生计艰难，还祈照旧关照，使小臣所产棉花等物籍以销售，不但小臣身蒙厚恩，即举国臣民均沐天恩于万万年矣，谨具表以闻。"④ 言辞恳切，足以反映此时缅甸经济对滇缅贸易的依赖程度，关系国计民生，从而也说明滇籍华侨商人所起的重要作用。

---

① 马树德：《中外文化交流史》，北京语言大学出版社2000年版，第193页。
② ［英］哈威：《缅甸史》，姚梓良译，商务印书馆1973年版，第362页。
③ 《清高宗实录》卷850，摘自余定邦、黄重言《中国古籍中有关缅甸资料汇编》，中华书局2002年版，第621页。
④ 孟陨：《缅人入贡表文》，载李根源《永昌府文征》，云南美术出版社2001年版，第2405页。

在泰国，华侨在商业活动中同样起着重要的作用。正如须山卓在《华侨经济史》一书中所说的：“泰国人当中，自古以来就根本没有产生过商业阶级这个社会阶层，而且几乎连进行民族积累的余地也没有，因此在经济上成了完全没有势力的国民，他们或者终身务农，或者靠赏赐过着不劳而获的生活，要不然就从事某种脑力劳动的职业。这样的一种社会状况为华侨提供了一个大有作为的极佳社会条件，因此华侨迅速向商业阶层发展，在皮革收购方面（不仅在这方面，在所有的商品收购方面也都如此）牢固地建立起中介商垄断的基础。”泰国从对外贸易到农村零售商业的全部商业组织几乎都是华侨掌握着。如最早定居在清迈的云南穆斯林，可以被看作是当地代理商；或者是以滇缅为基础地华人穆斯林贸易帮会的商务代表；或者是为了满足上述那些人以及来这里的云南回族马帮商队的需要而经营一些小客栈或清真餐馆的华人穆斯林小业主；或者在稍晚时候作为社区的宗教领袖。① 由于他们的这些服务业，清迈以及泰国北部都市中心的穆斯林，成了那些往返马帮商队与平坝泰人之间成功的"中间人"。②

在泰国北部一带，社会发展水平不高，人民生活水平低下，有的甚至到了20世纪中后期尚处在原始社会阶段，还居住在边远的山区，并且比较分散，离中心城市较远，与城市的经济发展水平差距较大，且很少与中心城市直接来往。为适应当地社会的这种特点，云南商人中的一部分就从事小商小贩业，为这些分散居住的山民们提供与外部世界接触的机会。他们把山民们所需要的商品从城里运到山村里出售，然后再把山民所生产的土特产品运到城里出售。由于他们与各山地部落有着长期和密切的联系，"浩人"（指滇籍穆斯林商人）与这些部落的少数民族关系一般都十分友好，并

---

① 申旭：《回族商帮与历史上的云南对外贸易》，《民族研究》1997年第3期。
② 吴凤斌：《东南亚华侨通史》，福建人民出版社1993年版，第183页。

且成了沟通那些山地部落与平坝泰人之间经济文化联系的桥梁。①

在老挝，云南华侨商帮在沟通中老物资交流方面发挥着积极的作用，其重要性正如法国人安邺在《柬埔寨以北探路记》中所说的"若无中国人与之贸易，则几与处处隔绝不通"的状况。

五 文教方面的贡献

文教方面，云南籍华侨的贡献主要表现在资助办学、培养人才、传播中华文化等方面。云南华侨为了使在外生长的子孙不忘记祖国的历史文化，就创造条件，创设了许多华文学校。清光绪以前，在缅华侨办私塾，教授汉文，称为"旧学"。如在八莫关帝庙内设私塾，百多年来，弦歌不辍。故虽土生土长于缅甸的华侨子弟，所学亦如国内学子，能作八股文。如据《张成清传》记述：张成渊回国进行了几年学习，竟然中举。其弟成清，乡人称为"半达"（即半缅半汉），系缅母所生，却能"四书五经皆成诵"。辛亥革命之后，和顺旅缅华侨纷纷带头办新学。如民国五年（1916）寸海亭等创办瓦城昌华学校，校址在汉人街云南会馆内；民国八年（1919）尹瑞琳、尹瑞瑜等人创办皎脉新民学校；民国十六年（1927）尹继周、张永达等人创办密支那华侨新民学校；民国十八年（1929）李生泽、李生沛等人创办果岭中山学校。②

在老挝，民国三十四年（1945），侨居老挝桑怒省的华侨帮长李官厚捐献重金，开办小学 1 所。学制 5 年，开设国语、算术 2 科，课本由香港购进，有学生 200 余人，教师 6 名，华侨子女得以免费就学，深受时人称颂。1950 年，老挝川圹的华侨理事会创办小学 1 所，办学经费均由华侨捐赠。副理事长邵金科（红河华侨）热心办学，一次就捐款老挝币 5 万元。学校开设国语、算术 2 科，

---

① 吴兴南：《云南对外贸易：从传统到近代化的历程》，云南民族出版社 1997 年版，第 406、407 页。

② 尹文和：《〈华侨宝鉴〉腾冲商号、名人资料》，载腾冲县政协文史资料编辑委员会《腾冲文史资料选辑》，腾冲县政协文史资料编辑委员会 1987 年版，第 372 页。

课本自印。此外，老挝万象的云南、福建、广东华侨，还共同捐资兴办了寮都中学，所招学生大部分为华侨子女，也有少量老挝学生。① 在印度，1941年，在抗日战争民族危亡的紧要关头，以"文化不息，民族不亡"为号召，云南中甸"铸记"总经理马铸材与北京兴记的梁子质、云南鹤庆"恒盛公"张相诚等驻印中国商人共同创办了印度格伦堡中华学校。学校设有幼儿园、初小、高小、初中、高中等10个班，以推广国语、弘扬国学为主要教学内容。入学者除本地华侨子女外，也收印度学生，教学活动一直维持到了20世纪60年代初。② 这所学校的创办，对宣扬祖国文化，促进中印文化交流，起到了积极的推动作用。

文化传播方面，云南华侨将祖国的饮食文化、茶文化、佛教文化、庆典文化相继传到了缅甸，并将青铜文化传到了越南。

如乾隆时期羁留缅京的云南华侨把中国人民发明创造的诸如磨豆腐、炸油条、包包子、煮汤圆、做酱油等烹饪技术带到缅甸，教给缅甸人民，大大丰富了缅甸的饮食文化。③

中国人的饮茶之风，则通过云南保山、德宏地区于明朝时传入缅甸。④

云南华侨对缅甸的佛教产生过深远的影响。1740年，留居缅甸白古的华侨和当地人民一起，反抗缅王的统治，并拥僧人斯弥陶佛陀吉帝为白古王。当地人民拥他为王，是因为相信他是弥勒佛降生。信仰弥勒佛，属于大乘教义。这种大乘佛教的思想即是由云南华侨传入的，起初在大理鸡足山流行，该地被认为是佛祖大弟子大迦叶期待弥勒降生的生坐之地。康熙二十年（1681），云南景东府

---

① 云南省红河县志编纂委员会编纂：《红河县志》，云南人民出版社1991年版，第546页。

② 李硕：《藏族爱国侨领马铸材先生事略》，载龚宁珠主编《爱国老人马铸材》，云南华侨历史学会1998年版。

③ 王介南、王全珍著：《中缅友好两千年》，德宏民族出版社1996年版，第89页。

④ 贺圣达：《缅甸史》，人民出版社1992年版，第99页。

贡生张保太在鸡足山修行得道，创立大乘教，经其弟子张晓传播开来。其最盛行时期，正是云南人民往缅甸开矿、经商，导致移民逐渐增多的时期。因此，在这些移民中，大部分是被弥勒降生的信仰感化了的佛教徒。他们以缅甸当时国内发生动乱、寻求王位继承人的形势为契机，传入信仰弥勒的思想，从而在缅甸掀起了信仰弥勒佛的热潮。日本学者玲木中正和荻原弘明经过多年研究，也认为缅甸人信仰大乘佛教是由中国移民传入的结果，从而使缅甸的佛教文化增添了新的流派。①

又如云南华侨商人带到缅甸的杂货之中，有爆竹，也在缅甸得到传播。如缅甸王族及朝中显贵在举行盛典时，纷纷仿效旅缅的华侨，燃点爆竹来庆祝。圣伽曼诺神父记载缅王孟陨于1805年获得一头白象，王城庆祝的盛况时说："王城庆祝三日，欢迎白象光临，而以音乐舞蹈与爆竹等点缀盛典……"② 可见，爆竹的传入，增添了缅甸人民的节日气氛，丰富了其文化娱乐项目。

此外，"云南独具风格的青铜文化通过贸易传到越南，对越南北部地区的文明起过重大影响和作用"。"云南铜器制作精美、独特，享有盛名，是出口的传统商品。云南铜器早在秦汉时期就输出到越南，对越南东山文化的影响甚大，越南历年的考古发掘都发现有云南的铜器。可见，越南人对云南的铜器十分厚爱。……估计清代从开化府销往越南的云南铜器数量不会太小"③ 之说也反映了云南青铜文化在越南民众中传播的深入性。

六 与东南亚各民族的交融

云南华侨与东南亚各国各民族通婚，为华侨华人和当地民族增

---

① 钱平桃：《东南亚历史舞台上的华侨华人》，山西教育出版社2001年版，第207页。
② 陈孺性：《缅甸华侨史略》，载德宏州志编委会办公室《德宏文史资料》第三集，德宏民族出版社1985年版，第86页。
③ 孙晓明：《清代滇南地区与越南的贸易》，载云南省社会科学院东南亚研究所《云南与东南亚关系论丛》，云南人民出版社1989年版，第65、67页。

加了新鲜血液,加深了华侨华人与当地民族的血肉联系。如华越混血儿(明乡人)、华缅混血儿(桂家)等。又如在缅甸,乾隆时"中国战俘二千五百名,仍羁缅京,或事种植,或事工艺,娶缅妇为妻"。① 就反映了旅缅华侨与当地妇女通婚的史实。此外,缅甸北部的华人也"多纳缅妇为室"。② 彭崧毓在《缅述》中则提道:"汉人娶缅妇,不同归,归之日妇弃其夫去,生男归父,生女归母",相约成俗。这种通婚的现象在缅甸很普遍,从中产生了许多显赫的家庭和著名的精英。如上述提到的张成清,乡人称为"半达"(即半缅半汉),系缅母所生,却能"四书五经皆成诵",通晓英、印、缅、泰、景颇语。协助胡汉民等创办了仰光《光华日报》,发起成立"云南死绝会",号召"人人爱国爱乡爱种,统一精神,实行革命"进行反帝反封建革命活动,为英驻仰光总督嫉恨而派人将其杀害。民国后,国使馆为其立传,文为章太炎所作,章氏赞他"宏廓深远",张成清著作有《缅甸亡国史》。

第二节　参加了居住国的民族解放斗争

云南籍华侨大多分布在东南亚的缅甸、泰国、老挝、越南等国,其中缅甸、老挝、越南属发展中国家,曾经是帝国主义的殖民地与半殖民地,都曾受到西方列强的侵略和掠夺。在侨居国反抗外来侵略、争取国家独立和民族解放的斗争中,云南籍华侨和居住国人民一道,与侵略者进行了长期、英勇的斗争,为侨居国的民族解放事业做出了宝贵的贡献。

一　参加了缅甸反抗英国殖民者的斗争

1885年英国殖民者侵占了整个缅甸,不甘受奴役和压迫的缅

---

① [英]哈威:《缅甸史》,姚梓良译,商务印书馆1973年版,第454页。
② 黄懋材:《西輶日记》,载李根源《永昌府文征》,云南美术出版社2001年版,第3618页。

甸人民进行了长期的抗英游击战争，打击了侵略者。英国人于1887年开始对这些游击武装实行清剿时发现，在活跃于掸邦山区的武装当中，有一些就是云南回民武装。① 这说明移居的云南回族华侨与缅甸人民并肩战斗，反抗侵略的史实。除直接参与武装斗争外，广大旅缅滇侨还对缅甸人民遭受侵略给予了同情和支持。如旅缅和顺华侨、中国同盟会会员张成清，满怀义愤地撰写了《缅甸亡国史》，控诉英国殖民者侵略缅甸的罪行。他对缅甸人民的苦难深表同情，并联合缅甸的爱国志士准备开展反英斗争。英国驻仰光总督知道此事后十分惊恐，害怕缅甸人民反英斗争的发展，残酷地镇压缅甸人民的反抗，抓捕了张成清，并于宣统元年（1909）八月十五日将其杀害，时年仅三十一岁。

民国八年（1919），李生忠在南坎起义，反对英帝国的殖民主义统治，参加人数达200多人。②

1930—1932年，缅甸爆发了声势浩大的塞耶山农民大起义，起义队伍中就有一些旅缅华侨。③ 其中当有不少滇侨。

1941年日军入侵缅甸后，为了抵抗日军北犯，国民党第21路军于1943年2月委任班弄首领马美廷的四子马义昌为"抗日游击队司令"。马义昌率领回民和当地其他民族组成的一支700多人的抗日武装，在当地开展游击战，有力地打击了日寇，使日军无法在当地立足。

1947年7月19日，缅甸独立的奠基人，"国父"昂山将军不幸被英帝国主义和国内反动派合谋行刺遇难，年仅32岁。7月20日，反法西斯人民自由同盟为昂山将军及其遇难战友举行隆重葬礼。十万群众参加了送葬行列，数以千计的旅缅华侨也加入了送葬行列，借以表达对这位缅甸民族英雄的敬悼之情及对缅甸独立运动

---

① 摩西·耶加尔：《缅甸与云南的潘泰（中国穆斯林）》，《东南亚历史学刊》（英文版）1966年第7期。
② 腾冲县志编纂委员会编：《腾冲县志》，中华书局1995年版，第685页。
③ 王介南、王全珍：《中缅友好两千年》，德宏民族出版社1996年版，第99页。

的声援。①

二 参加了越南反抗法国殖民者的斗争

19世纪末，越南逐渐落入法国殖民者的魔掌。1873年，法国殖民者在占领越南南部之后，又在指挥官安邺的带领下北占河内。屯兵老街的黑旗军将领刘永福应安南政府请求，率黑旗军协助安南军队夺回河内，首战告捷，阵斩安邺，打击了法国殖民者的气焰。1883年，刘永福率部再攻河内，大获全胜。此后，黑旗军威名远震，使法军闻风丧胆。而黑旗军内就有不少是滇越边界地区的滇人，如《马关县志》第584页记述："……有马关籍人加入黑旗军赴越南与法军作战，战后部分人未回国而定居越南。"战后，刘永福奉命回国时，尚有数千名乃至近万名黑旗军官兵及其家属留在越南而定居下来，这当中包含着与越南人民并肩战斗的滇籍人士。

三 参加了老挝反抗法国殖民者的斗争

据《红河县志》第547页记载："老挝抗法战争期间，华侨理事会（红河华侨在老挝的社团组织——笔者注）积极组织华侨，支援侨居国人民反帝反殖斗争，与当地人民群众一道，运输粮食，弹药，支前抢救伤员。有的华侨踊跃参军参战，不少人壮烈牺牲，忠骨葬于异乡。1952年，华侨段志成、张应水、杨家明、赵克光、罗进生等参加老挝爱国战斗部队，同老挝人民并肩战斗，抗击法国帝国主义侵略。"这说明红河华侨为了老挝的独立解放，曾将鲜血洒在了老挝的国土上，甚至献出了宝贵的生命，将忠魂留于异域。

第三节 支援了祖籍国的民主革命及经济建设

云南籍华侨华人虽身处异国，但他们无时无刻不在关心祖国的

---

① 王介南、王全珍：《中缅友好两千年》，德宏民族出版社1996年版，第133页。

命运。他们大力支援祖籍国的民主革命，对家乡的建设事业也尽力予以帮助。我们的中华人民共和国、我们的云南能像今天这样的繁花似锦，与广大海外华侨的关心和支持是分不开的。

一 支援孙中山先生的革命事业

云南籍华侨踊跃参加了20世纪初孙中山先生组建的同盟会以及他领导的粤桂滇边境武装起义及黄花岗起义。还有不少人慷慨募捐，宣传革命。他们为推翻帝制、建立民国，为辛亥革命的胜利做出了贡献。

（一）加入同盟会，在思想、组织和经费方面多方努力，进行革命活动

1905年8月，孙中山、黄兴等革命领导人，在日本成立了"同盟会"，颁布了"驱逐鞑虏，恢复中华，创立民国，平均地权"的革命宗旨和纲领。10月，孙中山进而将十六字纲领归结为"民族、民权、民生"三大主义。自此，中国资产阶级民主革命派有了自己的政党，也有了完整意义上的资产阶级民主主义革命的宗旨和纲领。同盟会的成立，标志着中国资产阶级领导的民主主义革命的开始。留居国外的一些云南华侨，也于此时加入同盟会，参加革命。1904年，李根源、寸辅清赴日留学，1905年参加了同盟会，他们与在家乡和在缅甸的华侨有直接联系，此事影响十分深远。如1906年，以反对清政府、宣传民主革命为主旨的《云南》杂志社在东京成立时，和顺华侨就在经费上给予了大力支持。李根源在《"云南杂志选辑"序》中谈道："经费方面，由杂志社致函国内同乡与缅甸华侨劝募。结果有缅甸华侨张成清、李瑞伯、李玉海等劝募得五千余元……"此外，和顺张成清、寸辅清、李曰垓等人还积极为《云南》杂志撰稿。1906年，腾越所属干崖的傣族刀安仁在日本加入了同盟会，当得知孙中山急需经费开展革命活动时，刀安仁即飞笺与和顺的许和轩等人联系，结果许劝募得一笔钱款送交孙中山。1906年，黄兴等到缅甸秘密发展同盟会组织，吸收了李德

贤、寸海亭加入同盟会。1908年，杨振鸿至缅甸，介绍和顺华侨张成清加入。同年，李根源、吕志伊等在日本东京倡设以脱离满清政府、宣传革命为宗旨的"云南独立会"，据章太炎《张成清传》记载：张成清与之呼应，召集"云南死绝会"于缅甸瓦城，"告滇人应与北京政府断绝，助缅甸、安南、印度独立……英吉利置仰光总督查其与缅人有异谋，捕杀之"，张成清在反帝反清爱国运动中，献出了生命。

（二）组织、发动、参与和支持河口起义、辛亥腾越起义、昆明重九起义、广州黄花岗起义和武昌起义

20世纪初，越南华侨积极参加孙中山领导的推翻满清封建王朝统治的民主革命斗争。1902年11月，孙中山到河内宣传革命，得到侨商黄隆生的大力支持。12月，越南兴中会在河内成立，积极发展会员、筹集经费、购置武器，为孙中山以河内为基地发动粤、桂、滇历次起义作准备。1907年，孙中山在西贡华侨中演讲，当场筹得3.5万元。同年，兴中会改组为河内同盟会，其成员奋不顾身地参加各地的武装起义。

光绪三十四年（1908）春，孙中山派越南华侨革命者黄明堂、王和顺等率领从镇南关（今友谊关）撤出的革命者百余人，在孟坝寨设立前敌指挥部。3月29日，起义军从越南边界渡河进攻河口。4月30日，与反正的清朝军队会合，攻占河口。旋分兵北上连克南溪、新街，直逼蛮耗、蒙自，全滇震动。5月5日，孙中山派黄兴为云南国民军总司令，节制各军。起义军得到河内华侨革命者供应之粮饷、军械，与云南、广西两路清军激战20余日。因弹药告竭失利，26日，河口失守。黄明堂等率六百余起义军退入越南太原地区，拟转入广西边境，蓄积力量，徐图再举。后被越南北圻法军缴械，遣送新加坡。① 河口起义是有越南华侨参加的云南人民反清

---

① 周南京：《华侨华人百科全书·历史卷》，中国华侨出版社2002年版，第176页。

起义，沉重打击了清朝的统治基础。

另据李曰垓《同盟会在仰光活动点滴》记述：1911年10月25日，同盟会会员"张文光在腾冲运动驻防新军三十六标反正独立，成立都督府……但为军饷不继，人心惶惶，曾向旅缅华侨告急。敬贤、丽三接到起义的好消息，即星夜奔赴仰光与同盟会同仁共商支援的办法。开会决议，以卢比叁万盾派寸海亭、李瑞伯二人解赴腾冲，以济军饷，军心因之安定"。除财力支援外，同盟会缅甸分会还从人力方面支持腾越军政府。10月26日，派出两支先锋队，带着仰光益商学校师生连夜赶印出来的《军政府宣言》和《安民布告》入滇揭帖。10月30日，缅甸华侨组织义勇军回祖国参加北伐。陈钟灵率领13人，自备川资，赴闽参军。李亚美率领43人，赴滇参军，每人发军饷60元。11月6日，同盟会缅甸分会派出的第二支先锋队报告，已抵达腾越。在腾越军政府内，吴镇福、曹恩羡主持财政，周作霖主持外交，缅甸华侨寸开泰主持内政，还有几位缅甸华侨在军队中当参谋。由于军政府后来被土豪操纵，吴镇福、曹恩羡、周作霖等人在11月25日被迫离职返缅。李亚美率领43名赴滇参军人员转往广州。①可见，缅甸华侨给予了腾越军政府有力的支持。亲携巨款接济腾越军政府的寸海亭，系缅甸侨领，对革命多有贡献，在其六十岁寿辰时，孙中山领衔为之祝寿，表彰寸海亭是："华侨旗帜，民族光辉。"西南军政府主任总裁岑春煊则题赠"民国策勋"匾额。

辛亥九月九日，云南省城起义，和顺寸辅清、李曰垓等参与其事。李根源等攻下五华山，寸辅清即辅助李根源草拟安民告示。云南军政府成立，李曰垓负军政部次长兼秘书长重任。护国运动中，李曰垓的"讨袁檄文"中曾有"昆仑上下谁非黄帝子孙，逐鹿中原合洗蚩尤兵甲"的名句，充分表达了华侨心系祖国的心声。

---

① 周南京：《华侨华人百科全书·历史卷》，中国华侨出版社2002年版，第332页。

第三章 云南籍华侨的重大贡献

广州黄花岗起义，和顺华侨参与筹谋并捐献重金。据吕志伊《同盟会锁录》载"党人在西橄革命之基始立。宣统克强先生（指黄兴）到仰光，志伊随之，赴皎墨晤寸尊福，商筹款及滇西起义事，尊福言心甘。……是年底克强先生自皎墨返阿瓦、仰光回至香港，遂有次年三月二十九日黄花岗之事"。黄兴专程将如此重大的军事机密与寸尊福商谈，可见黄兴对寸尊福的器重与信任。仅其一人，就先后为各次起义捐输缅币十余万元。辛亥革命成功，建黄花岗七十二烈士墓，捐金芳名中有其名字。[①]

武昌起义胜利后，缅甸华侨也响应同盟会缅甸分会的号召，捐款支持革命。1911年11月13日同盟会缅甸分会发出了告全缅侨胞书，文如下：

缅甸中国同盟会支部会长徐何为通告事。吾大汉义师，八月十九日（10月10日）起义武昌，于兹匝月，满虏一败涂地，光复故国山河，易若反掌。吾同胞逃离奴圈，进为共和国一等公民，诚空前未有之快乐事也。吾侨胞得捷报佳音于兹，所筹款项交本支部转祖国军政府，数达二十万，可云缅侨爱国真诚，非等闲可比矣。虽然，新复土地百废待兴，且在在尤确守文明，对于民间秋毫无犯，以此军律愈申严，而饷需因之而愈困难。临阵诸君，舍身救国。吾侨同时炎黄子孙，筹饷接济，断难放弃责任。前日虽云兑汇巨万，何异杯水车薪。急电时至，大为焦急。本同人不得不复望最亲爱之伯叔兄弟，诸姑姊妹等，急解义囊，共襄盛举。他日大事告成，功不在禹下，同胞勉诸。

该书发出后，全缅侨争先恐后，踊跃输将。1911年12月8日，

[①] 尹文和：《云南和顺侨乡史概述》，第297页，载云南历史研究所《研究季刊》，1984年第2期。

汇回上海的款项达7500元。1912年4月23日，又汇回上海、福建各5000元。① 这些义款，有力地支持了新生的革命政权。

二 支援祖国的抗日战争

抗日战争中，云南籍华侨以成立各种机构募捐、捐资、宣传、回国参战等多种形式支援祖籍国的艰苦卓绝的对日斗争。

（一）成立机构，参加各种服务团体，为抗战出力

抗战爆发后，和顺华侨寸仲猷受到陈嘉庚先生之感召，在仰光组织华侨救灾会（筹赈会），动员人力物力，支援祖国抗战。在缅甸的滇侨，积极参加各种战地服务机构。有的参加"南洋战地工作服务队"，有的加入"滇西商车运输队"回国服务；有的就地服务，如寸镜洋服务于雷允机场，黄联科参加缅甸华侨救护队，寸鹤志参加修筑滇缅公路，任民工大队长。民国三十一年（1942）腾冲沦陷，沦陷区的华侨学生，大部分转入"腾梁战地工作队"，为抗战贡献力量。② 梁河县在缅经商的尹溯涛，"9·18"事变后参加"腊戍华侨抗日救国会"，后回国在阿佤山一带进行抗日宣传。

（二）捐财输物，支援抗战

1937年抗日战争全面爆发后，为了支援持久抗战，远在印度的云南商人也和国内人民一起，用实际行动响应号召，冲破英印政府的外汇管制，纷纷寄资回国参与"七七献机"活动。以下是云南驻印商人捐款购机荣获国民政府奖励的情况。

此外，为抗战做出突出贡献的滇籍华侨中，首推梁金山。梁金山是保山蒲缥人，生于1884年，16岁前往缅甸谋生，后到缅甸南渡波顿老银厂当承包工头而致富。抗战爆发后，他积极抵制日货，宣传抗日，并多次捐款支援抗战，其最突出的贡献是修建惠通桥。惠通桥是一座铁链吊桥，位于云南省龙陵县东北怒江腊勐渡，南北

---

① 周南京：《华侨华人百科全书·历史卷》，中国华侨出版社2002年版，第484页。

② 腾冲县志编纂委员会：《腾冲县志》，中华书局1995年版，第685页。

第三章 云南籍华侨的重大贡献

民国三十年（1941）驻印云南商号捐款购机获奖

商　号	负责人姓名	捐款类别	应得奖励	奖励属条何项
恒盛公	张相诚	七七献机	均获银色奖章	均为第二条第三项
铸记	马铸材	七七献机		
永昌祥	严燮成	七七献机		
茂恒	王少岩	七七献机		
裕春和	牛文伯	七七献机		
元德和	和万华	七七献机		
恒和号	赵紫垣	七七献机		
仁和昌	赖敬禹	七七献机		
长兴昌	马长寿	七七献机		
杨守其	杨守其	七七献机		

资料来源：民国云南省私营进出口商档案，卷宗号"132-4-58"，云南省档案馆馆藏，转引自周智生《商人与近代中国西南边疆社会》，中国社会科学出版社2006年版，第237页。

横跨怒江，是德宏、龙陵等地通往内地的交通要道，属滇缅公路上的重要桥梁。该桥自建造以来，"历百余年，时有捐修……良以壁峭桥高，狂风屡触，土制铁链，粗脆未固，民国以还，历任县官皆积极倡修，卒未果行"。直到1932年，"绥江石麟邱县长，调宰斯邑，下车伊始，首以建筑斯桥为急务，成立建筑委员会……殚精竭虑，不遗余力，旋以底款有限，除呈请省府再行拨款补助外，并函驻缅华侨会长梁君金山，鼎立赞助"①。梁金山知道此事后，立即答应由他负责捐工捐料，并多方奔走策划，在缅北同乡中募捐建桥费，聘请印度工程师赖月生率领工人一同到现场建桥。他是承包建

---

① 林竹品：《重建惠通桥碑记》，载李根源《永昌府文征》，云南美术出版社2001年版，第2988页。

筑者，又是主持筹建人。该桥自 1932 年动工重建，至 1935 年 1 月方竣工。但仍不能通车，到 1938 年 8 月才抢修通车。惠通桥的建成，对抗日战争时期沟通滇缅交通和开发滇西都起到了极为重要的作用。

又据 1940 年 3 月 8 日《中央日报》报道："缅甸华侨救灾总会，以抗战期间后方物资运输甚关重要，特发起全缅华侨献车运动。于（1939 年）7 月 24 日在仰光举行献车典礼，侨胞踊跃参加，当场捐得汽车 60 辆，该会现正继续招募，拟募足百辆，呈献政府……"

抗日战争时期，缅甸华侨约 50 万人，其中云南、广东、福建三省籍的人数最多，他们的抗战情绪很高，每月约汇 30 万元支援祖国。①

（三）投身沙场，捐躯报国

抗战期间，云南华侨除捐资出力外，还亲上前线杀敌。如民国二十六年（1937）抗战爆发后，仰光腾侨李祖武带领华侨数十人投奔蔡廷锴，参加上海保卫战。李祖厚、李生芬等参加远征军，转战于缅甸；寸二参加中缅联合抗日游击队，转战于果敢、孟定、耿马。② 又如原籍梁河，生长于八莫的王树荣及梁河籍在缅经商的彭才廷，回国投入第 11 集团军做侦查工作，并为国捐躯。③

三 支援家乡的建设事业

华侨对家乡的贡献主要体现在引进各种经济作物，投资建厂，发展地方经济以及兴办学校、医院等公益事业。

（一）引进经济作物

乾隆时期，旅缅华侨把缅甸出产的大腹槟榔、杧果、娑罗树、

---

① 许百均：《云南省志·侨务志》，云南人民出版社 1992 年版，第 163 页。
② 腾冲县志编纂委员会：《腾冲县志》，中华书局 1995 年版，第 685 页。
③ 云南省梁河县志编纂委员会：《梁河县志》，云南人民出版社 1991 年版，第 595 页。

诃黎勒、小粒咖啡等有用植物引进中国，丰富了中国的农作物品种。①

1906年，干崖华侨刀安仁在去日本的路上途经新加坡，发现此地既有橡胶树，也有榕树，经研究发现，干崖气候土壤具有种植橡胶树的条件，随即购买八千棵橡胶树苗和部分桑树苗、少量银华、皂果种子，请了两名技术人员，派刀卫廷负责运回干崖，安排好后再去日本。刀卫廷回干崖后，把八千株橡胶树苗定植在干崖新城的凤凰山山坡上，这是我国首次超越北纬24度种植的橡胶树，也是刀安仁对发展我国橡胶事业所作出的贡献。②

此外，梁河旅缅华侨还引进缅甸的橡胶树、番木瓜、菠萝、缅桃、咖啡、菜花、洋白菜等作物在县内种植。③

1935年，旅居印度的华侨，"恒盛公"商号驻印度经理张相诚和夫人李春凤，把印度友人赠送的木香种子带到云南鲁甸栽种成功，从此云南始有木香，即所谓"云木香"。④

红河华侨也从国外引进一些花草果木及禽兽。如潘永从马来西亚带回凤凰花，李寿山从老挝川圹带回洋石榴（黄花夹竹桃），王佩、马四从缅甸带回龙舌兰，姚马宝由越南河内带回小蜜多萝（人参果），以及其他人带回的禽兽如狼犬、矮脚鸡等。40年代从缅甸引进的缅栀子种于武庙，至今根深叶茂，每年有三季开花。⑤

（二）投资设厂，发展地方经济

清代，有不少腾冲华侨投资兴办实业。如光绪三十一年（1905），寸嗣伯经缅赴日留学，毕业归国时随身携带铅印机、石印机各一部至腾冲，开设印刷局。民国时期，腾冲华侨引进先进技

---

① 王介南、王全珍：《中缅友好两千年》，德宏民族出版社1996年版，第89页。
② 谢本书：《孙中山与刀安仁》，《云南民族学院学报》1993年第1期。
③ 云南省梁河县志编纂委员会：《梁河县志》，云南人民出版社1993年版，第594页。
④ 许百均：《云南省志·侨务志》，云南人民出版社1992年版，第5页。
⑤ 云南省红河县志编纂委员会：《红河县志》，云南人民出版社1991年版，第547页。

术和人才，兴办地方工业，促进了腾冲火柴、造纸、电力等工业的发展。①

民国时期，大理喜洲华侨在家乡兴办了一些小工厂。如1938年"永昌祥"与人合伙在翔龙村建立小织染厂，1940年办猪鬃厂等；缅甸归侨杨茂馨兄弟于1940年在沙村建酒精厂；1941年以缅甸归侨尹辅臣为主筹办了喜洲电力股份有限公司，兴建的万花溪水电站，于1946年1月正式发电，是云南省较早的水电站。②

（三）兴办学校、医院等公益事业，造福乡里

明代，和顺归侨寸玉改修家乡河道，将和顺西片开成了良田。清光绪三年（1877），以李景山为首的和顺旅缅华侨组成咸新社，筹集经费，在和顺建立书报阅览室。民国十三年（1924），旅缅华侨青年会成员寸仲猷、李清园等组织和顺书报社。民国十八年（1929），和顺旅缅华侨募捐、赠书，筹建和顺图书馆，至民国二十七年（1938）建成使用。馆舍精致宏伟，中外闻名，"在中国乡村文化界堪称第一"。③

1904年和顺寸辅清留日归国，创立永昌师范学校，开滇西新学之先声；1911年李景山创立和顺两等学堂；1915年寸辅清又创立腾越中学；1940年，国内外侨胞集资创办和顺益群中学，李启慈创办腾越县立女子师范，李生庄创办腾越简易学校；同年，侨商钏文辉弟兄捐印币2000盾，资助女子中学。④

在红河迤萨，华侨同样不忘家乡建设，多次捐款给家乡办学，筑路修桥，建造石缸。20世纪二三十年代，曾侨居缅甸景栋的孙重，多次捐资重修迤萨小学。民国十九年（1930），华侨周绍之妻盘羊妹，捐重资，在迤萨西门街场建盖石缸，方便了过往行人饮水。此外，华侨还捐资建造了迤萨西山公园阁楼、文星阁、新庙和

---

① 腾冲县志编纂委员会：《腾冲县志》，中华书局1995年版，第686页。
② 大理市史志编纂委员会：《大理市志》，中华书局1998年版，第734页。
③ 腾冲县志编纂委员会：《腾冲县志》，中华书局1995年版，第686页。
④ 同上。

东西城门等建筑。①

在大理喜洲，华侨、侨眷除创办工厂外，还兴办了学校、医院、图书馆等。如喜洲的中小学受到地方有识之士和华侨的赞助。1914年建新校，1926年改为大理县第二区第一完全小学；1939年成立"大理喜洲私立五台中学"，严宝成于1937年兴办"淑川女子学校"，后又在学校内设喜洲师范学校（现改为喜洲镇第二中学）。1935年由商号"永昌祥""锡庆祥"共同捐资建立喜洲医院，并在1939年附设喜洲高级助产职业学校；1938年，严子珍捐新币204300余元兴办"仓逸图书馆"。"永昌祥""锡庆祥"还出资购置消防用具，成立喜洲消防大队。这些公益事业，直接为当地的文教卫生和地方经济的发展做出了贡献。②

---

① 云南省红河县志编纂委员会编纂：《红河县志》，云南人民出版社1991年版，第547页。

② 大理市史志编纂委员会：《大理市志》，中华书局1998年版，第734页。

第四章 明、清至民国时期云南的侨务政策研究

明朝以前,移居海外的中国人不多,封建统治者不太在意,也未制定专门的华侨政策,明清之际,海外移民渐多,统治者的华侨政策也应运而生,并日趋严密,前期基本奉行了排斥、防范、限制、漠视华侨的政策,1860年后,因国内外形势变化,转而对华侨实行保护政策,而民国时期云南地方政府的华侨政策具有开创性,总体上是成功的,并为中华人民共和国成立后制定华侨政策打下了一定的基础。

第一节 明朝对待云南华侨的政策

一 明朝的华侨政策

中国人移居海外已有两千多年的历史,这种移居是与对外贸易活动紧密结合在一起的。因而,自有对外贸易始,就有因贸易原因出国居番的华侨。明朝以前,由于中国人口稀少,交通不便,移居海外的人数不多,因此历代政府大多不太关注。自明朝开始,移居海外的华侨大量增多,明王朝为维护其专制统治,在大部分时间内厉行"海禁",禁止中国人出洋谋生,在不同的统治时期依情势制定了不同的华侨政策。

(一)明初的海禁与民人犯禁出海

明初,由于倭寇扰乱海疆以及潜在的反明势力的存在,立足未

稳的大明王朝感到威胁,便厉行海禁。国家法令规定:"若奸豪势要及军民人等,擅造二桅以上违式大船,将带违禁货物下海,前往番国买卖,潜通海贼,同谋结聚,即为向导劫掠良民者,正犯比照谋叛已行律处斩,仍枭首示众,全家发边卫充军",① "若止将大船雇与下海之人,分取番货,及虽不曾造有大船,但纠通下海之人,接买番货与探听下海之人,贩货物来,私买贩卖苏木、胡椒至一千斤以上者,俱发边卫充军,番货并没入官"。② 可以看出,明初的海禁,重在禁人出海,完全杜绝私人海上贸易。但沿海居民世代靠海为生,以海为田。为了生存,他们不得不犯禁出海,从而被迫寓居海外,成为华侨。

(二)郑和下西洋时期明政府抚剿并用的华侨政策

1405—1433年,郑和七下西洋,成就了中国航海史上的壮举。郑和的七下西洋,除了招谕各国朝贡、进行官方贸易外,招抚海外移民,镇压流民,剿灭海寇也是其重要使命之一。在招抚海外华侨方面,明成祖继位(1403)之初即颁布诏书,招诱他们回国。诏书称南洋华侨"本国家良民,或因于衣食,或苦于吏虐,不得已逃聚海岛,劫掠苟活。朕念好生恶死,人之同情。帝王替天行道,视民如子,当洗涤前过,咸俾自新。故已获罪者悉宥其罪。就俾斋在敕往谕尔等:朕已大赦天下,可即还复本业,安土乐业,共享太平",③ 招谕取得了一定的效果,1407年就有八百多海外华侨应诏回国。④ 对那些不愿回国,又不顺服明廷的华侨,则采取剿灭的政策,如镇压陈祖义就是例子。招抚和剿灭的目的都是稳定海疆和贡道畅通,进而巩固封建统治。总的看来,这一时期明政府仍然严禁私人出海,但并未将华侨视为外化之民,而是采取各种手段令其回国或顺服,以稳定其统治。

---

① 《皇明世发录》卷二十。
② 同上。
③ 谭希思:《明大政纂要》卷一三。
④ 《明成祖实录》卷四一。

(三) 明朝后期对海外华侨遗弃的政策

明代中期（15世纪末—16世纪中），东南沿海倭寇肆横，民人犯禁下海者也多。为此，政府实行了更加严厉的海禁政策。隆庆（1567—1572）初年，由于倭寇渐平和沿海人民的抗争，加之明政府也看到了海上贸易能带来税源，决定部分开放海禁，"准贩东西二洋"。① 于是，海上私商贸易得到空前发展，促使海外华侨骤增。但这种海禁的部分开放，并不意味着明政府对海外华侨的认可，如他们有时与殖民者勾结，共同打击海上华商势力。对于西方殖民者屠杀华侨时，则不闻不问，如万历年间，西班牙殖民者屠杀菲岛华侨，明廷就采取不予保护，任其遭祸的政策，从而助长了殖民者的嚣张气焰，使海外华侨的生存发展充满了曲折和辛酸。

二 明朝云南的华侨政策

在陆路边境方面，明统治者为了维持边境地区的安定，对边民的往来采取严格的管理措施，对违禁寓居的现象给予严惩，对边境地区的商贸往来，因边情的张弛形势有所宽严变化。

(一) 禁止云南华侨外出的政策

明初，随着滇缅贸易的兴盛，因经商而寓居缅甸的华侨大量增加。如弘治时云南监察御史谢朝宣就奏称："……臣闻蛮莫等处乃水陆会通之地，夷方器用咸自此出，货利之盛非他方比，以故思陆屡抚不退。况迩年以来，透漏边情不止恭们、段和而已。又有江西、大理逋逃之民多赴之……"② 可见，寓居的边民不少。又如正统年间兵部尚书王骥也说："云南东南接壤交趾，西南控制诸夷。……曩者麓川之叛，多因近边牟利之徒私载军器诸物潜入木邦、缅甸、八百和车里诸处，结交土官人等，以有易无。亦有

---

① 《东西洋考》卷七。
② 《明实录》卷153，摘自余定邦、黄重言《中国古籍中有关缅甸资料汇编》，中华书局2002年版，第183页。

第四章　明、清至民国时期云南的侨务政策研究

教之治兵器，贪女色，留家不归者。漏我边情，莫此为甚。以故边患数年，干戈不息，军民困弊。请严出入之防，复有犯者，必治以死，家属发烟瘴地面充军。……从之。"① 此载说明明初有大量云南华侨移居到边临诸国的史实，由于当时边患不断，明统治者实施了严查边防，禁止民众移居的强硬政策。此后，加强边关防御，禁止民人外出的措施不断加强，如《明会典》卷一三二载："弘治十三年，军民私出外境……若夜不归出境哨探而与夷人交易者，除真犯死罪外，其余俱掉发烟瘴地面"，"又令凡川、广、云、贵、陕西等处，但有汉人交接夷人，互相买卖借贷诓骗，引惹边衅及潜往苗寨教唆为乱、贻害地方者，俱发问边卫永远充军"。又如正统十一年，云南按察司佥事李瑾言："……金齿、腾冲、景东、临安等处与交趾、车里、木缅诸夷接境，多有官军人等入番买卖，泄露事情，宜如巡关及防倭事例，委云南三司官一员往来提督巡视。上曰：'朝廷整饬边备，抚安夷人，要在经久。兵部速移文总兵镇守等官计议，务在地方宁靖，军民所得，毋得徇私偏执，贻患边陲。'"② 说明了边备的加强。另如成化二十三年三月，在接到巡抚云南右副都御史章律等奏报交趾人刀祝犯边境，被官军追击逃跑后的军情后，成化帝谕："刀祝既逃还，不必追究，命镇巡等官严督沿边防御，禁革交通。"③ 就体现了预防措施的严密。对私人贸易，也是严加禁止，进而防止边民逸出。如成化十六年，禁云南边境军民交通外夷。时总兵官黔国公沐琮奏："金齿、腾冲、为诸夷喉襟要地，比土人多以违禁货物，与之贸易宝石，乞加禁止。"从之。④

---

①　《明英宗正统实录》卷117，摘自余定邦、黄重言《中国古籍中有关缅甸资料汇编》，中华书局2002年版，第148页。
②　同上书，第151页。
③　台北"中央研究院"历史语音研究所校勘：《明宪宗实录》卷288，上海书店出版社1982年版，第4867页。
④　台北"中央研究院"历史语音研究所校勘：《明宪宗实录》卷199，上海书店出版社1982年版，第3492页。

（二）统治者开采宝井及商业贸易的发展，客观上导致了在缅云南华侨的增多

明朝永乐年间，在今缅甸北部的兴威、腊戌一带设木邦军民宣慰司，在莫宁、杰沙一带设孟养军民宣慰司。蒙米特、抹古一带的红宝石产区，原属木邦管辖。后来，脱离木邦自立，经明朝政府认许，设立孟密宣抚司。直到万历年间，这个地方才置于东吁王朝的控制之下。成化年间，明朝派遣中官出边采办宝石，开宝井，耗费大量人力物力，万历年间，宝井开采更得到朝廷支持，如云南税监杨荣奏请："阿瓦、孟密土夷效顺，恭进宝石、象牙、布毯诸方物。并祈宝井专敕，以便开采。"① 即获明神宗同意。中官出边采办宝石，使内地不少矿工流寓到现今缅甸北部地区。他们当中，大部分是滇西人，也有江西抚州人。沈德符记载说："世宗末年，索宝于户部尚书高耀，至倾全滇物力，不能如数。"《明史》记载说："孟密宝井，朝廷每以中官出镇，司开办。武宗朝钱能最横，至嘉靖、隆庆犹然。""凡采办必先输官，然后与商贾贸易，每往五六百人。"正是明朝开采宝井，使滇省矿工进入上缅甸出现第一次高潮。商业贸易方面，尽管明政府严禁私人贸易，并对出入关口严加督查，但仍有因经商外出寓居之人，正如朱孟震在《西南夷风土记》卷5中载：明末"江头城外有大明街，闽、广、江、蜀居货游艺者数万，而三宣六慰被携者亦数万"，说明终明之世，寓居缅甸的云南侨商已增至数万人。

第二节　清朝对待云南华侨的政策

一　清朝的华侨政策

清朝的华侨政策以1860年为界可分为前、后两个时期，不同

---

① 《明神宗实录》卷352，摘自余定邦、黄重言《中国古籍中有关缅甸资料汇编》，中华书局2002年版，第221页。

的时期采取的华侨政策截然不同。前期禁止中国人移居国外,限制华侨归国,对海外华侨进行防范与漠视,听任西方殖民者迫害华侨的政策。后期时,因两次鸦片战争后,西方列强用武力打开了清朝闭关锁国的大门。1860年,清政府被迫允许华工出国,继而随着对海外华侨重要性的认识,清政府一改过去敌视华侨的态度,对海外华侨转而采取保护的态度,诚为几百年来对华侨政策之巨变。

(一)顺、康、雍、乾时期敌视、限制华侨的政策

清朝建立之初,面临着郑成功的部队在东南沿海一带坚持与清军对抗,进行反清复明活动。而郑成功之所以能坚持下去,与当时东南亚许多华侨的支持不无关系,由此导致了清廷对华侨的反感和敌视。另外,长期受儒家思想影响的封建统治者,对对外贸易和海外移民抱有偏见,认为对外贸易"嗜利",唯利是图,与"重农抑商"的国策相背离,海外移民则是弃双亲、祖宗和国家于不顾,变成对双亲不孝顺,对政府不忠诚、不敬畏的行为,严重违背了封建伦理道德。因此,基于上述考虑,为了巩固统治,清政府实行严厉的海禁政策,禁止沿海民人私自下海贸易,禁止国人移居海外。顺治四年(1647)颁行的《大清律》规定:"凡官员民兵私自出海贸易,及迁移海岛居住耕种者,俱以通贼论处斩。"① 顺治十三年(1656),顺治帝又谕:"海氛未靖,必有奸民暗通线索,资以粮物,若不立法严禁,何由廓清!今后凡有商民船只私自下海,将粮食货物等项与逆贼贸易者,不论官民,俱奏闻处斩。"② 康熙二十三年(1684),清政府收复台湾后,废止了清初执行40年之久的"禁海令",并开海贸易,但对华侨的看法仍未改变。据《清圣祖实录》卷270载,康熙于1716年冬曾对大学士九卿等说:"海外有吕宋噶喇吧等处常留汉人……此即海贼之薮也。"并认为"海外噶喇吧乃红毛国(指荷兰人)泊船之所,吕宋乃西洋泊船之所,彼此

---

① 《大清律例全纂》卷20,兵律关津及违禁下海节。
② 光绪朝《钦定大清会典事例》卷776,兵律关津,私出外境及违禁下海节二,历年事例。

藏匿盗贼甚多，内地人民希图获利，往往留在彼处"。① 似将华侨等同"海盗""盗贼"看待了。针对这些私自出洋的商民，清廷1717年"督行文外国，将留下之人令其解回立斩"②。从实施结果看，虽只是一纸空文，但反映了清廷对华侨的仇视。又如雍正在给浙江总督李卫的一份奏折上批曰："又闻噶喇吧、吕宋聚有汉奸不下数万，朕经屡次密谕闽广督抚加意体访具奏。"③ 说明到南洋诸岛的华侨并未因清廷的禁海令而减少，从中也可看出，清廷仍将华侨视为"汉奸"，刻意防范。

其实，清政府不仅禁止华侨出国，而且禁止或限制华侨归国。如雍正帝认为："此等贸易外洋者，系不安本分之人，若听其去来任意，不论年月之久远，伊等益无顾忌，轻去其乡，而飘流外国者益多矣。嗣后应定期限，若逾期不还，是其人甘心流于外方，无可悯惜。朕意不许令其回内地。"④ 1728年又重申："出洋之人，陆续返棹，而彼地存留不归者，皆甘心异域，违禁偷往之人，不准回籍"⑤，很明显，清政府还是摆脱不了存留海外之人是为了谋利的想法，他们担心这些新生的实利主义的"背离者"将给后人树立不好的典范，回来后于地方治安也不利，因而要禁其回国。稍后，清政府对华侨归国问题又有所松动，如1754年规定："嗣后有实因贸易稽留在外或本身已故，遗留妻妾子女愿回籍，均准其附船回籍。"⑥ 但对于那些"偷渡番国，潜往多年，充当甲必丹，供番人役使，及本无资本，流落番地，哄诱外洋妇女，娶妻生子，迨至无以为生，复图就食内地以肆招摇诱骗之计者，仍照例严行稽查"。⑦

---

① 《清世宗实录》卷58，雍正五年六月，丁未条。
② 《皇朝通典》卷八十，刑制。
③ 《宪庙朱批谕旨》第3册，第28页。
④ 《皇朝通典》卷八十，刑制。
⑤ 同上。
⑥ 《清高宗实录》卷四六三。
⑦ 《重纂福建通志》卷二七〇，国洋互市。

对于按例回国的华侨,清政府仍加以控制和管束,原因是对归侨猜疑重重,如雍正帝认为:归国华侨"在外已久,忽复内返,踪迹莫可端倪,倘有与外夷勾连,奸诡阴谋,不可不思患预防耳"。①1728年,清政府又规定:"中国民人过海到外国居住有十年十数年者,回来沿海居住,造捏无影浮言煽惑人心……有此等人不可令在海边居住。当迁移于内地,散其随附妄行之党,不但内地清静,即外国闻之亦生警惕。"② 想用隔离居住的办法孤立归侨,防止他们生事端,着实是草木皆兵、杯弓蛇影了。在此种对待归侨的政策下,一般侨民回国后都受到刁难和监视,在海外政府做过事的甚至受到处置。如1728年,从噶喇吧和越南回来的一些福建籍华侨,他们向官府承认在国外是种田经商的本分人,但雍正帝却告诫地方官"毋即信以为真,宁可再加察访……饬令属员徐徐设法诱问,务悉其底里","准安插原籍,但须留心察访其情形耳"。③ 又如1749年,原福建龙溪的陈怡老偕全家归国。陈怡老曾在噶喇吧担任过雷珍兰(系荷兰殖民者设置的官职,负责协助管理华人),乾隆得到奏报后诏令"将私往噶喇吧充由甲必丹之陈怡老,严加惩治,货物入关"④,最后陈怡老被判充军,没收全部家产。

由于清政府对归侨控制之严,处罚之狠,使得海外华侨视归国为畏途。

(二)乾、嘉、道、咸时期(1795—1860年)漠视海外华侨的政策

1740年印度尼西亚发生了荷兰殖民者残害华侨的"红溪惨案",事件发生后,福建总督策楞将此事奏报清王朝,清廷竟不为华侨做主,既不出师问罪,也不移文声讨,反倒认为这些华侨是"内地违旨不听召回,甘心久住之辈,在天朝本应正法之人,其在

---

① 《朱批谕旨》四六卷。
② 同上。
③ 同上。
④ 王彦成、王亮:《清季外交史料》,书目文献出版社1987年版,第14—15页。

外洋生事被害，咎由自取"①。次年荷兰人尚恐清廷问罪，派使臣奉书谢罪，并为其残暴行为百般辩解。乾隆帝回答说："莠民不惜背弃祖宗庐墓，出洋谋利，朝廷概不闻问。"② 这些言行充分暴露了清政府的腐败及对"海外赤子"的漠不关心。

乾隆帝以后，清朝国力日衰，沿海地区的劳动人民为了生存，纷纷违反禁令出洋谋生，此时西方列强也接踵至东南亚一带，建立各自的殖民地。为获取廉价的劳动力开发各自的殖民地，殖民者开始向印度和中国掠夺苦力。清朝官员对此不闻不问，根本不顾华工的死活。特别是第一次鸦片战争之后，清政府被迫同列强签订了一系列不平等的条约，中国沦为被宰割的对象。清政府无力再实施其禁止出洋的政策，只好任列强在中国沿海地区掠夺苦力，但又不愿公开宣布取消禁令。苦力贸易逐渐从隐蔽转向公开，并自19世纪40年代起活动逐渐频繁。这从下述史料可看出当年殖民者在中国掠夺劳工的猖獗。如1852年5月17日英国驻香港总督包令向外交大臣报告："……劳工外流不断增长……中国当局是如此无力干预，以至在厦门，收买苦力的大巴拉坑（指囚禁苦力的'猪仔馆'）差不多就设在紧挨着海关的地方。"③ 同年8月25日，英驻广州领事报告："中国当局没有任何方面对移民出洋进行干涉，一切有关移民出洋的行动都是公开进行的。"④ 由此观之，清政府对华工出国的冷漠态度可见一斑。造成这种情况的原因主要是，一方面清政府不愿因此引起更多的外交纠纷；另一方面深受儒家思想影响的清朝官僚，仍存有视海外华侨为"叛逆"的意识。况且，19世纪中叶的清政府，内忧外患，自顾不暇，根本无力保护海外华侨。

（三）咸、同、光、宣时期（1860—1911）保护华侨的政策

1860年，英法联军攻占北京，逼迫清政府签订了《北京条

---

① 庆复折：《史料旬刊》1930年第22期。
② 转引自李长傅《南洋华侨史》，暨南大学出版社1929年版，第32页。
③ British Parliamentary Paper：China，Vol. 3，pp. 11 - 15，Shannon，1971.
④ Ibid.，pp. 11 - 21.

约》，其中第五款规定："凡有华民情甘出口，或在英（法）国所属各处，或在外洋别地承工，俱将与英（法）民立约为凭，无论单身或愿携带家属，一并赴通商各口，下英（法）船只，毫无禁止。"明确了华工出洋自由。这是清政府第一次正式废除海禁，是清政府对海外华侨政策演变的分水岭。正是从1860年起，清政府逐渐全面、认真地看待华侨问题，并开始采取行动保护海外华工和一般华侨，这是二百多年来清政府对海外华侨政策的重大转变。转变的主要原因，正如赵淑慧主编的《华人在五洲》一书中第295—306页中所说的：1. 国门被迫打开后，清政府外交事务繁多，列强自19世纪60年代起就在中国设立使、领馆，它们要求中国也派遣驻外使节。唯洋人之命是从的清廷遂先后在这些国家建立了使领馆，开始注意侨居国外、长期被漠视的海外华侨。2. 19世纪中叶后，海外华侨人数激增，在侨居国的经济地位逐步确立，并发挥着重要作用。而国内清政府连年镇压农民战争、灾荒频繁，"需用钱粮甚多"，而且，巨额的战争赔款，使得清政府财政极端困难，入不敷出。但由于有了几百万华侨的汇款、捐款及华工出国的注册费等帮补，使处于山穷水尽的财政"尚有可周转""足资补苴"，这也使清政府看到华侨对自己有利的一面，开始注重华侨的作用。3. 华侨在海外深受殖民当局的奴役和压迫，强烈要求清政府保护他们的合法权益。清政府一方面担心失去侨心，断了巨额汇款来源，另一方面又害怕华侨在外招惹是非，得罪列强，给自己带来麻烦，因而清政府要派遣驻外使领馆人员，既保护华侨权益，又约束华侨行为。4. 晚清政权内忧外患，危机四伏，面对康、梁等维新变法者及孙中山等革命派在华侨中宣传活动，清政府大为恐慌，遂派出领事去进行监视和破坏，同时摆出一副关心海外臣民权益的架势，以便同革命党人争夺海外华侨，维护其统治。①

晚清政府保护华侨的政策，概言之，主要有：1. 制定法律严

---

① 赵淑慧：《华人在五洲》，山西教育出版社2002年版，第295—306页。

厉打击拐卖华工的行为，使华工出国合法化；2. 设立领事馆保护华侨；3. 制定国籍法保护华侨；4. 帮助建立海外中华总商会和近代学校；5. 派遣专使、舰队访问海外华埠；6. 华侨归国合法化，招诱和保护华侨商人投资国内。

这里值得一提的是1909年清政府制定和颁布的第一部以"血统主义"为原则的国籍法大清国籍条例，明确规定：

第一章 固有籍

第一条 凡左列人等，不论是否出生于中国地方，均属中国国籍：

一、生而父为中国人者；

二、生于父死以后，而父死时为中国人者；母为中国人而父无可考或无国籍者。

第二条 若父母均无可考或均无国籍，而生于中国地方者，亦属中国国籍；其生地并无可考，而在中国地方发现之弃儿同。①

国籍法的颁布，为保护海外华侨提供了法律依据。

二 清朝云南的华侨政策

防止华侨出国是清政府限制人民迁移总政策的一部分。《大清律例》的"私越冒犯关津条"规定：凡无文引私渡关津者杖八十，若关不由门，津不由渡（别从间道）而越者杖九十。凡山东民人私赴奉天、边省民人越境，商人私入番地，违禁下海，私渡台湾、迁移海岛居住……都在禁令之内。② 力求用律令将人民固定于土地上，不许民人越境、偷渡到国外。清初厉行海禁，1683年海禁重开后，

---

① 《大清法规大全》卷二。
② 《大清律例全纂》卷20。

清廷仍颁布种种禁令防止人民从海路出国。在陆路方面，清政府也颁布了一系列禁令，并在各关口设兵严加看守，阻止西南边疆人民偷越到安南、缅甸、老挝等地。对流寓土司界内的汉民，为防止其流逸出国，一律严查勒令回籍。对越境商民，抓回后或处决，或充军，决不轻饶，对于少数民族出国也加以制止。对境外的华侨聚居点，则设法予以摧毁。1860年后，与全国的总体政策一致，执行了保护华侨的政策。

（一）制定严刑峻法防止人民循陆路出国

云南地接缅甸、老挝、越南，边界民人，素有通商传统，常互通有无，其中不乏私商越境不归者。这种现象，向为统治阶级所深恶痛绝，于是制定法令严加防范。

越南方面，由于该国于康熙五年（1666）受清乾册封，视如中国藩属。乾隆以前，清政府一般只在边界作松散的管理。乾隆八年（1743），随着内地人在安南日多，"且多娶番妇，留恋往来"，朝廷遂"在宁明州设会馆，由老成殷实之户充客长，登记出隘往交趾的客商姓名、籍贯、货物、去向，查明印票，发给腰牌，以备归来查验。有印票腰牌者方许放入。在外办货只以半月为限，过期即饬人头、保人是问，慎密稽查"① 这是对经广西出境越南的华侨采取的措施，对经云南外出的华侨，盘查方法也雷同。总之，是严明了出入口手续，如乾隆四十五年戊子，和坤奏："云南开化府属设立关口，内地民人有前往交趾贸易者，由藩司给以印票出口，每年税银约两千两，微同知经营。前因交趾有黄文桐滋事，内地民人不从，俱各逃回。该督李侍尧拿获，有发遣者，有因曾在该处娶妻，定拟死罪者……内地民人如有私行出口，例禁綦严，自有应得之罪。若由官给票，听其前往贸易者，原非偷渡关隘者可比……"② 可见，清政府对华侨私逾关隘的处理很严格。五年后，又增设边

---

① 《清高宗实录》卷226。
② 《清高宗实录》卷1106。

卡，加强了边境的稽查、防护，如乾隆五十年八月丁亥，云贵总督富钢等奏称："滇省临安府东南一带，路通安南、南掌等国。前经督臣李侍尧议设那黄渡、金子河、曲咀桥等卡，均在藤条江岸；且外有黑江，离城窎远，地广兵单，难资防守。查有澧社江一处，为由府至藤条江必经之路，形势扼要。请将那黄渡等卡换班兵停拔，另于澧社江上游之斗母阁地方设一汛，派把总一员，带兵三十名；下游之大石硐地方设一汛，派把总一员，带兵三十名，常川驻守。从之。"① 即加强了边界地段的防查。此外，在中越边界地段限制华侨出入方面，中越两国统治者还进行"合作"，对各自逃往彼国的华侨或越侨进行管理和镇压。如清廷曾"严饬沿边各员，禁止民人等出口，以使奸商无处籍词偷越。并饬安南国王一体留心，如有内地商民潜往彼国者，即令其拘拿呈送该督"②。对于拿获的华侨处置是很严厉的，如乾隆四十年谕："云南巡抚奏：广南府与广西省镇安交界地方，拿获窜入滇境匪徒古鸿伟等十八人，迅系从交趾宋星厂逃回等语。此等窜回厂徒，与广西所获无异，其桀骜者断不可留于内地，即游手无依者，亦不便仍留本籍。曾屡谕细核各犯情节，轻重分为三等，重者令往乌鲁木齐等处种地，轻者在各省安插，其无罪者仍留原籍，交地方官严行拘管。并令严定章程，毋使此后内地民人复行窜越外境，滇省亦当仿照办理。"③

缅甸、老挝方面，边界情况大体与越南相同。乾隆三十四年（1769）《实录》称：中缅边界"边务废弛，听民往来自便，致多流弊"。④ 其"听民往来自便"，足见中缅边境的管理是相当松弛的。华侨赴缅商贾、开矿似乎没有什么具体限制。乾隆三十二年（1767）中缅交战，严禁沿边隘口，不许商民夷民出入。乾隆三十三年（1764）四月上谕："自用兵以来，各关隘久已禁人外出……

---

① 《清高宗实录》卷 1236。
② 《清高宗实录》卷 997。
③ 《光绪会典事例》卷五一一《礼部》。
④ 《清高宗实录》卷 849。

往来俱有税口,自用兵以来概行禁止。"署云南总督阿里衮亦奏:往来税口"自用兵以来,概行禁止,臣等严加防范,商民俱不敢偷越"。① 为了防止内地民人先到土司地界再寻机出国,清政府采用了连环互保的办法,如乾隆三十五年(1770),署云贵总督彰宝奏:"内地赴缅贸易者,惟腾越及永昌人,先至土司地方,再逸出口。关隘虽设,僻径可通。现于内地总汇扼要处设总卡,派员弁驻扎巡察,不许一人前往土司界内。其在土司流寓汉民,俱饬查勒回籍。并饬府、州、县谕所属,十家连环互保。"② 与中越边界一样,对违禁之人处置也很严。如乾隆三十七年四月戊寅,又谕(军机大臣等):"据(云贵总督)彰宝奏审拟越关私贩之王世学等各犯,分别斩决、绞决一折,已批交三法司核拟速奏矣。至案内王化南、杨经及李三老等,以内地民人,当此关禁严密之时,乃敢住居关外地方,且敢容留私贩人等,则其平日必有探听消息,私行漏泄情弊,自当执法惩创,俾边氓知所儆戒……"③ 又如乾隆四十四年(1779)四月,将来自南掌的内地商民陈文清等五人发新疆、乌喇等地充军。④ 这些被处决、充军、严讯的内地民人多是一般贸易商人,仅因私越边境和中缅交恶,被处重刑。

对于云南边境地区的少数民族,清廷也禁止出国。如乾隆十八年(1743),于中越边界"木苏菁内盘获自交趾逃回沙匪一百四十六名,木阿赛坡头拿获沙夷三百二十九名,收获弩弓刀枪等二百三十六件","计前后拿获伪官二名,招回及盘获夷匪一千余名"。⑤ 这些所谓的"沙匪"实际是居住在云南边境地区的"僮人"。⑥ 他们越境回国后被擒获,处罚较汉人为轻,被"给予口粮,分解各原

---

① 《清高宗实录》卷 808。
② 《清高宗实录》卷 855。
③ 《清高宗实录》卷 906。
④ 《清高宗实录》卷 1080。
⑤ 《清高宗实录》卷 199。
⑥ 《辞海》民族部分,第 16 页。

籍，交地方官严加收管和安插"。① 乾隆四十二年（1777）规定："如有内地奸民及附近摆夷私越边界，出入牟利者，即严拿重处。"② 这里的摆夷即云南边境地区的傣族。乾隆四十三年（1778），又强调："勿使内地奸民及沿边摆夷等一人出入。"③ 上述两段史料表明，到乾隆后期，在禁止国内人民私越边界方面，朝廷已将少数民族与汉人等同看待，一概严禁了。

尽管清政府采取了种种手段严禁人民外出，但仍有不少民人逸出关外，如乾隆三十七年（1772），当"关禁严密之时"，竟有腾越州居民李叶然等逸出关外，"所带之骡多至二十余头，沿途行走"，乾隆帝因此认为，"关禁之有名无实可知。且铜壁关外一处如此，各边口大略相同"④。陆路隘口的管理不善由此可知。造成这种状况的主要原因，一是吏治腐败，贿赂公行，各级官员耽于职守；二是"沿边各隘袤长辽远，僻险小径处处开通"⑤，边关的难于防守造成的。

（二）清政府摧毁云南边境外华侨聚居点的政策

乾隆初年，滇缅边境有几个华侨聚居点，多由开矿的厂丁构成，其中最大的是吴尚贤为厂主的茂隆厂和宫里雁主事的波龙厂。茂隆厂很大，"厂既旺，聚众至数十万"⑥，而波龙厂，也"兵力强盛"，"当是时，群蛮最畏者，茂隆吴尚贤与桂家宫里雁"。⑦ 乾隆十一年，"尚贤捐通判职衔，甚相得也"，乾隆十五年，吴尚贤劝说缅甸王莽达拉交好清朝，"称臣纳贡，永作外藩"，但云南统治者一向对华侨报有疑心，认为"吴尚贤平素骄横，今率缅来降，其

---

① 《清高宗实录》卷943。
② 《清高宗实录》卷1048。
③ 《清高宗实录》卷849。
④ 《清高宗实录》卷905。
⑤ 《清高宗实录》卷811。
⑥ 乾隆《腾越州志》茂隆、波龙两厂事略，载李根源《永昌府文征》，云南美术出版社2001年版，第3571页。
⑦ 同上。

为邀功无疑；况外国归诚，未闻以厂民为媒者"，遂将尚贤逮捕，以其"在厂造军器、张黄盖……及充通事随缅使入贡，又于途次招摇，请治罪"。后瘐死狱中，"尚贤死，而厂徒散，群蛮自是轻汉人矣"①。随后，宫里雁也被永昌守备杨重谷构陷杀害，波龙厂从此衰败。二人被害后，虽然厂丁聚居点随之被摧毁，但清廷却是在自毁边城。当缅祸自此起后，"滇人每言，吴尚贤、宫里雁若在，岂有边祸？"② 意思是，有吴尚贤、宫里雁等约束数万厂丁，屯于边境，无异于一道钢铁长城，对云南边防颇有助益，即所谓"能保厂者，即防边也"③。边事自会宁静，此言不差。

（三）清政府保护云南华侨的政策

随着国际、国内形势的变化，清政府开始注意到海外华侨，并逐渐认识到海外华侨的地位和作用，在朝中开明官员的推动下，渐次制定一系列法令，实行保护华侨的政策。对云南华侨的保护方面，主要体现于在滇侨集中的侨居国调查华侨情况，商谈设立领事馆，维护华侨权益；并在与国外签订的条约中，缔结对华侨有利的条文，以公约形式维护和保障华侨利益。

如清末，曾出使英、法、意、比四国的外交大臣薛福成认识到了设领护侨的必要性，竭力主张在仰光等地设领。1891年，中国驻德使馆随员姚文栋回国，正与英国外交部商谈滇缅界务、商务的薛福成，让姚文栋顺道考察仰光商情和滇缅边界情形。姚文栋到仰光，经阿瓦、新街回到云南。他在缅甸看到："闽商粤商都在海口，约有万人；滇商散布于沿江及山中各埠，几与缅商相埒，约在10万人左右。"因此他建议，可在仰光设文报局，在八莫设分局，传递云南与外洋来往文书。同年，薛福成致书总理衙门，建议在仰光设领护侨。他说："查英属仰江一埠，亦号为南缅甸，华商不下五

---

① 乾隆《腾越州志》茂隆、波龙两厂事略，载李根源《永昌府文征》，云南美术出版社2001年版，第3571页。
② 同上。
③ 同上。

六万人。……本年春间，有德国随员姚文栋呈请游历印缅地方，福成札令顺道探查中缅交界，兼查仰江商务情形。……叩求禀请设官保护。"① 随后，薛福成又上奏："……英属仰光一埠，上通新街以接滇边，下联新加坡、槟榔屿等处，形势最为紧要，商务亦互相贯输。此处向有华民四五万人，而滇省商民之散处缅甸各口者亦复不少。迩年以来，臣屡接滇商公禀，谓中国无员驻缅保护，商民受损非浅，吁请筹设领事以保权利。上年三月，臣接滇督王文韶电称，仰光如设领事，滇人之福，倘有机缘，可由臣主稿会衔具奏等语……"②再次呼吁设领护侨。经过努力，在1894年签订的《续议滇缅界商务条款》中，确认了中缅（英属）互派领事的问题，并于1909年1月，清政府派驻仰光的领事馆正式开馆。

在越南方面，光绪十二年签订的《中法会议越南边界通商章程》第二款规定，"中国可在河内、海防二处设立领事官"之说，以条文形式表明了清政府护侨决心。该约第四款，尤有优待华侨的规定，文曰："越南各地方，听中国人置地建屋，开设行栈，其身家财产俱得保护安稳，决不苛待拘束，并与最优待西国之人一律，不得有异"，又第十六款载："中国商民侨居越南，所有命案、赋税、词讼等件，均与法国相待最优之国之商民无异"③ 等语，均是为加强对旅越华侨的保护而订。

第三节　民国时期云南地方政府的华侨政策

一　民国政府的华侨政策

民国政府承袭了晚清政权对华侨奉行的"血统主义"原则，视

---

① 王介南、王全珍编著：《中缅友好两千年》，德宏民族出版社1996年版，第101页。
② 王彦威辑：《清季外交史料》卷91，第5—6页。
③ 《续云南通志长编》，云南省地方志编纂委员会办公室1985年版，第103、104页。

华侨为国民,采取保护华侨的政策。

(一)孙中山的侨务主张和侨务活动

华侨出身的革命活动家孙中山,在其革命生涯中,亲身体会到了华侨对中国革命的巨大贡献,见证了华侨在中华民国创建中的历史功勋,因此,当1911年中华民国创立后,孙中山在有生之年,从思想到行动上,积极推进侨务工作,提高华侨待遇,开创了中国近代侨务的新局面,推动了侨务工作的新发展。

孙中山领导的南京临时政府称华侨为"国人",[①] 并明文规定"凡约法上中华民国国民所应享有之公权私权,华侨当然一律享受"。[②] 同时,制定了一些涉侨的法律、法规,保护华侨权益,发展民生。并且在《中华民国临时约法》及《参议院组织法》等文件中专门规定:民国参议院中必须有六位华侨议员,参与国政。从而为华侨回国参政开创了先河。1923年,孙中山在广州建立了广东革命政府,并主持政务。其间,相继颁布了《侨务局章程》《侨务局经理华侨注册简章》《内政部侨务局保护侨民专章》等法令,推进侨务工作。1926年,在国民党第二次代表大会上,重组侨务机构,设置了国民政府侨务委员会。在1926年国民党颁布的《政治纲领》中专列侨务一章,有三条,即"设法使华侨在侨居地得到平等待遇","华侨子弟归国求学者,给予相当便利","华侨回国兴办实业者,务须予以特别保证"。这三条成为了第一次国共合作时的侨务基本政策。

孙中山领导下制定的这些法令、法规,保护了华侨的政治、经济权益,激发了其爱国爱乡的热情,从而积极回国投资,支持了国内的革命事业。

(二)北洋军阀统治下的侨务政策

北洋军阀统治时期(1912—1927),北洋政府继续重视侨务工

[①] 《南京临时政府公报》第25号,转引自蒋顺兴、杜裕根《南京临时政府保护华侨的政策》,载《江海学刊》1994年第5期。

[②] 《北洋政府内务部档案》,转引自蒋顺兴、杜裕根《南京临时政府保护华侨的政策》,载《江海学刊》1994年第5期。

作，从中央到地方建立了一些侨务机构，如 1922 年在原侨工事务局基础上正式成立的国务院侨务局，扩大了职能，使中国历史上第一次出现了专门管理华侨事务的行政机构，对旧中国后来侨务机构的建立和发展产生了很大的影响。同时制定了一些侨务政策，涉及以下几个方面：提高华侨社会地位，设立华侨参议员；颁发国籍证书；设置侨务机构，提倡华侨教育，团结和保护华侨；招徕华侨回国投资，善待爱国华侨等。

北洋政府的这些侨务政策，尽管有些因战争因素未能得到真正施行，但在客观上对推动当时侨务工作的开展起到了一定的积极作用。

（三）南京国民政府的侨务政策

南京国民政府基本上顺应国际形势，继承了孙中山的侨务思想。

从组织机构看，南京国民政府的侨务机构分两个体系：一是在国民党内建立以"国民党中央海外工作委员会"为主体的对外工作体系。该机构直属国民党中央常务委员会，是国民党直接指导海外工作的最高党务工作机构。二是国民党内的侨务行政系统。在国民政府成立之初设立侨务局，隶属于外交部。后又改侨务局为行政院侨务委员会，作为主管侨务工作的部级机构。同时，制定了许多侨务政策，加强侨务工作。如新制定了《改进海外党务案》，并据此提出工作要点。

总之，国民政府的侨务政策日趋完备和系统，它保护了华侨的权益，调动了广大华侨支援抗战的积极性，但由于国民政府的腐败和反动，在执行时也有弊端，如虎头蛇尾，有始无终等。

二 民国时期云南地方政府的侨务政策和实践

1911 年 10 月 10 日武昌起义后不久，10 月 30 日（农历九月九日），云南军民奋起响应，在昆明发动了"重九起义"，一举推翻了清朝在云南的统治，组织了"大中华国军都督府"（云南军政府），建立了民主共和制。自此，云南光复，历史翻开新页。

1912年1月1日，中华民国成立。云南地方政府尊奉中央政令，重视侨务，并有所建树。在侨务机构设置方面，直至民国四年（1915）袁世凯窃国称帝，唐继尧、蔡锷在云南发起护国运动时，为了赢得海外侨胞的支持，云南都督府军政部外交司才开始兼管部分侨务工作。此后，尽管侨务机构不断变迁、完善，但都贯彻中央侨务政策，并结合地方实际，在保护华侨、引进侨资、救济归难侨、办理护侨复原等方面做了诸多卓有成效的工作，而侨务工作在不同的时期，随时局的变动，侧重点有所不同。民国建立之初，云南地方政府主要在提高华侨政治待遇、引进侨资、在国外设置护侨机构等方面做了不懈努力。

（一）共襄政务、设领护侨、引资兴滇——抗日战争前云南地方政府侨务的基本内容

民国建立后，云南地方政府为华侨的地位和权益奔走呼号，作出了不懈的努力；同时又求取华侨的募捐支持，用于革命运动和地方建设，颇见成效。

1. 吸收华侨参政议政

民国元年（1912）九月，临时大总统公布了《省议会议员选举法》，该法对于滇侨并无特别规定，于是滇军都督向国务院请求道："查侨缅滇人，旅居国外；三迤土司，远在边徼，与滇关系密切。如概以普通法绳之，其选举权未免有名无实，特拟定《侨缅滇人暨沿边土司选举代表简章》，电饬沿边各地方官，转饬滇侨及各土司照分配名额选举。俟正式省议会召集时，同时令饬到会，予以代表名称，准其在会陈述意见，不加表决，以示与议员有别"，为华侨代表争取参政权。随即，国务院电复称："原电经参议院议决，可由都督设法遴选数人，给与委任状，以行政官厅特派员名义令其到会陈述意见"，① 亦即同意了滇军都督所请。于

---

① 《续云南通志长编》卷29，云南省志编纂委员办公室1985年版，第1067页。

是，滇侨参与进了滇省的政治生活之中。自民国元年至民国十三年，云南共选举了四届议员，每届议会中均有旅缅滇侨代表充任特派员议政，可见华侨始终参与了滇省政务的讨论和管理。而地方政府对于扩大滇籍华侨的政治权益是一以贯之、始终不渝的，如1943年云南省政府呈请行政院提议准予滇籍华侨参加参政会及侨务委员会的建议案，案由是：请予滇侨参加参政会及侨委会以资密切联系以利抗建案。据中国第二历史档案馆档案记载，云南省政府共列了五条理由：（1）据民国二十年闽侨与商总会调查，旅缅华侨滇籍者六万七千余人，闽籍者五万四千余人，粤籍者四万七千余人。二十七年之统计华侨三十三万余人，滇侨已增至十四万余人，此尚仅就保持祖国言语风习者而言，若将半被同化及每年往来于滇缅道上者计算在内，当在二十万以上。故就省籍而论，滇侨数目占南洋华侨之第三位、缅甸之第一位，闽、粤侨领既获参加参政会及侨务委员会，则滇侨似亦应请予参加。（2）滇侨在缅境内不论边区、腹地、商埠、乡村无一不散布，尤以上缅为最重，对于缅境之山川形势险要，滇侨知之最深，滇缅边境夷缅各民族之习性风俗，滇侨知之更审，其他各界务问题及上缅侨民疾苦、国民外交路线以至一切救运办法，亦唯滇侨较为熟悉，生于斯长于斯往来于斯，几无一而不澈识。闽、粤侨领虽曾参加参政会、侨委会，对于上述情形颇多隔膜，对环境迫切之需要、事变应付之灵活，似应请于闽、粤侨领之外准予滇侨参加。（3）滇籍侨民对于慈善、公益、教育及革命事业均无不努力，抗战以还贡献国家未敢后人，国军入缅作战协助尤多，将来收复缅甸，滇侨适当具衔，对于军事上之可能助力未可忽视。若使其得参与侨务及参政兴革之讨论，以提高其地位而鼓励其向上心力，则必愈能奋发爱国热忱，献身党国，即大多数被缅化之滇侨子孙愈将感觉光荣，爱戴祖国之心理必油然而生，此种精神上之收获实堪重视，似应请准予滇侨参加。（4）滇侨可发展之国民经济力量，不仅缅甸，即安南、暹罗以至印度，亦均大可努力，以求发扬光大而利侨裕国。除省府已准侨民代表二人参与省参会并加以督导与扶持外，若使其有机会参与国参会、侨委会事宜，以资密切联系，则政府既便于咨询与指导，在滇侨则易于汇承与建议，似亦应请准予滇侨参加。(5)依据往例，在昔段执政时代于北平召开国是会议，旅缅滇侨得参加一席，二十六年中央召集华侨教育代表秘示抗建国策，滇侨亦得参与一席，蒋主席莅缅亦曾召见滇侨侨领，足征中央爱护华侨不遗滇籍之德意，则参政会、侨委会与将来之国民代表大会似亦应请准予滇侨参加，以昭公允。议案从滇侨的数量巨大颇具影响力、熟悉缅甸风俗环境、作出的历史贡献、经济力量、中央爱护华侨等角度作了力陈，亦颇入情合理，在据情呈请的同时，还附列了三个参加参政会、侨委会的办法：(1)遴选滇侨之有资望、有品学、有办事才干而熟悉侨务者一二人参与侨务委员会。(2)现在之民意最高机关为国民参政会，应选滇侨之有资望、有品学、有办事才干而熟悉侨务者一人准予参加。(3)将来之民意最高机关为国民代表大会，请昆明旅缅滇侨同乡联合会，依照海外国大代表选举法选文，呈请最高国防委员会选定一人参加，或由南洋华侨协会云南分会，或由云南省临时参议会依法选举，请为指定。该议案上呈后，经内政部、行政院研究，"指复云南省政府并准侨务委员会函称已遴聘滇籍侨领四人为参议"。即同意所请。

　　从上例可看出，云南地方政府在提高滇侨政治地位、改善权益方面是不遗余力、一以贯之的，准许、保举滇侨参加地方政府甚至国家层面的参政会、侨委会，是提升滇侨政治地位和社会地位的重要方式，华侨取得参政权是云南地方政府对华侨捐财输力、资助革命、推翻清朝、创建民国的充分肯定，另外，也反映了华侨在地方政府政治生活中的特殊地位与作用，标志着华侨由封建时代的"贱民"成了享有人民基本权利的国民，体现了政府对自身职能有了更加深刻的理解，表明政府正逐渐走向开明，随着滇侨参政议政变成一种制度，标志着云南地方政府在政治现代化的道路上前进了一大步。

2. 设领护侨

云南军政府除给予华侨参政权外，还积极保护旅居国外的滇侨，如在越南设领事一事就做了长期的努力。越南与云南毗邻，在"滇越路未成之前，滇省全持此为通海必经之道。自滇越路开车，交通尤形便利……就中海防、河内，我侨胞之移往者日多，徒以无领事之保护，致使行旅侨商受无量之痛苦。所谓'华侨身税'也，所谓'护照费'也，所谓'过境税'也，或为仅限于华侨与越人之苛捐，而等我于己国之越民；或虽为中西侨民之所共同负担，而对华税率特重，旅越华侨剥受切肤，历请依约设领，以图救济"。然而，设领之事"迭经京部滇省往返咨商，酌拟应付方法，久无善策。……民国三年，河内总督沙河来滇游历，省政府乘友谊正洽之际，将此案提出质问，沙河仍坚持前议，并作更进一步之要求，声言请我政府承认在越华侨身税以为交换条件等语"，"嗣后，旅越侨胞屡次呼吁，本省政府亦迭经交涉，而法人借词推展，狡为应付"，①仍是不了了之。但省政府未放弃努力，1921年，在美国华盛顿召开的太平洋会议上，云南外交司向中国政府递交提案，要求中国代表团在太平洋会议上提出取消旅越华侨人头税，给予华侨平等待遇的要求。提案中指出："按照约章成案，前清李大臣原奏，及出使英法义（应为'意'）比薛大臣咨呈总署原文，与法外部议除旅越华侨身税，至为详明，乃在彼竟违背条约规定，将我侨民区分等级抽收身税，于吾侨之经济人格均关重要。"② 可是华盛顿会议后，越南华侨的命运并没有任何改观。直到1930年5月16日，中法两国在南京签订了《规定越南及中国边省关系专约》，两国就中国在越南设领事员、越南华侨待遇以及中国商品假道越南出口的

---

① 《续云南通志长编》卷64，云南省志编纂委员会办公室1985年版，第103页。
② 中国第二历史档案馆馆藏档案：《中法越南商约问题及修改各商约草案和意见》，第567页。

通过税等方面做了明确的规定。① 然而，由于各种原因，迟至1936年，中国才真正在越南的西贡与河内设置领事员。时隔云南地方政府之请已二十余年，但毕竟是持续不断努力的结果，正如《云南杂志选辑》上所云，"夫安南华侨，既因滇督之奏而设领事矣……"②

3. 求取募捐支援革命运动

云南地方政府在采取措施改善华侨政治待遇，保障海内外华侨权益的同时，在历次政治运动中，也求取华侨的支持。

如民国四年（1915），袁世凯窃国称帝，唐继尧、蔡锷在云南发起了护国运动。为加强与海外侨胞的联系，云南都督府军政部外交司兼管部分侨务工作，从组织上保障侨务活动的开展。为赢得海外侨胞的理解和募捐支持，解决财力困难，唐继尧先后向海外侨胞致电。在第一封电文中说："诸父老昆弟，侨居海外，眷念祖国。山川深阻，不能自致，用特沥陈起义实情，请赐明教……"③ 将护国起义的原因、意义等公之于广大侨胞，获取理解和同情。在第二封电文中则进一步号召说："惟是义师既起，饷需浩繁，滇黔瘠区，库储无几，民生困敝之秋，复不忍再加负担，重累吾民。素仰我海外父老、昆弟，眷怀祖国，高义薄云，是以率同滇黔全体士民，南面顶礼，电饬援助。……如蒙解囊相助，或随时径汇滇垣经收，或汇数集港，候派员领解。倘得源济无缺，士饱马腾，拯同胞于陷溺之中，复共和于危亡之际，则贵埠义声，铄古今、震中外矣。专此布恳，敬请衿鉴。"④ 明确希望海外侨胞予以援助，至1916年秋，共募得12.8万余元。⑤ 对此结果，唐继尧在《为滇军署布告收到华侨助饷数及姓名清单一事所作的说明》的电文中指出："……惟滇省以著名

---

① 王铁崖：《中外旧约章汇编》，生活·读书·新知三联书店1962年版，第806—809页。
② 中国科学院历史研究所第三所：《云南杂志选辑》，科学出版社1958年版，第185页。
③ 《续云南通志长编》，云南省志编纂委员会办公室1985年版，第1212页。
④ 同上书，第1212—1213页。
⑤ 谢本书：《云南近代史》，云南人民出版社1993年版，第260页。

瘠苦之区，不自量力为义所驱，供莫大之牺牲，膺非常之艰巨，指天画地，罗掘皆穷。幸赖南洋各处华侨关心祖国，同倡义捐，借资挹注……虽各方汇寄为数无多……则是役也，虽各省起义将士之功，抑我华侨捐资仗义之所赐也……"可见，华侨对护国运动的支持很大。1917年9月，孙中山领导的护法运动爆发，唐继尧为解决粮饷军需困难，再度向南洋华侨募捐，并委派徐印进为宣慰专使，到南洋各地宣布慰问，筹募资金，又以讲武堂华侨学生名义向南洋华侨致信说："……徐专使到时，务乞优礼招待，以答滇中厚情，并望互相劝勉，慨助饷需，巨万盈千，集成巨额，俾前敌款项，赖以不匮，不使滇中将帅致叹于点石无方，聚米乏术……"将信广泛寄至南洋各商埠会馆，求取募捐支持。①

4. 引资兴滇

在地方开发建设方面，军政府仍对华侨寄予厚望。如1912年6月，云南都督蔡锷为振兴地方经济，向北京致电："望招致华侨组织公司来滇开矿，并要求募集华侨公债，开发云南实业。"②

唐继尧为解决创设云南航空学校的经费，于1918年2月特致函美洲国民党员大商业家说："……窃观欧战以来，飞机效用最广，各国争相讲求。吾滇亦经筹议，只以厄于经费人材，骤难着手。前嘱董泽君留学之余，从事调查。昨军次毕节得董君书，拟先集热心侨商捐资，筹设云南航空学校……"③ 即求取美洲华侨的资金支持，用于创设航校培养军事人才，增强地方武备。

旅居海外的华侨中不乏拥有巨资的工商业者，他们具有爱国爱乡的优良传统，除倾资资助云南的护国、护法运动，创办航校外，还愿为家乡的经济发展和教育事业做贡献，对此，云南地方政府实行鼓励的政策。如民国十八年，当国民政府首部资励华侨回国投资的《华侨回国兴办实业奖励法》制定后，省民政厅即转发原文并

---

① 云南省档案馆：《云南档案史料》1985年第8期。
② 许百均：《云南省志·侨务志》，云南人民出版社1992年版，第4页。
③ 云南省档案馆编：《云南档案史料》1985年第8期。

"转饬所属一体知照"执行。① 同年,省教育厅还转发了国民政府公布的《捐资办学褒奖条例》,认真加以执行。如对捐资兴办海防华侨实习学校的前后校长谭质均、谭雨苍予以褒奖,其训令曰:"谭质均等热心捐资,惠及侨民,其志可嘉……国府核奖并由本省政府奖给匾额一方以资表扬……"匾额上署"中华民国云南省政府主席龙"及"嘉惠侨民"的题字。②

民国成立后云南地方政府之所以比较重视侨务工作,并为此制定了相应的政策,采取过必要的措施,取得了一定的成效,是有其历史必然性的。

首先,云南地方政府重视侨务,是当时形势发展的要求,是历史发展的必然结果。广大华侨长期以来身处异域,寄人篱下,备受歧视,孤立无援,因而期盼祖国强盛,以作侨胞的强大靠山,为此他们全力支持国内的民主主义革命,贡献了大量的人力、物力和财力。如 1908 年爆发的云南河口起义,河口商人和越南华侨就资助起义军 4000 多元,运来大米 400 多包。③

1911 年滇西腾越起义爆发后,缅甸同盟会参谋部派出了由滇人王怀、杨大森、祝宗荣率领的"入滇侦探队"支援革命;又另组"国民军"回滇参战,由李亚灵率领,共 43 人,每名发给军饷六十元,返云南参军。④

可见,华侨对革命的贡献巨大,正如孙中山所说:"华侨为革命之母。"而蔡锷、唐继尧青年时即在海外求学,成为"侨生",不仅了解华侨处境的艰难,而且在日求学期间,就参加了有云南和部分缅甸华侨参加的云南同盟会支部,⑤ 能够深刻体会到华侨与祖

---

① 《华侨回国兴办实业奖励法》,1929 年云南省档案馆藏,全宗号 11,目录号 7,卷号 19。
② 《中央教育部 省政府教育厅关于奖励捐费兴学及有关指示》,1929 年云南省档案馆藏,全宗号 12,目录号 8,卷号 914。
③ 谢本书:《云南近代史》,云南人民出版社 1993 年版,第 201 页。
④ 陈孺性:《缅甸华侨史略》,载新加坡《南洋文摘》。
⑤ 谢本书:《云南近代史》,云南人民出版社 1993 年版,第 197 页。

国革命和建设不可分离的关系，所以在他们成为地方最高长官后，也将华侨视为革命和建设的主要依靠力量之一。因而也就有了蔡锷、唐继尧等地方长官爱侨护侨，求取华侨支持之举措。南京国民政府建立后，云南地方继任者亦能切实贯彻中央侨务政策，如鼓励华侨回国举办实业，嘉奖捐资办学的华侨等。

其次，民国建立后，云南服从中央政令，境内政治形势相对稳定统一，更有可能重视及顾及侨务，制定相关的侨务政策，并大力贯彻实施。况且，云南因毗连中南半岛，两地人民情感、文化之联系沟通频繁，旅居贸易各地之华侨众多，作为一个地方政府，它必须在某种程度上表现出维护滇侨的一面，所以它不遗余力地加强侨务工作，提高海外华侨的政治地位，维护侨民的海外权益。

(二) 吸引侨资、发展经济、救济难侨——抗战期间云南地方政府侨务工作的重要措施

吸引侨资，发展地方实业是云南地方政府的一贯传统，抗战期间，云南地方政府更加注重侨资引进工作，制定了一系列政策，是早期相关政策的传承和创新。该时期的引资举措，与时局的变化、形势的紧迫有关。1941年3月，中国国民党在重庆召开五届八中全会，提出抗战的胜负取决于经济。采取的国策确定为："抗战、建国并进"，决定在大后方大力发展经济，支持持久抗战，这就需要大量的人力、财力、物力支持，争取外援遂成为国民政府一项重要的经济政策，发动华侨支援祖国抗战，是该时期侨务工作的重心所在，也是华侨救国的重要方式之一。

抗战期间，随着西南地区成为抗日的大后方，云南的战略地位日益凸显，加之太平洋战争爆发后，越、泰、缅、印等国的华侨受到侵扰，纷纷沿边境回国，云南地方政府会同转移至重庆、昆明的中央有关侨务机构，推行务实的侨务政策，采取各种措施，发动华侨（如南侨机工）支援祖国抗战，成为云南地方政府侨务政策的重点，因而大力开展归侨的投资、垦殖事业，难侨的救济、就业指导、医疗遣送及安置以及归侨的教育、升学等事务。

第四章　明、清至民国时期云南的侨务政策研究

1. 鼓励华侨支援抗战

抗战军兴，华侨大都自发自动地捐资捐款，① 出动人力，支援抗战，无须政府推动或特别制成法令。如1938年春关乎中华民族生死存亡的修筑滇缅公路的战斗中，和顺华侨同全国各地华侨一样，给予了修筑滇缅路最大的支持。他们在"缅甸华侨救灾总会""全缅华侨救国总会""筹赈会"等华侨商会团体的领导下，在"有钱出钱、有力出力"的口号下，积极为国内捐款捐物，购买药品用汽车运到祖国，支援修筑滇缅路。

1939年，以陈嘉庚为首的南洋华侨筹赈总会，在新加坡、马来亚等地招募自愿返国的华侨机工，支援祖国抗日。经与昆明西南运输公司主任宋子良接洽，共有3200多名机工壮别南洋，活跃在滇、黔、桂、湘及缅甸、印度等地，尤其是当时中国仅存的国际大通道——滇缅公路上，他们出生入死，抢运军需作战物资，运送忠勇将士，维修军用车辆。他们有力地支持了中国正面战场的部队，把相持阶段的战争坚持下来，为反攻赢得了时间，积聚了物质力量，对抗战的最后胜利，起到了积极和重要的作用。

除人力支援外，华侨还投资地方，兴办实业，发展地方经济。这与地方政府适时出台的一系列政策是分不开的，如云南省建设厅曾致电国民政府："查自卢沟桥事变以来，暴日侵我日亟，我国为自卫计，已发动全面抗战，御辱图存，……我钧座高瞻远瞩，早已计虑及此，发表欢迎国内实业家资本家和海外华侨，来滇投资开发之重要谈话。厅长职司建设，关于此项问题，自属责无旁贷，拟请国民政府乘此时机，厘定规章，奖励来滇投资"②，在求取中央支持的同时，云南地方政府颁布了一系列规章制度，保护和指导来滇投资的侨资企业。如《云南省奖进回国侨胞及国民投资开发农业办法》（以下简称"办法"），该办法第一条，本省政府为奖励回国侨

---

① 许百均：《云南省志·侨务志》，云南人民出版社1992年版，第53页。
② 云南省政府秘书处：《云南省政府公报》第10卷，1938年第1期。

胞及国民开发本省各种农业，增进抗战力量起见，特厘定本办法。第二条，凡中华民国国籍侨胞及国民经建设厅考核属实者，得从事开发下列事业。（1）投资开垦荒地或改良土壤肥料；（2）投资经营牲畜水产园艺；（3）投资举办丝茶棉麻及其他新兴事业；（4）投资兴办农业加工制造；（5）投资从事特用作物之经营；（6）投资改进农业。第三条，凡侨胞及国民来滇开发农业属于第二条第一项所列荒地丈量开科发给营业执照，该地耕作权无偿给予承垦人，其土地所有权仍归国有，关于共有及私有荒地垦发竣后之处理，得照承垦荒地暂行办法第十至二十三条之规定处理之。第四条，凡侨胞及国民来滇开发农林不论公司团体及个人，均得由省府切实保障之。第五条，凡地方行为，无论官方或民方如有妨碍侨民及国民垦殖工作者，省政府根据事实查禁或防止之。第六条，凡侨胞及国民来滇从事开发农业，或单独举办，或与本省政府合作均听其自由。第七条，凡侨胞及国民来滇从事开发农业，事前应缮具详细履历，投资实数及所拟办农业之种类，向云南建设厅申请，由厅审查登记合格后始得举办。第八条，各侨胞及国民开发之农业产品，均应遵照中央及本省之规定办理，其应得正当利益，政府亦予以维护。第九条，第二条内之任何一项办理确有成效者，得适用云南省奖励农业暂行条例之规定奖励之。① 除奖励开发农业外，对开发工业、矿业也制定了相应的奖励办法。又如《云南省奖进回国侨胞兴办工业办法》（以下简称"办法"），该办法第二条规定，侨胞来滇投资开办工业不论公司团体或个人事前应缮具详细履历，投资实数及所拟办工业之种类，向云南省建设厅审查登记认为合格后始得举办，并由省政府予以保障。第三条，侨胞来滇开办工业事前得请由建设厅尽量予以介绍并由厅指导协助予以充分便利。第四条，关于地基及原料之购置建议予以协助，侨胞如因事业上必须往各县属考察由厅令各县政府予以合法之协助。第五条，侨胞来滇投资开办工业对于

---

① 《奖进侨胞回国投资》，《民国日报》1940年9月6日。

第四章　明、清至民国时期云南的侨务政策研究

制造品如有特殊改良出品精巧者均依照中央颁布工业奖励法及云南省奖励工业暂行办法予以奖励以示优遇。① 该办法亦明确提出对侨胞来滇投资开发工业予以保护。对于矿业，颁发了《云南省奖进回国侨胞兴办矿业办法》（以下简称"办法"），该办法第二条规定，侨胞来滇投资开发矿业不论公司团体及个人均由省政府予以合法之协助。第三条，侨胞来滇探采矿产应遵办中央颁布矿产法所规定呈请领区设权并得照本省特许试办矿业章程之规定呈请试办。第四条，侨胞来滇投资开办矿产事前得请由云南省建设厅尽量介绍并由厅协助指导予以便利。第五条，侨胞调查或探采各种矿产其经过及住在之区域得由建设厅令各县政府尽力予以保护协助。第六条，建设厅地质调查所调查得之各种矿产可尽量介绍与侨胞探采，但均依该所规定办理之。第七条，各侨胞采办之矿业无论矿砂与炼品之售卖均应遵照中央政府与本省之规定办理但总求于侨胞之正当利益毫无妨碍。第八条，侨胞来滇开发矿产每届营业年度报告应造报营业报告书呈请审核。② 从这些法规可看出，云南省对侨胞投资开发云南各行业的欢迎态度，不仅仅停留在口号上，而是有了实实在在的办法措施，这对引进侨资开发地方有着极大的促进作用，很多华侨企业家到云南实地考察，建起了许多侨资企业，如大型新式瓷厂及中南橡胶厂就落户昆明。

除相关政策法规的出台，在机构方面，还于1939年10月成立了侨胞垦殖委员会。设置委员会的目的，正如《云南省政府公报》所说："近来海外侨胞因环境变颇思回国努力于抗战生产，来府面陈到本府经营垦殖者不乏其人，本府对之既表欢迎，兹为此项侨胞接洽咨询便利起见，特设侨胞垦殖委员会，并设接待处一所，名曰侨胞垦殖委员会接待处"，③ "侨胞垦殖委员会主要负责办理关于垦殖侨胞之接待事项；关于应付侨民访问调查事项；关于办理侨胞投

---

① 云南省政府秘书处：《云南省政府公报》第12卷，1938年第71期。
② 同上。
③ 云南省政府秘书处：《云南省政府公报》第11卷，1938年第67期。

资开发之建议事项；协助侨胞办理投资开发应备手续事项；关于便利侨胞投资开发之其他事项；关于奖励扶植侨胞投资之事项。为了便于执行上述任务，委员会还设立了农业设计委员会、矿业设计委员会、工业设计委员会，各委员会由侨胞垦殖委员会聘请专家及实业界闻人担任……"① 随着规章制度的颁布，机构的设立，将侨资运用于垦殖、矿业、金融业的工作随即展开。

垦殖方面，1938 年，华侨陈嘉庚、周崧、庄西言、陈守明、朱继兴等 13 人和国内地方实业派龙云、廖云台、刘文辉、贺国光、陈立夫、陈果夫等合资 500 万元，创办华西垦殖股份有限公司（简称"华西垦殖公司"）。华西垦殖公司以开发西南富源、增强国力、繁荣边疆、便利侨胞移植投资为宗旨，其经营业务为云南、甘肃、四川及青海等省的农垦、矿业、工业及与上述项有关之贸易、金融事业。并决定在每省之适当地点，选择若干垦殖区积极经营。该公司之股本成分，经济部与西南有关各省占 40%，地方实力派私人占 10%，侨资占 50%。② 因为滇省气候温和，荒地广漠……公司当局派萧青萍先生赴滇实地勘察，决定以羊街坝荒地，办理扶植自耕农之实验垦区。同时制定负责人员，开始筹备垦区之各项调查及探验测量等工作。③ 1938 年 7 月该公司遂决定在云南建水县筹备建立华西垦殖公司羊街坝实验垦区，并对垦区的发展作了详细规划。1939 年，泰国中国总商会主席蚁光炎先生向重庆政府提出"加强抗战，开发云南"的主张，并前往四川、云南进行实地考察，后投资参与创办云南南部边境佛海的侨资垦殖场。④ 1940 年以后，旅泰侨胞罗汗等十余人组织回国垦殖团，由泰经缅到达车里、南峤、佛海等地，对于经济实业作详细研究，短期内邀集大批侨胞回国从事

---

① 《云南省垦殖委员会组织章程》，《云南日报》1939 年 10 月 18 日。
② 《华侨先锋》第 1 卷，1939 年第 8 期。
③ 萧铮：《滇南垦殖事业之调查》，台北成文出版社 1977 年版，第 2959 页。
④ 张赛群：《南京国民政府侨务政策研究》，中国言实出版社 2008 年版，第 158 页。

垦殖工作；马来亚侨胞邱克静于民国二十九年四月间返国于各地考察，经择定云南建水县附近为垦殖区域，与滇当局接洽，开办新华垦殖公司，暂定资本100万元；越南侨胞闻讯后也组织垦殖团归国垦殖。①

工矿业方面，1939年，侨领胡文虎以云南蕴藏丰富，在新加坡延聘专门技术人员抵滇实地探采，并投资1000万元于云南矿物公司，用于开发云南矿物。②港华实业公司在昆明、重庆、贵阳、上海等地设立分公司经营工矿业。③昆明难民总站联合侨胞集资1000万元设立大型新式瓷厂。泰国华侨和香港商人合办的大华胶靴厂也在抗日战争时期迁入昆明，廉价出售军用胶靴，运输数万，不计成本，裨益军事。④"锡矿大王"闽侨王振相及胶业界巨子王金兴，鉴于国内各公路行驶汽车轮胎每用至脱胶见布，未加翻新复制，以至废弃，不能利用，遂决定在西南设立胶轮复制厂一所，定名为中南有限公司（又名"中南橡胶厂"或"中南橡胶有限公司"），专门从事旧轮胎翻新。该公司专门在南洋聘请技术人员12人，由雷教千、陈维新率领回国设计开厂，资本定为100万元，王振相等投资70万元，国营茶叶公司投入资本30万元。其总厂设在重庆，分厂设在昆明、贵阳及各点。⑤

投资金融业方面，1943年，华侨梁金山在昆明成立了中国侨民银公司。对于成立原因，他说："溯自海禁大开，我侨胞离乡背井，远涉海洋，外受所在地之种种限制，内感生活事业之毫无凭借，艰苦奋斗，所受之苦最深，渴望国家之自由独立亦最切。抗战以来，政府同胞对我侨既维护备至，而侨胞抚躬奋发，亦不惜牺牲

---

① 郑源深：《一年来华侨投资开发祖国资源动态》，《现代华侨》第2卷，1941年第2、3期合刊。
② 陈树人：《四年来华侨的爱国运动》，《现代华侨》1941年第8期。
③ 张赛群：《中国侨务政策研究》，知识产权出版社2010年版，第69页。
④ 云南侨务处处长张客公：《为侨商大华胶靴厂董事长李卓仁经理詹范吾出国调查补充原料机器设备恳予准照由》，中国第二历史档案馆，全宗号22，卷号43。
⑤ 《侨慰团两代表投资创办橡胶厂》，《福民日报》1940年6月21日。

人力物力，以贡献国家。自敌寇倾巢南犯，南洋东印度一带相继沦陷，我侨胞既痛心仅有之资产被抢夺，又不甘神明华胄腼颜事仇，遂纷纷相将内迁，效忠祖国，而侨资亦即随之内移。窃以此项资金，若无正当投资，善为运用，势必任令坐耗，殊堪痛惜。金山等久共患难，同感切肤，爰为集中侨民资金，组织中国侨民银公司，皆在调剂祖国金融，协助经济建设，图谋侨胞福利……"①，一席话，道出了侨民的悲惨遭遇及成立金融机构的宗旨。1943年1月4日，经财政部准许，该公司正式开始运行，其资本总额为1500万元，经营项目主要为，一是各种存款；二是各种放款；三是票据贴现；四是国内汇兑押汇；五是投资生产建设；六是代理收解款项；七是买卖有价证券；八是代募公债公司债；九是各种保管业务；十是各种厂库业务；十一是各种储蓄业务；十二是各种信托业务。②

综上可见，抗战时期华侨的投资以农垦、工矿、金融为主，这是该时期华侨投资的特点，这与政府的导向有关，而广大侨胞的投资，对当时大后方的经济开发起到了舒筋活血的作用，解决了战时经济问题，有力地支援着祖国的抗战建国事业。

2. 安置、救济归侨

太平洋战争爆发后，南洋各地及缅甸、安南、暹罗等地华侨纷纷返回祖国，当时沿海一带口岸皆已沦陷，云南成了唯一的与海外连接的交通路线，因而返国侨民都以河口、畹町及佛海为入国门户，云南侨务工作骤增。为适应形势，侨务委员会于1939年派张客公到昆明为驻滇侨务专员，派何伯祥赴河口筹设侨务局，不久即将河口侨务局移于昆明为昆明侨务局，以张客公为局长，河口改设办事处，加强了侨务的办理、指导。又如1939年，对救济泰国归侨的指示说："查暹罗华侨自被当地政府施行压迫后，归国者不乏其人，除由外交部著驻暹专员陈守明，凡旅暹侨胞经越境返国者，应给予证明书以资证明，

---

① 云南省档案馆、云南省经济研究所合编：《云南近代金融档案史料选编（1908—1949）》，云南人民出版社1992年版，第273—274页。

② 《中国侨民银公司开幕》，《西南实业通讯》第7卷，1943年第2期。

并商请法使征得越南总督同意,对旅暹归侨,持有上项证书过境所携行李又封固未拆者,准予经越入滇之便利外,仰该局长对于上项归侨持证抵(达)时,应予接待,指导其旅居或回籍行程,或投资经、农、工、商各业,按其志愿,分别妥为办理……"①

随着侨民入境的增多,1942年4月,成立了云南省紧急救济委员会,颁布了组织规程,规定救济对象为:"(一)经由省境归国之侨民;(二)往居省内之侨民眷属;(三)在省内各校就学之侨民子弟;(四)侨民在省内举办之事业团体。"组成人员是:"(一)主任委员一人由省政府主席兼任,(二)常务委员会四人,由临时参政会议长、民政厅厅长、昆明侨务局局长、中央赈济委员会指定之代表一人。"②

这体现了地方政府对侨务工作的重视。1942年6月,昆明侨务局又改为云南侨务处,下辖保山、佛海、河口三个办事处,加大了侨务工作的力度。如省政府对归侨的安置办法是:"自云南滇缅公路或滇越铁路入境之侨民,由回国侨民畹町临时接待所、昆明侨务局暨该局河口、保山、打洛三办事处,分别与有关机关联络办理接待、登记、指导、救济、遣送等事宜"③,并电令"腾、永、思、普沿边各县凡遇归国华侨抵境时,务须切实保护"④。

关于归侨的垦殖问题,省侨垦会常务委员张客公曾于1940年12月在政函省政府的《预筹安置越泰华侨之建议书》中说:"……自敌人(指日军)图南,(泰越)侨胞不堪来日之蹂躏者,或由凉山入桂,或由马关入滇,或循水路直趋缅甸景栋,再北入思普,西

---

① 《为提倡侨民家属移居川滇黔内地并投资生产事业妥为指导由》,1939年,云南省档案馆藏,全宗号92,目录号2,卷号277。
② 《回国侨民事业辅导委员会关于办理回国侨民接待登记指导救济遣送等事宜与中央及地方有关机关联络办法》,1941年,云南省档案馆藏,全宗号11,目录号7,卷号25。
③ 同上。
④ 《一件呈复县属尚无华侨入境将来如遇有入境者当知切实保护祈鉴核由》,1941年,云南省档案馆藏,全宗号11,目录号7,卷号38。

入滇缅路边县各区，泰国避难之侨胞，亦复如是，其来也，初在安居，次谋立业，果使有居有业，则游资劳力足以开发生产，生殖教训是以巩固国防……以为固园殖边，无论战时平时，皆为重要"，指出了归侨垦边的原因、目的和意义，并提出具体办法是："（一）通令边区地方官吏，对泰越侨胞受战事影响入境者，代谋居所，授予耕地……（二）思普区十二版纳土司辖境内以车里沿江一带，气候物产适宜于侨垦，拟请划为侨垦实验区，举办种植、开矿、伐木、纺织、陶冶及交通等事业，资本省方与侨方各居其半，教育卫生经费及技术人才，则由中央补助，腾永区及遮放、耿马等地，亦为适宜地带，办法与思普区同。"①

此方案报经中央政府审批后，侨委会于1941年12月复电昆明侨务局说："关于收容归侨垦殖，经分别在打洛及龙州设立归侨村以资办理有案。兹查思茅毗连打洛，应俟打洛第一归侨村办有成效，再行循序扩充，移侨垦殖。思茅熟荒，似可暂从缓议等情……"②基本同意了所请。其实，早在1940年，在佛海县长梁宇皋主持下，就以佛海、南峤、车里、澜沧等县长为委员，建立了华侨指导委员会，组织上述地区的归侨垦荒耕种，开发边疆，如草创了佛海打洛第一归侨村，收容华侨，从事垦殖，从而部分解决了归侨的就业安排问题。

应当指出的是，这类垦殖主要是安置归侨，政府往往代出资本和农具，而引进侨资垦殖，主要在于运用侨资开发地方，发展经济，二者的宗旨、途径颇不相同，但都利侨利国，不失为云南地方政府的重要侨政。

3. 救济难侨

1940年夏，日寇在越南登陆，旅越侨胞不堪压迫，纷纷退入

---

① 《预筹安置越泰华侨之建议》，1940年，云南省档案馆藏，全宗号92，目录号3，卷号39。

② 《侨务委员会训令》，1941年，云南省档案馆藏，全宗号92，目录号2，卷号276。

第四章 明、清至民国时期云南的侨务政策研究

滇、桂，省赈济会以南防吃紧，接近越边一带，需要筹措，于是会同运送配置难民总站，在文山、蒙自两地设立分站，收容由越入境难侨，并与沿途各县赈济机构及乡镇驿运联络，于必要时，以机动方式迅速抢救边境难民。

1941年秋，思茅、普洱一带局势严峻，省赈济会又筹划于思普沿边各县设置赈救站。时值太平洋战争爆发，星州、仰光相继沦陷，缅甸境内敌机轰炸日益频繁，旅缅及马来西亚等地侨胞回国，经滇转者络绎不绝，沿滇缅公路各县难侨麇集，省赈济会遵照省政府转发的中央赈委会电令，会同昆明难民站积极赈抚，派员至边境各县区督同各县局赈济会办理安抚、运输、住宿、医药、救济等事宜。作为紧急措施，在昆各市局机关共17个单位，还组织"云南省紧急救济委员会"统筹办理，如在滇缅公路组织救济站，在昆明设立招待所，招待难侨食宿。

1941年3月，腊戍弃守，腾龙失陷，不但侨胞入境者日众，腾龙等地人民不甘敌人压迫，离乡者又不绝于途。省赈会当即饬命各属妥为维护，除送收容配置外，又拟具难民救济办法，切实施行。

1942年初，缅甸沦陷，侨胞取道滇缅公路逃返祖国者数万人，麇集昆明，情形极其狼狈，侨务处商请省政府及各界组设云南救济委员会施行救济，于昆明设招待所六所招待归侨，供给其宿食及医药，并于沿途设招待站，所有一切用费及归侨回籍旅费均由救济会供给，归侨以广东、福建两省籍者为多，经登记后，除少数留滇就业外，俱派车分批遣送回籍。而1944年，湘桂沦陷后，这些难侨纷纷重逃至昆明，途中颇多遇敌或盗匪洗劫，抵昆时一无所有，侨务处一面呈清发款，一面捐募款项作为临时救济之用，并购买木板，借粤秀中学操场搭建木棚以为收容，计收容粤籍难侨六百余人，同时派员携函向市粮食管理处商准每人每月售平价米两公斗以资食用。

1944年，救济了由德国经印度返国途经昆明之难侨43人，抵昆后，即没法送至重庆，费时数月，计支出国币百余万元。

4. 发展华侨教育

1939年，随着泰国排华风潮扩大，大批华侨纷纷移居滇省，为解决其教育、垦地等问题，侨委会驻滇专员张客公向侨委会提出了办学垦地的方案，侨委会电复："仰就云南内地审核环境，拟具详细计划，以咨核办。至设学问题，拟会商教育部设立国立华侨中学一所，以收纳海外回国侨生。俟建村垦地决定后再在各侨村设立小学，仰即知照。"①

随即于1940年5月在保山创立了国立华侨中学，1941改为国立第一华侨中学，大量招收华侨子弟入学。并对因战争影响无法获得接济的侨生核发特种救济金，以资助其完成学业。

（三）多方疏导、办理复员、救护难侨——抗战后云南地方政府侨政的主要举措

抗战胜利后，所有归国侨民纷纷准备复员，侨务处遂忙于办理归侨复员的事务之中。另外，1946年，法越爆发战争，大批难侨涌入河口、昆明，侨务处又会同有关部门做好救济工作，具体情况如下。

1. 办理归侨复员

办理归侨返回原居地复产复业的复员工作较为艰巨，由行政院救济总署办理遣送所需的车、船、飞机等交通工具，并供应沿途食宿旅费，由联合国救济总署负责遣送出国的行程工具费用等。鉴于抗战期间，侨胞在海外之家财或尽纾国难，或毁于战火，遂经省侨务处鉴别登记后，由省政府核发各归侨复员补助费及南侨回国服务机工奖金。计发归侨人数2330人，国币38446.55万元，机工人数977人，国币6545.9万元，并将核发情况及时在《中央日报》上公之于众，接受监督。

1947年底，对归侨的救济遣送改由社会部及国际难民组织分

---

① 《为提倡侨民家属移居川滇黔内地并投资生产事业妥为指导由》，1939年，云南省档案馆藏，全宗号92，目录号2，卷号277。

别办理。待遣出国的归侨先经省侨务处登记,旋由国际难民组织——远东局广州办事处派员于1948年6月到昆明当面审查,合格者函知各原侨居地政府机关,在核准后通知省侨务处及省社会处将归侨从昆明运送至广州,再回返到马来西亚、新加坡等各侨居地。对于远在腾龙、保山、佛海、澜沧等边区的归侨,其补助费及机工奖金则由省侨务处派员前往,会同当地政府及议会核发,并共同办理遣送事宜。① 这些举措,达到了施惠侨胞,扶危解困的目的。

2. 救济罹难越南华侨

1945年,抗战胜利后,法越发生战争,留居越北一带华侨遭受空前洗劫,损失生命财产不计其数,取道河口来滇者数千人,侨务处商同有关机关分别转请上峰发款2亿元国币以资救济。

1947年,法越再次发生冲突,战争中大批难侨返回到河口、老街,当年4月人数即达九百余人,难侨半数以上衣食无着,亟待救济。于是,河口督办公署、省社会处、侨务处驻昆侨遣处等单位派出人员到河口会同当地民意机关组成越南回国难侨临时救济委员会就地办理,在河口一带的收容在当地中华会馆或适用之公共场所,发给难侨1161人救济金;对患染疾病者,由河口卫生院发放免费药品治疗,并由省卫生处赠发奎宁丸两千粒、疟涤平两千粒、消炎片两千粒、纱布四磅备用。② 到昆难侨则由社会处、侨务处会同两广、福建等同乡会觅定住所收容,并发给救济金;病侨除义诊外,由侨务处商同社会处请各公私医院提供免费病床,尽量收容治疗。③

战事缓和后,侨务处又将河口及昆明难侨遣送回籍或介绍职业,做好相关善后工作。

---

① 《侨务委员会云南侨务处民国三十四年三月至三十八年一月工作报告施政方案及工作计划》,1949年,云南省档案馆藏,全宗号92,目录号4,卷号179。
② 《侨务委员会云南侨务处公函》,1947年,云南省档案馆藏,全宗号92,目录号3,卷号55。
③ 《电复越侨入境处理情形请查照由》,1947年,云南省档案馆藏,全宗号92,目录号3,卷号46。

综上所述，近代以来，随着民族国家观念的传播以及中国本身民族危机的加剧，海外华侨的民族主义思潮逐渐形成，华侨在政治、文化和民族意义上对祖国有了更为强烈的认同，他们日益关心思念祖国，虽留居海外，但子民的身份不变，忠诚的观念如故，这种情感和行动就滇省而言，体现在对云南辛亥革命、护国、护法运动的人、财、物力支援和参与，到抗战时得到全面的凝集和发挥，达到民族动员的顶点。另外，祖籍国（地）政府也将华侨视为公民，尽力提高其政治待遇，维护好各项权益。当华侨遭难，需要支援和帮助时，总是竭尽所能，去扶危解困，爱侨护侨，做好有关工作，构成了华侨与祖籍地政府双边的良性互动关系。

民国创立之初，在革命运动的时代背景下，云南地方政府一方面号召海外华侨捐资输物，支援革命；另一方面，又发布有关文件，鼓励华侨投资兴矿，开发地方，并发展华侨教育，为提高华侨的政治地位做持续努力，此时虽无侨务工作之名，却有侨务工作之实。1939年，侨务机构组建后，随着机构的完善，政府执行了一系列的华侨政策；抗战中，在护侨、救侨、组织抗战、募捐方面做了大量工作，这对于巩固边疆、加强国防、抗击日军有着特别的意义，可谓抗战时期地方政府的重要行政之一；抗战后，继续办理归侨复员、难侨救济等工作，也取得一定的成效。总体而言，民国时期云南的侨务政策和实践是成功的，但也存在着一些不足，如在投资方面，尽管侨委会令驻滇专员张客公"对侨民移家滇黔或兴办各种事业，妥为指导"。① 但华侨投资状况并不理想，以至于1949年3月，在云南侨务处招待新闻界及留昆华侨的茶话会上，苏子达先生总结说："滇省地下蕴藏丰富，而多未开采，应运用华侨经济力量返国投资"，并主张"提倡及指导侨胞投资，此固可使侨胞经济

---

① 《为提倡侨民家属移居川滇黔内地并投资生产事业妥为指导由》，1939年，云南省档案馆藏，全宗号92，目录号2，卷号277。

第四章　明、清至民国时期云南的侨务政策研究

得以开展，即对地方之建设亦裨益甚大……系当前侨务之重要工作"，① 一针见血地指出了应用华侨资金投资开发地方的工作滞后，力度不够。此外，第二次世界大战后救济、遣送华侨方面，效率亦不高。如1946年12月"留昆华侨六、七千人，近感生活无着，急待救济，并力盼出国复员，迭经救处呈请侨委会核办，文电交驰……而各侨等无法久待，惜情势迫切，于本晨八时集男妇老幼七百二十余人联合为请愿团来会请愿：（一）请予以救济；（二）请立予派免费车将该侨属送出国；（三）请市府将木板棚项下救济费补发"，而且"情形颇为激烈，并拟到贵处（府）请愿，当经敝处再三开导始停退去"。② 说明了当时华侨对社会处及昆明市政府工作的不满，侨务工作的迟滞可见一斑。出现此种情况的原因，笔者认为，一方面是抗战时，滇省聚集着大批华侨，抗战刚胜利，仓促之间，滇省侨务机构人员难以及时处置，导致效率低下；另一方面，与当时国民政府忙于反共内战，国内局势动荡不无关系。尽管有这些不足，但瑕不掩瑜，民国时期云南的侨务政策和实践可称道之处甚多，并非乏善可陈，这为中华人民共和国成立后的侨务工作打下了一定的基础。

---

① 《筹设云南华侨服务社计划纲要》，1942年，云南省档案馆藏，全宗号92，目录号4，卷号223。

② 《昆明云南社会处昆明市政府勋鉴》，1946年，云南省档案馆藏，全宗号92，目录号3，卷号25。

结语：对云南华侨历史及云南侨乡地位的几点思考

一 云南华侨华人的历史充满了艰辛和曲折

近代云南，阶级矛盾和民族矛盾尖锐复杂，各族人民生活在水深火热之中。为了生存，为了活命，不少人翻山越岭到边临诸国去谋生，正如江泽民同志 1999 年在全国侨务工作会议上所说的："……他们当时出去，大多是谋生，都曾经有过一段非常辛酸、悲惨的经历。"

到异国他乡后，为了站稳脚跟，维持生计，他们或进山开矿，或贩卖杂货，或替人跑腿，不畏艰苦。在顽强拼搏的过程中，在拓展生存空间的奋斗中，付出了难以想象的鲜血和汗水。

当西方殖民者统治东南亚国家后，对华侨华人实行了利用、限制、防范的政策，对华侨华人与当地民族采取"分而治之"的统治策略，从而破坏了华侨华人与当地民族之间原本和睦融洽的关系，制造了民族间的不和与敌视，阻碍了华侨华人与当地民族同化、融合的进程。其后，当地部分民族主义者继承了殖民主义者的排华思想，掀起大规模反华排华浪潮，如民国时期泰国、越南的排华风波都很大，这些做法极大伤害了广大华侨华人的感情，导致华侨华人再移民现象的出现；同时也加深了华侨华人与当地居民之间的隔阂。

此外，祖籍国政府华侨政策的失误又使华侨命运雪上加霜。明、清时期，统治者反对国人出国谋生，视外出谋生的国人为"弃民"，对其命运漠不关心，充耳不闻，1860年后，由于国内外形势的变化，晚清政府虽实行保护华侨的政策，但外患频仍，国力虚弱，实行起来乃是心有余而力不足，民国政府成立后，中央和云南地方政府均实行了一系列保护华侨的政策，固然也收到一些成效，但未从根本上改变华侨命运多舛的处境。

二　云南华侨先辈经济建树良多

云南人移居海外已有上千年的历史，秦汉时期，随着西南丝绸之路的开通，已有少量商人侨居域外，滇缅贸易的经久不衰，又极大促进了滇侨数量的增加。此外，当天灾人祸频仍、政治动荡不安、经济困厄难以谋生之时，许多滇人便纷至沓来，滞留当地，逐渐形成社区，从事垦荒种植，大大促进了当地的土地开发和农耕发展。

近代以降，云南半殖民地、半封建社会的现状，又导致了大批矿工到缅、老、越诸国，从事矿业开采，既增加了所在国的税源，又带来了先进的采矿、冶炼技术。

云南人向来具有刻苦耐劳、勤俭节约、艰苦奋斗的优良品质，这是创业和经商不可或缺的条件。滇省著名的鹤庆、腾冲、喜洲"商帮"之所以能够在缅、泰、越、老诸国商界占有一席之地，成功发展，正是由于具备了这些条件。

滇侨之所以经商致富，是因为其善于利用宗亲血缘关系，并具有浓厚的畛域观念，集资范围通常以家族同乡为主要对象，因而能守望相助，共同致富。

早期滇侨确为移居国的环境改造，农、工、商等行业的发展奠定了深厚基础，做出了重要贡献。

必须指出的是，云南华侨还非常重视中华文化的传承，兴办了许多华人学校来推动文教事业，为华族子弟人文素养与优良素质的提高，为中华文化的发扬光大，做出了突出贡献。

三 需正确对待和妥善处理华侨华人与居住国、祖籍国之间的关系

(一) 东南亚国家与华侨华人社会需相互正确对待

20世纪50年代，随着华侨向华人的转变，少数华人逐渐融入当地社会，但整个华人社会依然存在，华人事实上构成了东南亚国家中的少数民族——华族。而东南亚各国历史上形成的种族矛盾、敌视和偏见情绪一时难以消除。面向未来，由于华人具有实业精神、积累财富的能力、丰富的经营经验、专业知识以及良好的资信，东南亚国家经济未来持续稳步发展仍需要华人。更为重要的是，"生于斯、长于斯、死于斯"的已经"入地生根"的华人，其未来与东南亚国家的未来是紧密联系在一起的。因此，从政府层面看，应该认识到民族同化是一个漫长的历史过程，急于求成，欲速则不达。带着种族歧视色彩的强制同化政策，只会伤害少数民族的感情，妨碍华人与当地一体化进程。各国政府只有奉行各民族政治、经济上一律平等政策，才能在各民族间产生凝聚力，逐渐形成"共同的国家认同"。另外，各国政府还应奉行多元文化共存政策，根据尊重人权的原则，让各民族文化自由接触，相互交流，彼此融洽，逐渐形成更高层次的国家文化，从而实现民族一体化目标。原住民则应敞开心扉，帮助华人逐渐融合到当地社会里，并将华人文化吸收成他们文化中的一个组成部分。

对作为公民的华人来讲，应学习和吸收当地的民族文化传统，在文化、思想和举止上同当地社会融为一体，成为当地民族大家庭中一个有机组成部分。真正热爱居住国，视居住国为自己的祖国，关心当地社会、政治、经济和文化的发展。与当地民族携手并肩，共创美好明天。

(二) 需妥善处理祖籍国与华侨华人的关系

虽然东南亚华人在经济文化方面与中国有着千丝万缕的联系，

存在深厚的乡情和强烈的民族感情，但他们只是中国的亲戚，在法律上已分别成为缅甸人、泰国人、老挝人、越南人。新加坡资政李光耀1993年在第二届华裔大会上说，"我们大家同属华族。由于同宗同文，我们有某些共同的特性。我们之间很容易建立起互信互赖密切关系。但是我们必须诚实，认清我们的最终效忠对象，应该是入籍国而不是祖籍国这项事实。"

因此，中国政府在对待华侨华人（华裔）时应区别对待，既要遵守国际准则，又要照顾同他们的亲戚关系。一方面，增进华人同中国的友好情谊与合作交流；另一方面，鼓励他们为所在国的发展发挥积极作用，在所在国与中国的友好合作中充当纽带和桥梁。在他们遭到迫害时，仍应从维护人权的角度出发，在舆论上给予道义支持，并进行必要而又适当的交涉。

四 应充分发挥云南华侨在改革开放中的作用

（一）云南侨乡多分布在交通沿线，临近东南亚各国

历史上云南向海外移民，基本上是由北向南，呈帚型散开。所选择路线多为古代"西南丝绸之路"和"盐茶骡马古道"的干线及其支线。因此，在古道两翼形成了众多的侨乡。如沿滇缅公路滇西方向有：昆明、楚雄、大理、祥云、巍山、施甸、隆阳、腾冲、梁河、龙陵、畹町、盈江、陇川、盈江等；沿滇越铁路滇南方向有：玉溪、通海、峨山、个旧、开远、建水、石屏、蒙自、河口等；沿滇藏公路滇西北方向有：鹤庆、丽江、维西、香格里拉、德庆、贡山等；其他滇南、滇东南、滇西南方向各支线上还有：凤庆、永德、镇康、耿马、新坪、墨江、镇远、红河、文山、马关、砚山、麻栗坡、勐海、勐腊等侨乡县区。这些侨乡大都位于边境地带，与缅甸、泰国、老挝、越南诸国临近。

（二）云南侨乡颇具自身特点与优势

云南是全国五大侨乡之一，具有以下侨乡特点：一是人数众

多，据1992年统计，云南籍华侨华人约有50万人，包含了归侨和侨眷。二是国外分布地域广，云南籍华侨华人分布在60多个国家和地区，其中的70%居住在缅甸、泰国。三是侨乡构成的多层次，既有沿边侨乡，又有内陆腹地侨乡。如腾冲、盈江、陇川、瑞丽、红河、马关、河口等属边区侨乡，昆明、玉溪、楚雄、大理、开远等市属内陆侨乡。既有老侨乡，又有新侨乡。如龙陵象达、大理喜洲、红河迤萨、盈江昔马等，系清朝以前形成的老侨乡。20世纪60年代，国家在云南省的九个县设立了十三个华侨农场，在那里先后安置了四万多名因排华回国定居的归、难侨。这些新中国成立后形成的侨乡是新侨乡，如潞西、宾川、砚山、富宁、陆良、元江、昌宁、双江、耿马等县。既有汉区侨乡，又有少数民族侨乡。滇北、滇中、滇东的侨乡多属汉族侨乡，滇西、滇南的侨乡多属少数民族侨乡。四是华侨华人出国历史悠久。云南人出国时间可上溯到两千年前，且绵延不绝。五是华侨华人民族结构多样，云南少数民族众多，有25个少数民族，如前所述，云南在国外的华侨华人的民族成分，不仅有汉族，而且有大量的苗、瑶、回等少数民族。体现在侨乡的民族多样性方面如：腾冲和顺乡为汉民族侨乡，大理喜洲镇为白族侨乡，红河迤萨镇为哈尼族、彝族、傣族侨乡，盈江的昔马乡为汉族、景颇族侨乡，个旧的沙甸、通海的纳家营、峨山文明和巍山的永建镇为回族聚集的侨乡。而且云南作为全国五大侨乡之一，从总体上看，具有四大优势：第一，背靠大西南，面临东南亚、南亚，与东南亚一些国家山水相连，处于开放前沿，有地缘优势。第二，侨乡分布的滇西北、滇西、滇南的水电、有色金属、动植物资源富集。第三，以丽江、腾冲、大理为代表的侨乡山水风景、民族风情、旅游资源丰富。第四，侨乡所在的民族自治县乡，可以享受国家对民族地区的优惠政策。

（三）应充分发挥云南侨乡华侨的作用

从上述分析看，一方面，侨乡会集了众多的华侨、归侨、侨

结语：对云南华侨历史及云南侨乡地位的几点思考

眷，他们与侨乡地区有着天然的、血浓于水的联系，而云南的沿边侨乡，由于地理、历史的原因，基础设施普遍落后，进一步的发展受到资金、技术、人才等条件的制约，而云南重点侨乡在东南亚、欧美的乡亲众多，在平等互利的基础上引进国外的资金、技术、设备与管理方面就具有有利条件。因此，当务之急，一是要全方位对外开放，在中央对外开放方针的指引下，加大云南开放的力度，形成以大西南为依托，以昆明市为中心，以边境开放城市为前沿，面向东南亚的对外开放格局，云南的许多侨乡是对外开放城市，对瑞丽、畹町、河口、腾冲等陆地边境城市要执行好沿海开放城市的政策，省级口岸如盈江、孟定、孟连等，要充分运用国家相关的倾斜优惠政策，大力发展外向型经济，对外来投资及合作者继续采取更为优惠的特殊政策和灵活措施。二是要大力改善投资环境。要加大对侨乡的建设力度，如修路、修机场、建设电信枢纽工程等。三是要将侨乡建设纳入云南旅游文化大省和面向东南亚、南亚国际大通道建设规划，让一个个高原的明珠——云南侨乡再添新彩。四是要充分研究侨乡侨情，充分利用侨乡天时、地利、人和的优势及其在对外开放中的窗口、桥梁、基地与示范作用，以繁荣边疆经济、共建美好家园、共享改革成果。

参考文献

一 档案及档案汇编

云南省档案馆馆藏档案：

档案号：侨民—侨务档案92—2—277：为提倡侨民家属移居川滇黔内地并投资生产事业妥为指导由档案。

档案号：侨民—侨务档案11—7—25：回国侨民事业辅导委员会关于办理回国侨民接待登记指导救济遣送等事宜与中央及地方有关机关联络办法档案。

档案号：侨民—侨务档案11—7—38：一件呈复县属尚无华侨入境将来如遇有入境者当知切实保护祈鉴核由档案。

档案号：侨民—侨务档案92—3—39：预筹安置越泰华侨之建议档案。

档案号：侨民—侨务档案92—2—276：侨务委员会训令档案。

档案号：侨民—侨务档案92—2—179：侨务委员会云南侨务处民国三十四年三月至三十八年一月工作报告施政方案及工作计划档案。

档案号：侨民—侨务档案92—3—55：侨务委员会云南侨务处公函档案。

档案号：侨民—侨务档案92—3—46：电复越侨入境处理情形请查照由档案。

档案号：侨民—侨务档案92—4—223：筹设云南华侨服务社计划纲

要档案。

档案号：昆明云南社会处档案92—3—25；昆明云南社会处昆明市政府勋鉴档案。

云南省档案馆：《云南档案史料》1985年第2、8期。《乾隆朝上谕档》，中国档案出版社1991年版。

广东省档案馆：《华侨与侨务史料选辑》（一），广东人民出版社1991年版。

云南省档案馆、云南省经济研究所合编：《云南近代金融档案史料选辑（1908—1949）》，云南人民出版社1992年版。

二 文献汇编

宋濂等撰：《元史》，中华书局1976年版。

张廷玉等修：《明史》，中华书局1974年版。

顾炎武：《日知录》，上海古籍出版社2012年版。

华文书局：《清高宗实录》，华文书局。

赵尔巽等修：《清史稿》，中华书局1977年版。

《明实录》，台北："中央研究院"历史语言研究所，影印本。

《清实录》，中华书局影印本1986年版。

云南省少数民族社会历史研究所：《明实录有关云南历史资料摘抄》，云南人民出版社1959年版。

云南省历史研究所：《清实录有关云南史料汇编》，云南人民出版社1984年版。

云南省历史研究所：《清实录越南缅甸泰国老挝史料摘抄》，云南人民出版社1985年版。

南京国民政府中央研究院：《明清史稿》第7本，商务印书馆1936年版。

樊绰：《云南志》，云南大学图书馆复印本1985年版。

龙云等修：《新纂云南通志》，1949铅印本。

李根源辑：《永昌府文征》，杨文虎、陆卫先主编校注，云南美术出版社2001年版。

方国瑜主编：《云南史料丛刊》，徐文德、木芹、郑志惠纂录校订，云南大学出版社1998—2001年版。

万仁元、方庆秋主编：《中华民国史料长编》，南京大学出版社1993年版。

云南省地方志编纂委员会：《续云南通志长编》，云南省地方志编纂委员会1985年版。

云南省地方志编纂委员会：《云南省志·侨务志》，云南人民出版社1992年版。

余定邦：《中国古籍中有关缅甸资料汇编》，中华书局2002年版。

云南省编辑委员会：《西双版纳傣族社会综合调查》（一），云南民族出版社1983年版。

[法] F. 安邺：《柬埔寨以北探路记》，译者不详，清光绪十年铅印本，卷六。

《云南省金平、屏边苗族瑶族社会调查》，云南大学历史研究所民族组1976年铅印本。

政协祥云县委员会：《祥云文史资料》第2辑，祥云文史资料委员会1992年版。

中国民主建国会云南省委员会：《云南工商史料选辑》第9辑，云南人民出版社1989年版。

越南社会科学委员会民族学研究所编：《关于确定越南北方各少数民族的成分问题》，范宏贵译，广西民族学院民族研究室1978年版。

中国社会科学院历史研究所第三所：《云南杂志选辑》，科学出版社1958年版。

云南省红河县志编纂委员会：《红河县志》，云南人民出版社1991年版。

腾冲县志编纂委员会：《腾冲县志》，中华书局1995年版。

中国社会科学院历史研究所编：《古代中越关系史资料选编》，中国社会科学出版社1982年版。

龙陵县委党史地方志工作办公室：《龙陵县志》，中华书局2000年版。

云南省立昆华民众教育馆：《云南边地问题研究》上卷，云南省立昆华民众教育馆1933年版。

"梁河县志"编纂委员会：《梁河县志》，云南人民出版社1991年版。

大理市史志编纂委员会：《大理市志》，中华书局1998年版。

马关县地方志编纂委员会：《马关县志》，生活·读书·新知三联书店1996年版。

日本庆应义塾大学语言研究所：《大南实录》，日本昭和三十六年印刷。

三 文集、日记、报纸、杂志

《云南日报》（1939年）

《新华日报》（1939年）

《侨声》（1949年）

《民国日报》（1930—1940年）

《东方杂志》（1917—1921年）

《南大与华侨》（1932年）

《云南省政府公报》（1938年）

《华侨先锋》（1939—1944年）

《福民日报》（1940年）

郝时远：《海外华人研究论集》，中国社会科学出版社2002年版。

王赓武：《王赓武自选集》，上海教育出版社2002年版。

高伟浓等：《中国的华侨华人研究——对若干华侨华人研究期刊载文的摘评》，中国华侨出版社2002年版。

暨南大学华侨研究所：《华侨史论文集1—4》，广东省教育厅知青印刷厂1984年版。

暨南大学华侨研究所：《华侨研究》，广东高等教育出版社 1988 年版。

云南省社会科学院历史研究所：《研究集刊》，云南新华印刷三厂 1986 年版。

云南省政协文史委员会：《云南文史集粹》，云南人民出版社 2004 年版。

云南省归国华侨联合会：《云南侨乡文化研讨会文集》，云南省归国华侨联合会 2005 年版。

云南省编辑组：《云南回族社会历史调查》，云南民族出版社 1987 年版。

四　研究论著

[法] 罗舍：《云南回民革命见闻秘记》，李耀商译，清真书报社 1952 年版。

[英] 哈威：《缅甸史》，姚梓良译，商务印书馆 1973 年版。

李安山：《中国华侨华人学——学科定位与研究展望》，北京大学出版社 2006 年版。

贺圣达：《缅甸史》，人民出版社 1992 年版。

庄国土：《华侨华人与中国的关系》，广东高等教育出版社 2001 年版。

赵和曼：《少数民族华侨华人研究》，中国华侨出版社 2004 年版。

周建新：《中越中老跨国民族及其族群关系研究》，民族出版社 2006 年版。

中山大学东南亚史研究所：《泰国史》，广东人民出版社 1987 年版。

徐绍利等：《越南》，社会科学文献出版社 2005 年版。

石茂明：《跨国苗族研究：民族与国家的边界》，民族出版社 2006 年版。

曾少聪：《漂泊与根植》，中国社会科学出版社 2004 年版。

邱格屏：《世外无桃园》，生活·读书·新知三联书店 2003 年版。

赵淑慧：《华人在五洲》，山西教育出版社 2002 年版。
钱平桃等：《东南亚历史舞台上的华人与华侨》，山西教育出版社 2001 年版。
国务院侨办编：《华侨华人概述》，九州出版社 2005 年版。
董平：《和顺风雨六百年》，云南人民出版社 2000 年版。
庄国土：《东南亚的福建人》，厦门大学出版社 2006 年版。
翁家烈：《仡佬族》，民族出版社 1992 年版。
王介南等：《中缅友好两千年》，德宏民族出版社 2006 年版。
杜敦信：《越南老挝柬埔寨手册》，时事出版社 1988 年版。
陆韧：《云南对外交通史》，云南民族出版社 1997 年版。
云南省社会科学院东南亚研究所：《云南与东南亚关系论丛》，云南人民出版社 1989 年版。
陈文亨、卢伟林：《缅甸华侨教育》，正中书局 1988 年版。
吴前进：《国家关系中的华侨华人和华族》，新华出版社 2003 年版。
申旭：《中国西南对外关系史研究》，云南美术出版社 1994 年版。
谢本书：《云南近代史》，云南人民出版社 1993 年版。
周智生：《商人与近代中国西南边疆社会——以滇西北为中心》，中国社会科学出版社 2006 年版。
李晓斌：《西南边疆民族研究 4》，云南大学出版社 2006 年版。
陈炎：《中缅文化交流两千年》，河南人民出版社 1987 年版。
尤中：《中国西南的古代民族》，云南民族出版社 1980 年版。
尤中：《云南民族史》，云南大学出版社 1994 年版。
万永林：《中国古代藏缅语民族的源流与分布》，云南大学出版社 1997 年版。
王文光：《中国古代的民族识别》，云南大学出版社 1997 年版。
冯承钧：《中国南洋交通史》，上海古籍出版社 2005 年版。
李未醉：《中外文化交流与华侨华人研究》，华龄出版社 2006 年版。
王赓武：《中国与海外华人》，商务印书馆 1994 年版。
吴凤斌：《东南亚华侨通史》，福建人民出版社 1993 年版。

方铁：《边疆民族史探究》，中国文史出版社 2005 年版。
周南京：《世界华侨华人词典》，北京大学出版社 1993 年版。
周南京：《华侨华人百科全书》，中国华侨出版社 1999—2001 年版。
申旭：《老挝史》，云南大学出版社 1990 年版。
张肖梅：《云南经济》，中国国民经济研究所出版社 1942 年版。
白寿彝：《回民起义》，神州国光社 1952 年版。
董孟雄：《云南近代地方经济史研究》，云南人民出版社 1991 年版。
何平：《移居东南亚的云南人》，《云南大学学报》2005 年第 3 期。
何平：《移居缅甸的云南回族》，《民族研究》1997 年第 1 期。
何平：《泰国北部的云南人》，《云南民族学院学报》1996 年第 4 期。
牛鸿宾：《近代云南的外迁移民》，《学术探索》1998 年第 6 期。
赵伯南：《缅甸华侨之将来》，《华侨半月刊》1932 年第 8 期。
叶小萍：《战前缅甸与华侨》，《华侨先锋》1944 年第 6 卷第 9 期。
［美］安·马克斯韦尔·希尔：《泰国北部的中国云南人》，陈建编译，《东南亚》1985 年第 1 期。
［美］安德鲁·D. W. 福布斯：《缅甸的云南籍穆斯林——"潘泰"》，姚继德摘译，《云南民族学院学报》1991 年第 2 期。
谭天星：《现代中国少数民族人口境外迁移初探——以新疆、云南为例》，《华侨华人历史研究》1995 年第 2 期。
沙翎：《回族华侨华人的历史与现状》，《八桂侨史》1994 年第 3 期。
申旭：《回族商帮与历史上的云南对外贸易》，《民族研究》1997 年第 3 期。
姚继德：《云南回族向东南亚的迁徙》，《回族研究》2003 年第 2 期。
姚继德：《缅甸的滇籍穆斯林——潘泰人》，《回族研究》1992 年第 3 期。
姚继德：《泰国北部的滇籍穆斯林——秦霍人》，《云南民族学院学报》1991 年第 2 期。

姚继德：《泰国北部的云南穆斯林———一份初步的田野报告》，《回族研究》2001 年第 4 期。

姚继德：《泰国北部的云南穆斯林——秦和人》，《思想战线》2002 年第 3 期。

庄国土：《鸦片战争前清朝对西南边境华侨出入国的政策》，《八桂侨史》1992 年第 1 期。

庄国土：《东南亚各土著政权对华人的政策和态度》，《海交史研究》1988 年第 2 期。

秦钦峙：《缅甸"孔明城"与华侨最早寓缅时间初探》，《东南亚资料》1982 年第 1 期。

杨煜达：《清代前期在缅甸的华人》，《华侨华人历史研究》2002 年第 4 期。

林锡星：《早期缅甸华人经济的形成——缅甸华人经济研究之一》，《东南亚研究》1998 年第 4 期。

姜永仁：《缅甸华侨华人与缅甸社会与文化的融合》，《东南亚》2002 年第 4 期。

王士录：《缅甸的"果敢族"族称、来历、状况及跨国互动》，《世界民族》2005 年第 5 期。

［美］安·马克斯韦尔·希尔：《泰国北部的中国云南人》，陈建民编译，载《东南亚》1985 年第 1 期。

赵明生：《临沧回族迁移的历史过程》，《东南亚研究》2006 年第 4 期。

貌貌李：《缅甸华人穆斯林研究——曼德勒"潘泰"社群的形成》，《南洋问题研究》2002 年第 1 期。

谢本书：《孙中山与刀安仁》，《云南民族学院学报》1993 年第 1 期。

方福祺：《辛亥革命与缅甸华侨》，《云南民族学院学报》1993 年第 2 期。

陈建明:《泰国北部的中国云南人》,《东南亚》1985年第1期。

尹文和:《云南和顺侨乡史概述》,《云南历史研究所〈研究集刊〉》1984年第2期。

马维良:《云南回族华侨和侨乡》,《回族研究》1993年第1期。

刘稚:《云南与东南亚跨境民族的源和流》,《云南与东南亚关系论丛》1989年第12期。

郭梁:《中国的华侨华人研究与学科建设——浅议"华侨华人学"》,《华侨华人历史研究》2003年第3期。

高伟浓:《浅论华侨华人学科建设中的学术批评》,《华侨华人历史研究》2004年第3期。

许肇琳:《略论清代后期的设领护侨政策》,《八桂侨史》1995年第1期。

张红云:《滇人移居泰国、缅甸的原因及其经济活动》,云南师范大学2000年硕士学位论文。

杨晓慧:《缅甸华人社会的延续及变迁》,云南大学2003年硕士学位论文。

赵启燕:《鹤庆商帮研究》,云南大学2005年硕士学位论文。

五 英文资料

[1] F. W. Mote, "The Rural 'Haw' (Yunnanese Chinese) of Northern Thailand", in Peter Kunstadter ed., *Southeast Asian Tribes, Minorities, and Nations*, Princeton University Press, Princeton New Jersey.

[2] Usanee Thongchai, "Lan Na – Yunnan Relations in 13 – 18th Centuries", The Presented to International Seminar on Regional Cooperation and Sustainable Development in Lanchang – Mekong Valey, Kunming, China.

[3] Joachim Schliesinger, "Ethnic Groups of Laos", Vol. 4, *Profile of Sino – Tibetan – Speaking Peoples*, White Lotus Press, Thailand.